相談援助
保育相談支援

著

笠師千恵
専門学校 北海道福祉大学校 社会福祉学科

小橋明子
札幌大谷大学短期大学部 保育科

中山書店

序

　子どもが幸せに育つうえで大きな要因の一つは親であり，親のおかれている環境の影響は大きいものである．近年，ひとり親世帯や共稼ぎ世帯などの増加で保育所の待機児童が社会問題となっている．さらに，核家族化が進み，近隣とのつながりが薄くなり，育児の伝承や支援が受けにくくなってきていることから，育児の孤立化が問題となり，子育て支援の体制づくりが強く求められてきている．

　子育て支援策として国は1994年に『エンゼルプラン』を皮切りに，2010年には子育ては家庭だけではなく社会全体で支える仕組みが必要であると『子ども・子育てビジョン』を施行した．さらに，保育の量的拡大や，教育・保育の質的改善を目指して『子ども・子育て支援新制度』を2015年4月の施行にむけて準備を進めている．

　子どもを取り巻く家庭環境や社会環境が大きく変化するなか，保育の中心を担う保育士に寄せる社会の期待が大きくなり，2001年には『児童福祉法』が改正され，保育士の資格が法定化された．保育士は専門知識と技術をもって，子どもの保育に加え，保護者への指導援助を行うことが明記された．

　さらに，2008年には，幼児教育の重要性から『幼稚園教育要領』と『保育所保育指針』の改定があった．子どもの「生きる力」を高めるための"健康""人間関係""環境""言葉""表現"の5領域の強化と，保護者に対する支援が共通のねらいである．

　保護者支援のポイントは，家族を取り巻く背景（少子化，都市化，核家族化，ひとり親世帯，家庭経済の動向など）を理解し，保護者と保育士とのよい関係をつくることである．しかし，今日では，育児中の親との接触が少ない学生が多いことから，各章ごとに事例を取り入れて具体的に理解しやすい内容となるように努めた．

　本書は，家族が抱える多様な問題に保育士が鳥瞰的（ちょうかんてき）（鳥が高い所から全体を大きく眺め渡すこと）な視野でとらえ，支援できるように，ソーシャルワークの基礎を「相談援助」で学び，その応用として「保護者支援」が学べるように1冊に集約されている．国から提示された内容も盛り込みながら，総合的にソーシャルワークを学ぶことができるように考慮した．

　本書が皆様の学習や実践に役立ち，子どもと親の幸せにつなげていただけたら望外の幸せである．

　末尾ではあるが，本書の刊行に際して，終始われわれをご支援くださった中山書店の鈴木幹彦氏，佐藤貢氏をはじめ関係諸氏にこの場を借りて感謝の意を表したいと思う．

2014年3月

札幌大谷大学短期大学部　保育科　准教授
小橋明子

著者略歴

笠師　千恵 （かさし　ちえ） ── 相談援助

首都大学東京大学院 社会科学研究科修了

【現職】
専門学校 北海道福祉大学校 社会福祉学科 専任講師

【保有資格】
社会福祉士，介護支援専門員

【職歴】
　病院のソーシャルワーカーを経て現職．専門領域はソーシャルワーク論，相談援助演習，スーパービジョンなど．ソーシャルワークにおける援助関係やクライアント理解，共感概念について，現象学，間主観性の観点から研究をしている．

【メッセージ】
　筆者のはじめての子育ては，育児と家事と仕事にいっぱいいっぱいの日々．そのなかで保育士の方々には子どもよりも筆者自身が本当にたくさんのことを助けていただいた．このテキストには保育士を目指す皆さんへの期待と，お世話になった保育士の方々への感謝を込めている．

小橋　明子 （こはし　あきこ） ── 保育相談支援

北海道札幌市出身．北海道立衛生学院 保健婦科卒業，中央福祉学院 通信課程卒業

【現職】
札幌大谷大学 短期大学部 保育科 准教授

【保有資格】
看護師，保健師，養護教諭1級，介護支援専門員，社会福祉主事

【職歴】
　1975年から2007年まで，札幌市役所で保健師として勤務．業務内容は乳幼児から高齢者までを対象とした相談業務などの研究と実践にあたった．地域と協働で作成した育児情報誌や「目で見てわかる介護保険制度」のビデオ制作などは多くの人たちによるネットワークの賜物であった．
　2007年より札幌大谷大学短期大学部保育科で，子育て支援特論，子どもの保健，乳児保育，障害児保育，保育相談支援，相談援助を担当．

【主な著書・研究論文】
・鈴木幸雄．現代の社会福祉．東京：中央法規出版；2012．
・子育て動向について．札幌大谷大学 紀要：41；2011．
・幼児の生活と子育て意識．札幌大谷大学 紀要：44；2014．

【メッセージ】
　筆者も人とかかわる仕事をしてきて，新しいことの発見や学びが多かった，と感じている．人との関係で「以心伝心」や「人は鏡のようなもの」という言葉があるが，自分の心の状態や価値観が人と対峙するときに反映されることがある．その意味でも，相談援助や保育相談支援の知識や技術はあらゆる面(職場，友人，親子など)で役立つと考える．

相談援助

笠師千恵

相談援助

はじめに

　今，保育の現場では保育士が「相談援助」を行うことが求められている．

　『保育所保育指針解説書』によると，保育士として重要な専門性は2つあり，1つは「保育」，もう1つは「児童の保護者に対する保育に関する指導」（「保育指導」）とされ，保護者に対する支援が保育業務に深く関連していることが述べられている．

　この「保育指導」は，「保護者が支援を求めている子育ての問題や課題に対して」行われる，「子どもの養育（保育）に関する相談，助言，行動見本の提示，そのほかの援助業務の総体」であり，このなかの「相談，助言」については，「ソーシャルワーク*の機能を果たすこと」，「ソーシャルワークの原理（態度），知識，技術などへの理解を深めたうえで，援助を展開することが必要」など，ソーシャルワークを念頭においた相談と助言を行うことが明記されている．

　またここには，入所している子どもの保護者に対する支援だけでなく，施設を利用していない子育て支援の家庭も含めた，地域における子育て支援としての相談や助言も含まれており，その際「関係機関や専門職との連携を密にし，その専門性の範囲と限界を熟知した対応を心がけること」や，サービスとの連携も求めている．

　以上から，保育士に求められている「相談援助」とは次のことが含まれているとまとめることができる．

- ▶ ①ソーシャルワークとしての「相談援助」であること．
- ▶ ②その対象は，施設を利用している子どもの保護者および施設を利用していない子育て家庭を含めた地域であること．
- ▶ ③「相談援助」に際して，関係機関や専門職を熟知し，それらとの連携を密にしておくこと．

　　　ただし，これらは本来業務である保育に支障のない範囲において行われるものであるとされている．

*ソーシャルワークとは社会福祉の制度体系のもとで展開する，専門職が行う社会福祉実践，知識および技術体系の総称．ソーシャルワークとしての相談援助は，社会資源を活用し，関係機関や専門職と連携しつつ対象に直接的・間接的にはたらきかける幅広い実践を行う（詳しくは，1-4参照）．

保育士の行う「相談援助」とは，この3点に関する知識と技術を理解し，習得したうえでの実践であることが求められているといえる．この科目を通じて相談援助の概要を理解しつつ，「保育士による相談援助」のための知識と技術の獲得を目指してほしい．

相談援助とは何か

　「相談」とは，「物事を決めるために互いに意見を出して話し合うこと」また，「他人に意見を求めること」である．

　「援助」とは，「助けること，助勢」を意味する．「助けること」には，①力を添える，助力するという意味のほかに，②倒れるのをささえる，手を添える．③傷や病の手当てをする，いたわる．④ある物事や状態を促進，増進させるなどの意味がある．

　つまり，援助者と相談者とが互いに意見を出して話し合うことを通じて，援助者がその対象者に力を添え，支え，いたわりながら，目指す状態を促進，増進させることを指すといえる．

　これらを「社会福祉専門職として行う相談援助」として学ぶのがこの科目の目的である．

専門学校　北海道福祉大学校　社会福祉学科　講師
笠師千恵

目次 | Contents

相談援助

1章　相談援助の概要 ……… 7

- 1-1　相談援助の理論 ……… 8
  - ❶ 社会福祉実現の方法としての相談援助 ……… 8
  - ❷ 相談援助の理論 ……… 9
  - ❸ 相談援助の体系 ……… 12
- 1-2　相談援助の意義 ……… 14
  - ❶ 法的な根拠を背景にした実践としての意義 ……… 14
  - ❷ 支援を必要とする人々のニーズに応えるものとしての実践の意義 ……… 15
  - ❸ 権利擁護としての相談援助の意義 ……… 17
- 1-3　相談援助の機能 ……… 18
  - ❶ 多様な相談援助の機能 ……… 18
- 1-4　相談援助とソーシャルワーク ……… 20
  - ❶ ソーシャルワークとは何か ……… 20
  - ❷ ソーシャルワークの体系 ……… 21
  - ❸ ソーシャルワークの歴史 ……… 22
  - ❹ ソーシャルワークの価値と理念 ……… 25
  - ❺ ソーシャルワークとしての相談援助 ……… 27
- 1-5　保育とソーシャルワーク ……… 29
  - ❶ 保育士に求められる相談援助 ……… 29

2章　相談援助の方法と技術(1) ……… 33

- 2-1　相談援助の対象 ……… 34
  - ❶ 相談援助の対象 ……… 34
  - ❷ 相談援助における対象理解の仕方 ……… 35
- 2-2　相談援助の展開過程 ……… 43
  - ❶ 援助における過程 ……… 43
  - ❷ 展開過程の意義 ……… 44
  - ❸ ソーシャルワークの展開過程 ……… 45

3章　相談援助の方法と技術（2） …… 53

3-1　専門的技術を学ぶ前に …… 54
- ❶ 技術とは何か …… 54
- ❷ 援助者の基本姿勢 …… 55

3-2　相談援助のための基本的技術 …… 58
- ❶ 相談援助における面接 …… 58
- ❷ 基本的面接技術：コミュニケーション技術の理解と活用 …… 59
- ❸ 対象者理解のためのアセスメントツールの活用 …… 68

3-3　相談援助のための実践アプローチ …… 72
- ❶ 実践アプローチとその技術 …… 72

3-4　実践の質を高めるための方法 …… 81
- ❶ 援助者の力量を高めるための方法 …… 81
- ❷ 職場環境の整備 …… 82

4章　相談援助の具体的展開 …… 85

4-1　計画・記録・評価 …… 86
- ❶ 相談援助における計画 …… 86
- ❷ 相談援助における記録とその活用 …… 88
- ❸ 相談援助における評価の実施 …… 91

4-2　関係機関との協働 …… 93
- ❶ 協働とは …… 93
- ❷ 保育士と協働する関係機関 …… 95
- ❸ さまざまな分野の専門職 …… 97

4-3　多様な専門職との連携 …… 98
- ❶ 連携の構成要素と展開過程 …… 98
- ❷ 連携における留意点 …… 99

4-4　社会資源の活用，調整，開発 …… 101
- ❶ 社会資源とは何か …… 101
- ❷ 相談援助における社会資源の活用 …… 102
- ❸ 社会資源の調整，開発 …… 102

5章 事例分析 …………………………………………………………………………… 105

5-1 虐待の予防と対応に関する事例分析 ………………………………………… 106
　❶ 保育士の地道なアウトリーチによって援助につながったケース ………… 106
　❷ 虐待への対応 ……………………………………………………………………… 112

5-2 障害のある子どもとその保護者への支援に関する事例分析 ……………… 114
　❶ 苦情対応をきっかけに専門機関へとつながったケース ………………… 114

5-3 ロールプレイ，フィールドワークなどによる事例分析 …………………… 122
　❶ 援助場面のロールプレイ ………………………………………………… 122
　❷ 絵本を活用してピアサポートグループ形成したケース ………………… 123

本項の"scene"に記載されている，人名・施設名はすべて仮名です．

相談援助

第1章

相談援助の概要

社会福祉専門職としての「相談援助」を理解する

- 第1章では，保育士に求められている「相談援助」がどのようなしくみのもとに社会福祉を支えているのか，またその理論的基盤や重要性など，社会福祉専門職としての「相談援助」の概要について説明している．

- 具体的には大きく次の3点にまとめることができる．

  > ①「相談援助」の理論的基盤や意義．
  > ②ソーシャルワークとは何か，ソーシャルワークとしての「相談援助」とは何か．
  > ③保育におけるソーシャルワークの必要性と保育士の行う相談援助の範囲．

- この章では，日常生活のなかでは聞きなれない言葉や抽象的な考え方が多く出てくるため，難しさを感じるかもしれない．しかし，専門職としての役割を果たすためには必要な知識である．

- なぜなら，保育士を目指すみなさんが何を求められ，また，自分がどのような立場でどのように援助をしていくのかという「保育士としての立ち位置」を知るための内容が書かれているからである．

1-1 相談援助の理論

> **学習のポイント**
> 1.「相談援助」に含まれるさまざまな意味について理解する．
> 2. この科目のなかで「相談援助」の何を学ぶのかを明確にする．
> 3. 社会福祉専門職の行う「相談援助」の理論的基盤や仕組みを理解する．

> 社会福祉の「相談援助」にはいろいろな側面がある．

1 社会福祉実現の方法としての相談援助

相談援助の3つの側面[*1]

①社会福祉政策，行政としての相談援助

- 国や地方自治体が人々の福祉を実現するための仕組みとしての相談援助．保育士が人々に果たす役割やその目的・対象・保育士の行う相談援助の範囲など専門職実践の枠組みとして示される．

②保育所などが行うサービスとしての相談援助

- 政策や指針および行政の指導に基づいて保育所で行われる業務・サービスとしての相談援助．相談援助を行うための職場・職員体制の整備，職場内外の専門職や機関との連携を含む．

③保育士が有する技術や実践としての相談援助

- 一人ひとりの保育士を通して行われる相談援助実践．または具体的対応のための実践方法や価値・知識・技術．

> *1：この科目では，主に②，③についての理解・技術の習得を目指す．

> 保育士が行う相談援助は何を目標にしているのか．

社会福祉の実現としての相談援助

子どもの福利を支える，社会福祉の実現

- 『保育所保育指針』では，保育所の役割について，「入所する子どもの最善の利益を考慮し，その福祉を積極的に増進する」ことをはじめとして，「子どもの保護者に対する保育に関する指導を行う」こと，「家庭や地域の様々な社会資源との連携を図りながら，入所する子どもの保護者に対する支援および地域の子育て家庭に対する支援等を行う」ことなどを示している．
- <u>全国保育士会倫理綱領</u>（2003年）の前文においては，次の3つの柱が示されている．

> ▸ 私たちは，子どもの育ちを支えます．
> ▸ 私たちは，保護者の子育てを支えます．
> ▸ 私たちは，子どもと子育てにやさしい社会をつくります．

- 保育所や保育士の実践の最大の目標は，子どもの福祉を守り支えることである．子どもの福祉をその保護者や地域とともに社会全体で支える，社会福祉の実現を目指していくことが専門職としての保育士の役割であり，その一つの方法として保育士による相談援助がある．

社会福祉の実現の仕組みと相談援助

- 一人の保育士が行う相談援助実践が，子どもの育ちや子どもの最善の利益，あるいは保護者を支える「社会福祉の実現」につながる仕組みは以下のようになっている（❶）．

❶ 社会福祉実現の仕組み

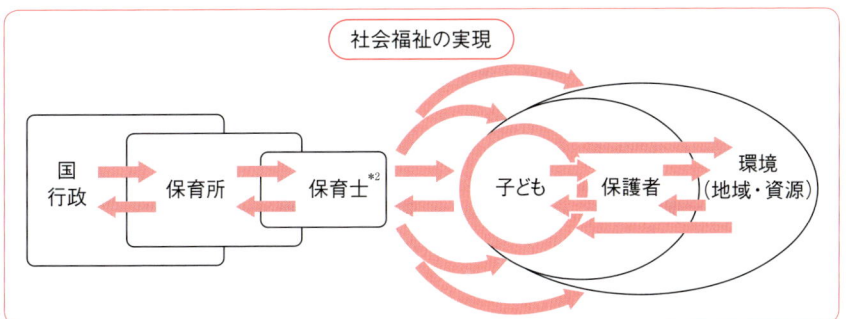

2 相談援助の理論

相談援助の視点と基盤となる理論

- 社会福祉専門職による相談援助には，援助者のものの見方や状況のとらえ方を示す理論，援助の方向性を示す理論があり，これらの理論に基づいて相談援助実践が行われる．

エコシステム（ecosystem）の考え方

- エコシステムの考え方とは，人々が抱える問題や生活上の支障は，ある一つの要素に起因するのではなく，その周辺の要素との交互作用関係のなかで発生しているという捉え方である*3．
- 「周辺の要素」には，個人や家族だけでなく組織や地域，その時代の文化や自然環境・物理的環境なども含まれ（❷），システム理論と生態学に基盤をおいている．

---

*2：このとき保育士は，子どもや保護者や地域への働きかけだけでなく，その直接的なかかわりから，どのような効果があるのか，あるいはどのような不安や不備があるのかということを，保育所や行政，国へフィードバックしていくことも大事になる．

援助者の基本的なものの見方を示す理論（考え方）を知ろう．

*3：エコシステムの基盤となる生態学的視座を取り入れた代表的なアプローチとしてエコロジカル・アプローチがあげられる．

生態学
生物とそれをとりまく環境の相互関係を研究し，生態系の構造と機能を明らかにする学問である．

1章 相談援助の概要

システム理論

システムとは，各要素が集合して一つのまとまり（体系）をなしているものである．そのシステム内で起こる現象や働きは，特定の要素によって生じるというよりも，その内部あるいは外部にある諸要素間のつながりや相互作用によって生じる動態的なものであるという視点を示す理論である．

エコロジカル・アプローチ

生態学的視点をソーシャルワークに導入した実践アプローチである．代表的な提唱者としてジャーメイン（Germain,C.B）らが挙げられる．このアプローチは，個人と環境の交互作用への視点を重視し，人間と環境の調和や適合レベルを引き上げることで，個人の成長や発展を促進することを強調する．

❷「人間にとっての『環境』の意味」

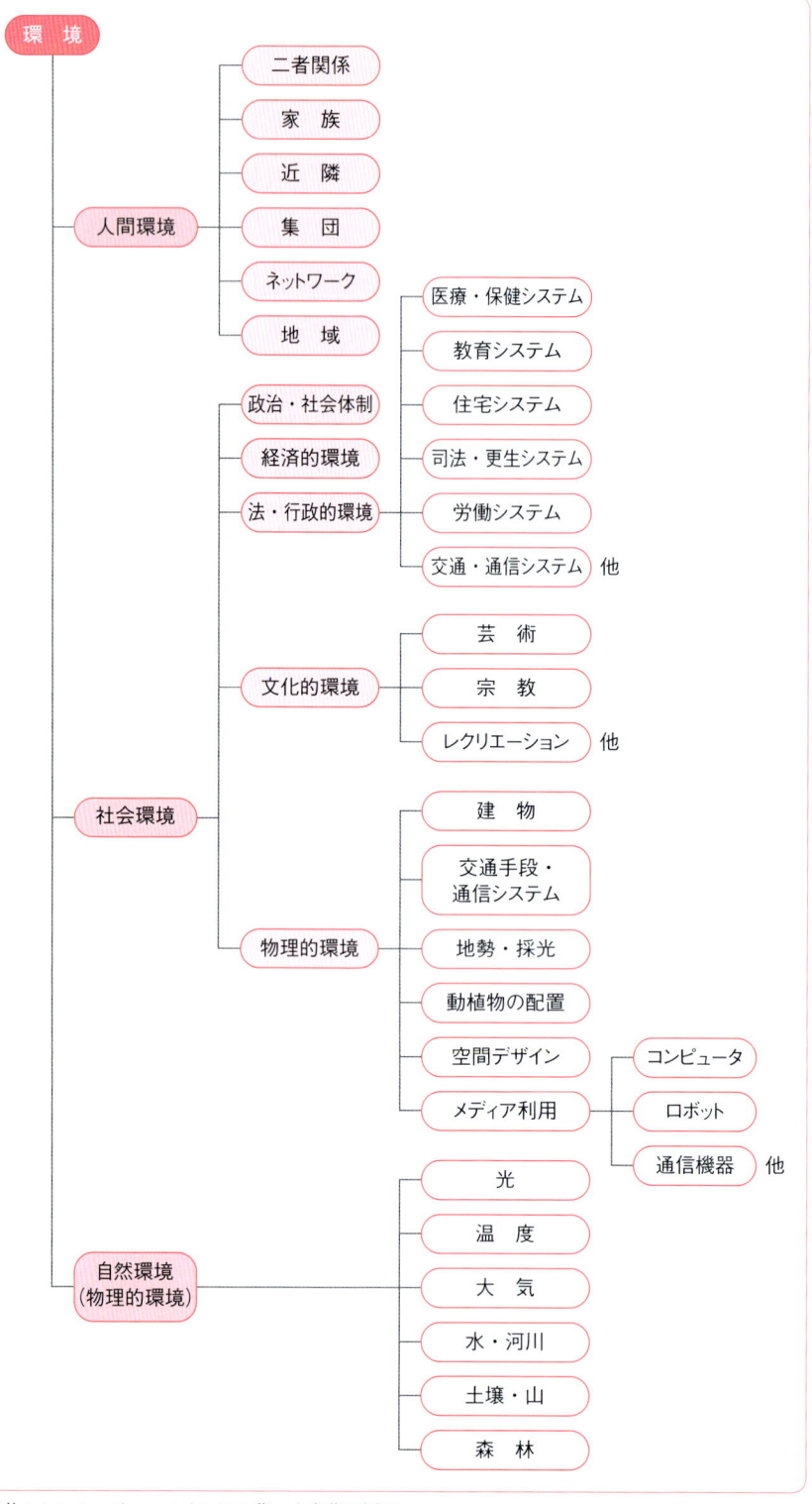

参考：カレル・ジャーメインほか著，小島蓉子編訳.
エコロジカルソーシャルワーク—カレル・ジャーメイン名論文集．東京：学苑社；1992.

1-1 相談援助の理論

❸ 相互作用と交互作用

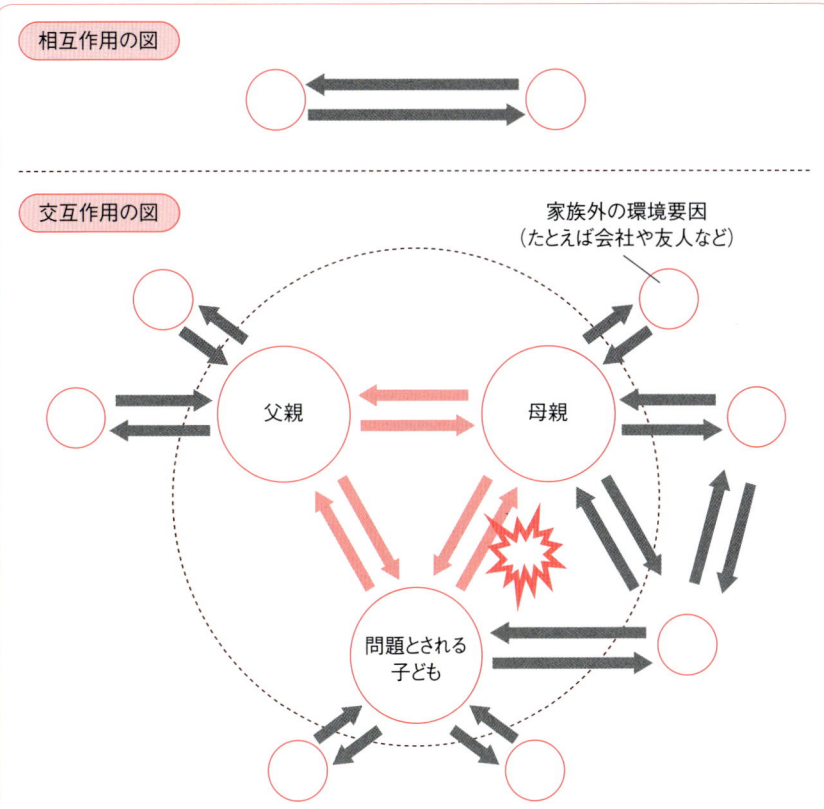

子どもの遊び食べに手を焼く母親のイライラは，母親と子どもの間の相互作用のみで高まっていくのではない．たとえば①子どもが遊び食べをして味噌汁をひっくり返す，②母親が大きな声で叱る，③子どもが大声で泣く，④それをみていた父親は母親に聞こえるようなため息をつく，⑤それを聞いた母親のイライラは高まり，さらに子どもに声を張り上げる，⑥子どもはもっと大きな声で泣く，⑦父親は食事の途中，無言で席を立つ，⑧母親は自分が見放されたような気持ちになり，怒りが大きくなる，⑨また母親は出勤時間が迫っていること，今日は絶対に遅刻できない日だったことを思い出し，子どもが食べようとしていた食事を取り上げる，⑩食べようとしていた朝食を突然取り上げられた子どもは，これまでにないほどの大声で泣き喚く…という具合である．

参考：ルイーズ・C.ジョンソン，ステファン・J.ヤンカ著．山辺朗子，岩間伸之訳．ジェネラリスト・ソーシャルワーク．東京：ミネルヴァ書房；2004.

 交互作用

ジョンソンとヤンカ（L.C. Johnson & S.J.Yanca,2001）は，交互作用について，「単なる相互作用（interaction）ではなく，その状況下で他の相互作用によって影響を受けた相互作用である．それゆえ，相互作用は他の相互作用によって影響を受ける」としている．つまり，それぞれが他の要素から影響を受けている2つの要素間の相互作用のことを指し，2つの要素間で相互作用している間にも，それぞれの要素は他の要素との相互作用によって変化しつつ継続・積み重ねられていく相互作用といえる（❸）．

- 援助者は「**人と環境とその交互作用（あるいはその接点）**」に着目して利用者の状況をとらえていこうとする．

ストレングス視点（strengths perspective）

- **ストレングス**とは，本来「力・強さ」などを意味する言葉であり，相談援助においては，**利用者の長所・力（能力）・健康的な面**などのことを指す．
- **ストレングス視点**は，このような利用者自身のストレングスに着目し，支援のなかで利用者の力や主体性を十分に活用することに価値をおく援助者のものの見方である[*4]．

*4：ストレングス視点を反映した支援の例として，認知症対応型共同生活介護（認知症グループホーム）に暮らす利用者のもつ力に着目し，調理や洗濯物の片づけなどの家事を分担してもらうと，それまで一方的に介護される（認知症が進行し何もできないとみなされていた）立場であった利用者が，かつての家事能力を発揮し，生き生きと日々の生活に参加するようになったなどがある．

- ストレングス視点では，利用者の内にあるストレングスだけでなく，その利用者の生きる環境（家族・地域など）に存在している（潜在しているものも含む）資源としてのストレングスも同時に見出し生かしていくことが大切である．

> **演習問題 話し合ってみよう**
> ・自分自身のストレングスは何か，また，グループメンバーのストレングスについて，考えたり伝えあったりしてみよう

> 実践の内容を方向づける理論．

実践のための理論

エンパワーメント理論

- **エンパワーメント理論**は，社会的な排除や抑圧によって生まれる，人と環境との間の交互作用の不調和の状況に着目しつつ，利用者が本来もつ力（パワー）を利用者自身が認め，高めることで，環境との適合を図っていくという方向性を示す理論である．
- エンパワーメント実践の特徴として，利用者および周辺環境のストレングスに着目し，それを強め，活用していくこと，あくまでも利用者が主役であり，実践は利用者との対等な関係性に基づく協働作業として行われることが挙げられる．
- これらの実現のために援助者には，①利用者を尊重し学ぶ姿勢を保つこと，②相互が信頼，尊重し，利用者が自ら問題や自分自身と向き合うことを実現する開かれた「対話」を行うこと，③利用者が連帯できるグループを活用することなどが求められる．

> **社会的排除**
> 社会的排除（ソーシャル・エクスクルージョン）とは，人が貧困や差別などのために適切な教育や雇用の機会を得られず，収入がないだけでなく，社会やコミュニティ活動への参加ができないまま，社会や人とのつながりを失っていくという過程のことをいう．その対語として，社会的排除を解消していく理念を示す「**社会的包摂（ソーシャル・インクリュージョン）**」がある．

> 相談援助実践の全体像をとらえよう．

3 相談援助の体系

相談援助実践の区分体系

実践の対象領域や規模による区分体系（ミクロ・メゾ・マクロ）

- エコシステムの考えに基づいて実践の対象領域を区分すると，人と環境は1つのシステムとしてとらえられると同時に「ミクロ」「メゾ」「マクロ」の3つのレベルのシステムから成るものとしてもとらえることができる（❹）．
- 「ミクロレベル」の実践領域とは，個人や家族が直面している生活課題にかかわり，個人（家族）面接など援助者が直接的な支援を行う，人と環境の最小システムを対象とした実践領域である．

- 「メゾレベル」の実践領域とは，集団や組織，利用者の身近な周辺地域や社会福祉サービスを提供する機関を対象とする実践の範囲を指し，組織化の支援や交渉，調整などを行う．
- 「マクロレベル」の実践領域とは，地域社会全体あるいは国の政策などが対象となる実践の範囲を指し，社会全般の変革や向上を目指して調査や評価，計画立案，組織やサービスの管理・運営などを行う．

総合的かつ包括的な相談援助実践

- 実践は通常，どこかの領域から始まるが，ミクロ・メゾ・マクロの区分をつくらず，人と環境との関係を一体のものとしてとらえて行う相談援助実践を，**総合的かつ包括的な実践**という[*5]．
- 総合的かつ包括的な相談援助では，生じている問題を総合的・多元的にとらえ，必要に応じてどの領域においても実践できることを目指す．
- 保育士による相談援助実践では，子どもおよびその保護者を対象とした援助（ミクロレベルの実践）を中心としつつも，そこから派生するメゾ・マクロレベルの実践を常に頭においておく必要がある．

*5：ソーシャルワークでは，このような実践をジェネラリスト・アプローチまたはジェネラリスト・ソーシャルワークとよんでいる．

❹ ミクロ・メゾ・マクロの概念図

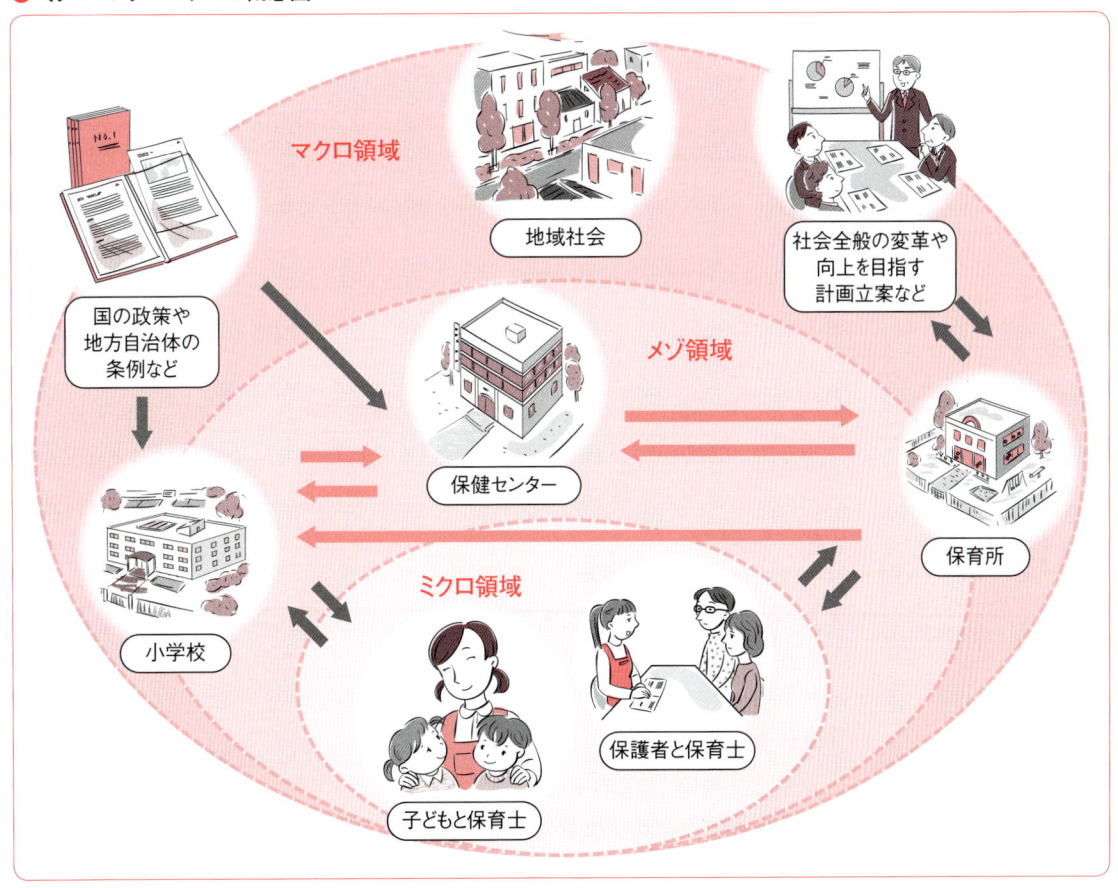

1−2 相談援助の意義

> **学習のポイント**
> 1. 相談援助はどのような理由によって意義をもつものであるといえるのか，相談援助が重要とされる根拠や背景について理解する．

- 相談援助の目的が，「社会福祉の実現」を目指したものであることはすでに述べたが，そもそも社会福祉の実現やその方法としての相談援助は，何を根拠にその意義が認められているのだろうか．

1 法的な根拠を背景にした実践としての意義

人として生きる権利とその保障

- わが国では，国が国民の人権を認め，それを保障する義務を負っている．このことを示す代表的なものとして，日本国憲法25条に規定される「生存権」をはじめとして，人々の権利を保障するためのさまざまな法的根拠がある．

生存権

- 「生存権」とは，基本的人権の一つであり，日本国憲法25条の内容を指す．
- 日本国憲法25条では，人が生活を保障される権利をもっており，その権利を保障するための仕組みの構築を国が保障する義務について述べている．

「児童の権利に関する条約（通称「子どもの権利条約」）」の批准

- 子どもの権利については，わが国が批准している国際条約も国の責任や保障のあり方を定める根拠となっている．
- 「児童の権利に関する条約」では，「児童の最善の利益」の尊重を基本理念とし，子どもが特別の保護および援助を受ける権利をもち，その養育および発達について，親や法定保護者の第一次的責任と親などに対する国の援助などが明記されている．

- このような国の基本的な考え方・あり方の原則に基づいて，各法が定められ，それにより保育所や保育士の役割が規定されているのである．

児童福祉法

- 児童福祉法第18条の4において，保育士とは「専門的知識及び技術をもって，児童の保育及び児童の保護者に対する保育に関する指導を行う」とされている．

日本国憲法25条
第1項「すべて国民は，健康で文化的な最低限度の生活を営む権利を有する」，第2項「国は，すべての生活部面について，社会福祉，社会保障及び公衆衛生の向上及び増進に努めなければならない」

基本的人権
「侵すことのできない永久の権利」（日本国憲法11条，97条）とされ，人間が人間である以上，人間として当然有している基本的な権利である．基本的人権の類型化の見解は一致していないが，生存権のほか，自由権，社会権，受益権，参政権などがそのなかに含まれている．

- 児童福祉法第48条の3では,「保育所は,当該保育所が主として利用される地域の住民に対してその行う保育に関し情報の提供を行い,並びにその行う保育に支障がない限りにおいて,乳児,幼児等の保育に関する相談に応じ,及び助言を行うよう努めなければならない」としている.

- 国家資格をもつ社会福祉専門職である保育士は,国が定める子どもや子どもを養育する保護者に対する支援の保障を,保育および相談援助を通して実現する役割を担っているのである.

2 支援を必要とする人々のニーズに応えるものとしての実践の意義

- 法的な根拠を背景とすることを相談援助の意義と考える一方で,社会福祉の実現や相談援助が,実際に支援を必要とする人々のニーズや現状に対応するものとして意義をもつという考え方もある.

子どもと保護者をとりまく社会状況(p.140-144参照)

子どもと保護者と社会の状況

- 2008年に改訂された『保育所保育指針解説書』のなかでは,改訂の背景として,次のような点を挙げている.

> ▸ 家庭や地域において人や自然と関わる経験が少なくなった.
> ▸ 子どもにふさわしい生活時間や生活リズムがつくれないことなど,子どもの生活が変化.
> ▸ 不安や悩みを抱える保護者が増加し,養育力の低下や児童虐待が増加している.

- これらは,少子化や核家族化,都市化などの影響による子育て家庭の地域社会からの孤立や,所得格差や貧困の問題など,子どもと保護者をとりまく社会状況によっても大きな影響を受けている.

- このような状況のなかでは,声をあげられないあるいは,声をあげても届かないという場合を理解しておくことが必要となる[*6].

*6:保育における相談援助では,相手からの相談を待っているだけではなく,援助者からの積極的なかかわりが求められる場合が多い.

考えてみよう・調べてみよう

・学校や仕事に行っている間,自分たちの住む地域ではどのような人がどのように活動をして日常が繰り広げられているのか知っているだろうか.予測したうえで調べてみよう.

子どもの育ちの変化と保護者の状況

- 子どもたちの育ちの変化として、コミュニケーション能力の低下や自制心、規範意識、意欲や関心の低下などが挙げられている．
- 一方、子育て家庭や保護者に子育て不安やストレスが増大していることが明らかとなっており、親になる態勢が整っておらず、育児や子どもに対する意識や価値観の変化、イメージと現実とのギャップに悩んでいるという保護者の状況が指摘されている（原田，2006）．
- 子どもの育ちにおける保護者のかかわりの影響は大きい．そのため、子どものすこやかな成長を促すための保護者への支援が必要とされているのである．

援助における「子ども」の立場

> 前述のような社会・保護者の状況のもとで、援助において子どもはどのような立場におかれている存在といえるのだろうか．

- 堀（2009）は、子どもアドボカシー（権利擁護）の必要性を述べるにあたり、子どもがおかれている立場や状態について、子どもが「慣習としても法的にも、政治的・経済的・社会的な権利を制限されている」存在として次のように述べている．

▶ 生物学的に大人に比べて無力であるということとともに社会的にも法的にも弱い立場に置かれており、権利侵害を受けやすい状態にある．
▶ 成熟と発達の過程にあるため、自分で自分の権利を認識し、主張したり、行使したりする力が相対的に弱い．また社会的に保護され、義務教育を受けたり、親権に服したり、福祉などを保障される立場にある．
▶ 児童福祉施設の利用に際しても自ら利用契約の主体になれないなど、法的な権利の制限を受けている．
▶ 自らの利益のために大人のアドボケイトを必要とする．

- 人が人として生きる権利を保障する相談援助は、アドボケイトを必要とする子どもの権利擁護のための実践としても意義をもつといえる．

演習問題　考えてみよう・調べてみよう

- 日常生活のなかで起こりうる子どもの権利侵害の例を調べてみよう．
- またそれは、どのような権利の侵害であるのか考えてみよう．

3 権利擁護としての相談援助の意義

権利擁護とは

- **権利擁護**とは相談援助において，利用者の権利を守るために，その権利や主張を弁護・代弁する活動であり，「アドボカシー（advocacy）」ともいわれる．
- 権利擁護（アドボカシー）の種類は大きく分けて，「ケースアドボカシー」と「コーズアドボカシー」がある．
- 「ケースアドボカシー」とは，援助者が利用者の立場に立ち，利用者の権利としてのサービス活用の支援を通して，利用者の利益や生活の安定につなげていくための働きかけである．
- 「コーズアドボカシー」とは，利用者の立場からみえる法制度やサービスの不十分な点について，その改善・開発を社会や行政に働きかけていく活動である．
- 権利擁護（アドボカシー）の基本は利用者主体であり，本来は，利用者自身がその権利を主張していけるように支援していくことが目指される．

権利擁護としての相談援助の意義

- 社会福祉実践としての**相談援助は，権利擁護のための実践でもある**．
- このとき，権利擁護の対象とは，子ども，その保護者あるいは地域の子育て家庭となるが，特に保育士は相談援助を通じて子どもの権利を擁護・代弁し社会資源の活用を支援する．
- そして，最終的には子ども自身，または子どもを育てる保護者が，子どものために自らその意思表明を行えること，自ら社会資源を選択・活用してよりよい生活を実現することを目指すことが，権利擁護としての相談援助の意義であるといえる．

1-3 | 相談援助の機能

> **学習のポイント**
> 1. ソーシャルワークとしての相談援助実践がもつさまざまな機能と，それがどのような場面で発揮されるのかを理解する．

相談援助実践のもつ機能（働き）とは，どのようなものか．

1 多様な相談援助の機能

相談援助が果たす3つの機能

- 白澤（2010）は，ソーシャルワークの枠組みからその機能を3つに整理している．これは保育における相談援助場面にもあてはめることができ，以下のような例として示すことができる[*7]．

*7：そのほかにも，日本社会福祉実践理論学会（現・日本ソーシャルワーク学会）ソーシャルワーク研究会（1997）は，ソーシャルワーカーの機能について，9の機能に分類している（❺）

①人と環境とを調整する機能

- 子ども同士，子どもとその保護者，あるいは子どもとそのほかの環境との関係を調整することである．
- 子育ての不安や悩みを一人で抱えている保護者に対し，活用できる資源（たとえば，同じような立場にいる・過去にそのような経験をした保護者，場合によっては専門機関など）とのつながりやその関係性を調整するなどである．

②人の対処能力を強化する機能

- 子どものおかれている状況や個性・発達状況をよく把握したうえで，その子ども自身の成長を促す働きかけを行うことである．
- 子育てに迷いや行き詰まりを感じている保護者に対し，保護者の辛さを受け止めたり，具体的な助言をすることで，保護者が課題に向き合い解決し，子どもとともに生活していけることを促す．
- 保護者が子育てをしていくうえで必要とする資源（人・サービス・制度など）を，保護者自身が効果的に活用できるように支援するなどである．

③環境を修正・開発する機能[*8]

*8：③は，①，②を円滑に発揮するための基盤づくりとしての意味合いをもつ．

- 子どもの最善の利益を目指せる体制を，整備・開発していくことである．
- 地域で子育てをする人々の情報交換の場の設定，ボランティア・地域住民との交流を通して地域全体で子どもの成長を見守る体制をつくる．
- 保育所内の職場環境の整備（業務や役割の分担，連携体制の明確化）や，保育所外の専門職・専門機関との連携・協働の仕組みづくり（そのための情報交換・関係づくりを含む）などである．

そのほかの機能（社会的統制機能）

- そのほかにも、日本社会福祉実践理論学会（現・日本ソーシャルワーク学会）ソーシャルワーク研究会（1997）は、ソーシャルワーカーの機能について、9つの機能に分類し、その内容を示している（❺）

❺ ソーシャルワーカーの機能

機能	内容
仲介機能	クライエントと社会資源との仲介者（ブローカー）としての働き
調停機能	クライエントや家族と地域社会との間で意見の食い違いや争いがみられる際の、調停者（メディエーター）としての働き
代弁機能	権利を守ることやニーズを自ら表明できないクライエントの代弁者（アドボケーター）としての働き
連携機能	各種の公的な社会的サービスや多くのインフォーマルな社会資源の間を結びつける連携者（リンケージ）としての働き
処遇機能	施設内における利用者に対する生活全体の直接援助
治療機能	治療者（セラピスト）としての働き
教育機能	教育者（エジュケーター）としての働き
保護機能	児童等に対する保護者（プロテクター）としての働き
組織機能	フォーマル，インフォーマルな活動や団体を組織する者（オーガナイザー）としての働き

参考：日本社会福祉実践理論学会ソーシャルワーク研究会．ソーシャルワークのあり方に関する調査研究 調査報告書；1997．

- 保育士が行う相談援助は、最終的に「子どもの最善の利益」につながることを目標とし、またそれを前提として機能するものである．

1-4 相談援助とソーシャルワーク

> **学習のポイント**
> 1. ソーシャルワークの概要（定義の内容や全体像，歴史）を理解する．
> 2. ソーシャルワーク実践の柱となる理念・価値とその内容を理解する．
> 3. ソーシャルワークと相談援助との関係および，ソーシャルワークとしての相談援助の特徴について理解する．

ソーシャルワークとしての相談援助を行うために，ソーシャルワークについて理解しよう．

1 ソーシャルワークとは何か

ソーシャルワークの定義

- 国際ソーシャルワーカー連盟（IFSW）は，ソーシャルワークについて次のように定義している．

> ▶ ソーシャルワーク専門職は，人間の福利（ウェルビーイング）の増進を目指して，社会の変革を進め，人間関係における問題解決を図り，人々のエンパワーメントと解放を促していく．ソーシャルワークは，人間の行動と社会システムに関する理論を利用して，人々がその環境と相互に影響し合う接点に介入する．人権と社会正義の原理は，ソーシャルワークの拠り所とする基盤である（国際ソーシャルワーカー連盟〈IFSW〉2000）

社会正義
社会に正義があることを指し，日本社会福祉士の倫理綱領では「差別，貧困，抑圧，排除，暴力，環境破壊などの無い，自由，平等，共生に基づく」ものとしている．

- このことから，**ソーシャルワークは，人権（の尊重）と社会正義を根底において，人間の福利を追求する専門職実践**であり，その対象は人，社会，人と社会の接点であるといえる．
- ソーシャルワークにとって相談援助は，ソーシャルワークを行うための中心的な手段という関係であるといえる．

ソーシャルワークの構成要素

ソーシャルワークは，どのような要素によって成り立っているのか．

- **ソーシャルワーカー**：社会福祉学を学問基盤として相談援助活動を行う専門職のことであり，ソーシャルワークの価値，知識，スキルをもって実践を行う．
- **クライエント**：一般的にソーシャルワークの対象となる人のことをいう．しかし，ソーシャルワークでは，対象は個人だけでなく家族や集団，機関や地域を含む．
- **ニーズ**：必要や要求，不足や欠乏およびその状態を意味する．社会福祉のニ

ーズとは，人間が社会生活を送るために必要な基本的な要件を欠いている状態で，かつその改善に援助を必要としている状態のことをいう（p.34-35 参照）．
- 社会資源：人々が社会生活を送るなかで生じる問題を解決・充足するために活用する資源のことをいう．ソーシャルワークにおいては，クライエントがふたたび資源を活用して社会生活を営めるよう援助をする（p.101-102 参照）．

2 ソーシャルワークの体系

対象による方法・技術の区分体系

伝統的な 3 方法

- 専門職としてのソーシャルワークは，その発展の経緯から伝統的に「ソーシャル・ケースワーク」「ソーシャル・グループワーク」「コミュニティワーク」の 3 方法に区分されてきた．
- ソーシャル・ケースワーク：個人や家族に対する個別援助の方法および技術のことをいう．援助者は，利用者との信頼関係に基づいた専門的援助関係を築き，利用者自らが問題を解決する力を身につけていけるよう，直接的・側面的に援助する．
- ソーシャル・グループワーク：小集団（グループ）に対する援助の方法と技術をいい，小集団の特質を問題解決に活用する方法である．たとえば，グループダイナミクス（集団力学）の知識やグループ内で生まれる相互援助システムを用いて，グループ内の個人またはグループに共通する課題の解決を支援する．
- コミュニティワーク：地域社会に対する援助の方法と技術を指す．地域に生じている福祉的な問題に対して地域住民の参加や認識を促し，住民が主体的に解決に取り組むことを支援していく．また，地域に潜在している問題の発見や資源の開発にもかかわる．

働きかけの仕方による方法・技術の区分体系

- ソーシャルワークの方法・技術には，利用者にどのように働きかけるものであるかによって，「直接援助技術」，「間接援助技術」として区分されるもののほか，ソーシャルワーク実践の質を高めたり幅を広げる方法・技術を意味する「関連専門援助技術」として区分されるものがある．

　これらの区分を基準に先述の 3 方法，そのほかの方法・技術などをあてはめると，次ののようになる．

グループダイナミクス

小集団の場で働くさまざまな心理的な力の動きや，集団内の相互作用関係や複雑な力関係から生じる事象から，人間関係や社会現象を明らかにする学問のことである．

❻ ソーシャルワークの援助方法・技術体系

○直接援助技術

名　　称	概　　要
ソーシャル・ケースワーク	個別や家族に対する個別援助の方法・技術
ソーシャル・グループワーク	グループダイナミクス（集団力学）などを活用した，小集団に対する援助の方法・技術

○間接援助技術

名　　称	概　　要
コミュニティワーク	地域社会に対する援助の方法・技術
社会福祉調査法	個人や地域の抱える問題や社会福祉サービスや実践の有効性に関する調査の方法・技術
社会活動法	社会福祉制度・サービスの改善や創設を目的に行政機関や企業・民間に働きかける方法・技術
社会福祉計画法	社会福祉を計画的・合理的に進める方法・技術
社会福祉管理運営	社会福祉施設・組織が行うサービスの運営管理の方法・技術，または国・自治体の社会福祉行政の計画を指す場合もある

○関連専門援助技術

名　　称	概　　要
ケアマネジメント	さまざまなサービスや機関がかかわる必要のある利用者に対して，サービスや機関を結びつけ・調整する方法・技術
スーパービジョン	スーパーバイザーからスーパーバイジーに対して行われる専門職養成の過程やその方法
ソーシャルサポート・ネットワーク	利用者の支援に必要となるフォーマル，インフォーマルな社会資源のネットワークを形成する方法・技術
カウンセリング	心理的な支援を必要とする利用者に対し，面接によって問題解決を図る方法・技術
コンサルテーション	各分野の専門職から，利用者の問題解決に必要となる知識・技術や見解の助言を受けること

> ソーシャルワークの歴史から，ソーシャルワークがどのようにして生まれ現在に至っているのか，その変遷を知る．

3 ソーシャルワークの歴史

歴史（過去）を知ることの意味

- 「現在」は過去によって規定され，未来によっても規定される（阿部，1988）．現在のソーシャルワークのあり方も，過去の経過を経て成り立っているものであり，また，未来の社会福祉のために現在の実践の形がある．
- 歴史を知ることは現在や向かうべき未来を理解するうえで大切なことである．

ソーシャルワーク前史

ソーシャルワーク誕生前の福祉的実践

- ソーシャルワークという社会福祉の近代化や専門職業の成立・発展に大きな影響を与えた活動として、慈善組織協会(COS)、セツルメント運動が挙げられる。

慈善組織協会(charity organization society；COS)

- 慈善組織協会(以下COS)は、1869年イギリスのロンドンで設立された。ロック(Loch,C.S.)の指導のもと、COSは要保護者に対する慈善活動をそれぞれに行う慈善団体を取りまとめ、調整・協力して適正な支援を行った[*9]。
- COSの活動は支援活動の組織化だけでなく、活動員(友愛訪問員)の活動内容の統一化や職業化、教育制度の整備などの発展をとげ、イギリスとアメリカを中心に展開された。これらは後のソーシャル・ケースワークやコミュニティワークの源流とされている。

セツルメント運動(settlement house movements)

- セツルメント運動とは、知識人や富裕層の人々がスラム街などに住み、貧困者との共同生活や人間的な交流を通して地域の社会福祉の向上を図ろうとする事業である。
- この事業は、オックスフォード大学のトインビー(Toynbee, A.)が始めた活動を引き継ごうと、トインビーの死後、1884年ロンドンにトインビー・ホールが設立されたことが始まりである。
- COSと同様この事業はアメリカでも展開され、現在のソーシャル・グループワークやコミュニティワークの端緒となった[*10]。

ソーシャルワークの誕生とその発展・展開

- COSの活動やセツルメント運動は、アメリカでケースワークやグループワークなどとして展開し、それぞれの分野のなかでそれぞれの専門的な方法論として発展していった。

ケースワークの誕生から専門化へ：リッチモンドの功績

- 専門職としてのケースワークの誕生・専門職化に最も大きな貢献をしたのが、リッチモンド(Richmond, M.)である。
- リッチモンドは、COSの友愛訪問員として働いた経験から、この活動の教育訓練やそのための教育機関を設立する必要性を説き、現在の社会福祉専門職の教育システムにつながる土台を築いた。
- また、1917年に『社会診断』を、1922年に『ソーシャル・ケースワークとは何か』を著し、専門職としてのケースワーカーが共有すべき知識・方法を示し

[*9]：COSが設立された背景として、産業革命による多数の貧困者の出現に伴う子どもの問題や犯罪の増加という社会問題への対応、疾病や貧困などの状態にある人々に対する一方的な施しや支援の重複・不正受給の問題の改善などが挙げられる。

[*10]：セツルメント運動における代表的な人物として、トインビー・ホールの初代館長のバーネット(Barnett, S.)や、アメリカでネイバーフッド・ギルドを設立したコイツ(Coit,S.)、ハル・ハウスを設立したアダムス(Addams, J.)が挙げられる。彼らの活動は多岐にわたり、移民に対する支援ほか、保育園の設立や児童を過酷な労働から保護する活動などを行った。

たうえで，ケースワークの定義を明らかにした．
- その後，ケースワークはさまざまに発展していくが，そのなかから基本的な共通事項や本質を探究しようという動きが起こり，1923年から1928年まで毎年行われたミルフォード会議の議論などを通して，一つの専門職としてのソーシャルワークの確立を目指していった．

ソーシャルワークの発展と転換
- 1920年代から1950年代にかけて，アメリカのソーシャルワークは当時の社会状況の影響を受けつつ発展を遂げてゆく．
- ケースワークは第1次世界大戦による軍人やその家族の精神的ケアのニーズを受けて精神医学・心理学的な側面から援助を展開し，パーソナリティの変容に重きをおいた（医学モデル）．グループワークやコミュニティワークは，1929年の世界恐慌に伴う大不況への対応として，地域の失業対策などのなかで導入・発展を遂げていった．
- 1960年代に入ると，特に精神・心理面の援助に傾倒するケースワークのあり方に対する痛烈な批判が生じるようになる．
- この背景には，公民権運動や福祉権運動など，これまで社会的に弱い立場におかれ，差別の対象とされてきた人々の権利を求める運動があり，このなかで，貧困や社会問題に対する援助や視点をなおざりにしたケースワークの対応が内外から厳しく批判された．
- ソーシャルワークは今一度，必要性やその本来の役割を問い直す事態となり，このなかで利用者を主体としてその権利を擁護するアドボカシーの概念が強調されていった．

現在のソーシャルワーク（ジェネラリスト志向）
- その後，「個人か社会か」というソーシャルワークの焦点に関する議論を経て，それらを統合したジェネリックなソーシャルワークのあり方が主張されるようになる．
- ジェネラリスト・ソーシャルワークとは，ソーシャルワークは領域を限定するものではなく，すべての領域に対応するものであること，場面に応じて個人，グループ，地域への援助を使い分けるという考え方であり，この背景にはシステム理論や生態学的視点の導入によるエコシステムの考え方の影響がある（生活モデル）．
- この潮流[*11]は，現在のソーシャルワークの基本であるが，1990年代以降は，さらに社会的弱者やマイノリティとよばれる人々が自らの意見を表明し，社会変革することを重要視して，ストレングス視点やエンパワーメント理論が注目されている（ストレングスモデル）．

*11：これらのソーシャルワークのあり方の変遷は，その手本としたモデルの変遷としてとらえられる．過去から順に，医学モデル，生活モデル，ストレングスモデルという大きな流れがある．

わが国におけるソーシャルワークの動向

明治期から大正期，昭和初期における社会福祉活動

- 明治期の社会福祉活動は，主にキリスト教を背景とする慈善事業として子どもに対する支援などが行われていた．たとえば，1887年，**石井十次による孤児教育会（後の岡山孤児院）**や，1899年，**留岡幸助による巣鴨家庭学校の創設**が挙げられる．
- 大正期は法制度や自治体の取り組みの一環としての社会福祉活動が活発化した．たとえば，1917年の岡山県済世顧問制度，翌年の大阪府方面委員制度の成立により，地域ごとの貧困世帯や生活状況の調査や援助が組織的に行われた．
- リッチモンドやアダムスによる実践が紹介され，わが国での実践や研究が報告されるようになるのは昭和に入ってからであるが，第2次世界大戦により中断を余儀なくされたため，本格的にソーシャルワークが導入されるのは，第2次世界大戦後からである．

戦後におけるわが国のソーシャルワークの動向

- 戦後，わが国においてもソーシャルワークの専門職化が目指されたが，主にアメリカにおける理論や実践の導入が中心で，日本独自のソーシャルワークの深化や発展は，現在も途上にあるといえる．
- 1987年に社会福祉士，1997年に精神保健福祉士というソーシャルワーカーの国家資格が誕生し，より一層ソーシャルワークの発展が期待されている．

④ ソーシャルワークの価値と理念

> ソーシャルワーク実践の根底を支える価値と理念について学ぼう．

ソーシャルワークの価値

人権尊重

- ソーシャルワークの定義にあるように，ソーシャルワークの基盤である原理の一つは「人権」である．「人権」とは人間が生まれながらにもっている権利のことである．
- 社団法人日本社会福祉会の倫理綱領では，「価値と原則」「Ⅰ **人間の尊厳**」において「すべての人間を，出自，人種，性別，年齢，身体的精神的状況，宗教的文化的背景，社会的地位，経済状況等の違いにかかわらず，かけがえのない存在として尊重する」としている．
- これは，人権についても同じである．対象者がどのような状況にあっても，ソーシャルワーカーは対象者の人権を尊重することに価値をおき実践を行う．

社会正義

- ソーシャルワークの原理のもう一つは「社会正義」である．これは本節の冒頭で述べたように，差別，貧困，抑圧，排除，暴力，環境破壊などのない，自由，平等，共生に基づく社会を目指すものであり，これらを志向した実践を行うことに価値をおく．

話し合ってみよう

- 差別や抑圧を受けやすい人々とは，どのような人々だろうか．グループで話し合ってみよう．

> そのほかにも，ソーシャルワークの指針となる重要な理念がある．

ソーシャルワークの理念

ノーマライゼーション

- **ノーマライゼーション**とは「ノーマルな生活状態にできるだけ近づいた生活をつくり出すこと」という意味である．
- ノーマライゼーションは，施設のなかで人間的な扱いを受けずに暮らすことを余儀なくされていた知的障害児・者の生活の改善と施設の改革を訴えるために，バンク-ミケルセン（N.Bank-Mikkelsen）が用いた言葉である．
- 現在は障害の有無にかかわらず，生活上の困難や生きにくさを抱えているすべての人々に適用される重要な理念であり，当然，虐待やネグレクトなど，劣悪な環境で暮らす子どもにも当てはまる．援助者はその実現を支援する．

自己決定

- **自己決定**は，人は自分の問題や生活について自分で判断し，**選択・決定する自由と権利があり，それを尊重されるべきである**という理念に基づいた援助の原理である．
- しかしこの理念は，その判断能力や決定の責任を引き受ける能力の有無が問題となり，権利が尊重されにくいこともある．
- 子ども虐待への対応においても，児童福祉法や『子ども虐待対応の手引き』では，子ども自身の意向の確認や把握についての記載がありながらも，実際にはその機会や意向が十分に保障・尊重されていない可能性が指摘されている（栄留，2009）．
- 利用者の意見表明・自己決定の支援においては，援助者がその権利を認め，意思表明・自己決定できるよう直接的に支援したり，利用者の声あるいは「**声なき声**」を聞いたうえでそれらを代弁することが求められる．

利用者本位

- **利用者本位**とは利用者の立場を重視する考え方であり，ノーマライゼーションと自己決定の実現を目指すうえで必要になる理念である．
- 援助者は**利用者の立場に立ち，利用者の意思を最大限尊重する**．利用者が意思を表明できるためにも，利用者と援助者とは対等な関係を形成・維持することが目指される．

> **演習問題 考えてみよう**
> - 自分自身のなかに，ある特定の人々や事柄に対する差別意識や偏見などがあるだろうか，考えてみよう．
> - それらはどのような考えから，または，なぜ自分のなかの偏見や差別意識となっているのか，考えてみよう．

5 ソーシャルワークとしての相談援助

ソーシャルワークとしての相談援助の特徴とポイント

- ミクロレベルにおける相談援助では，利用者が抱える生活課題の解決に向けて，利用者や家族を直接的・個別的に支援する．このとき，利用者自らが自分や周囲の力を活用して問題を解決していけるよう，援助者は**個別性を大事に側面的に支えることが大切**である．
- メゾレベルにおける相談援助とは，ミクロまたはマクロ領域における課題解決を円滑に進めるための間接的援助として，相談援助に関係機関の連携・協働を組み込んでいくことである．
- ここでは，いかに関係機関との連携・協働を可能にするかがポイントとなるが，協働・連携が一人の利用者に対して単発的に行われるのではなく，いつでも活用できる**ネットワークや仕組みのレベルにまで発展させる**ことを目指すことが大切である．
- マクロレベルにおける相談援助では，地域社会の福祉計画の策定・実施の実現や，国の政策や行政の取り組み内容の向上を目指して，調査や評価，計画立案，取り組みの管理・運営を行う．
- このとき忘れてはならないのが，最終的には**地域住民が主体となってこれらを行っていくことをゴールにする**ことである．そのための調整や仕組みづくり，**社会資源の活用・開発**がポイントとなる．

ソーシャルワークとしての相談援助とは

- 以上から，「ソーシャルワークとしての相談援助」の特徴を次のようにまとめ

ることができる.

> ①対象となる者,機関や組織,地域(住民)がそれぞれ自らの力や周囲の資源を用いて,または互いに協力をして,主体的に課題に対処していくことを目指すものであること.
> ②そのためには,①を可能とする仕組みつくり(これはネットワークや体制の骨組みだけをつくればよいというものではなく,その構造が上手く働くための仕掛けづくりやプロセスの支援が大切である)の部分も要求されること.
> ③これを現実のものとするには,援助者は一人の力で実践を行うのではなく,利用者と私的なつながりをもつ人々,それらをとりまく周辺の人々や環境の力,制度や専門機関,専門職やサービスなど,さまざまなレベルの社会資源(p.101-102参照)を動員し,つなげていくことが必要となること[*12].

*12:そして最終的には,援助者がその支援から徐々に身を引いていけることが求められる.

1-5 保育とソーシャルワーク

> **学習のポイント**
> 1. 保育士に求められる相談援助とは，ソーシャルワークとしての相談援助のどこまでを実践の範囲とするのか整理してとらえる．
> 2. 保育士がなぜソーシャルワークとしての相談援助を行う必要があるのか，現代的課題の理解とともにその理由を理解する．

1 保育士に求められる相談援助

保育士による相談援助の実践範囲

社会福祉援助活動における保育士実践の位置づけ

- 川延(2004)によると，各機関や施設で行われる社会福祉援助活動は，大きく「継続的福祉サービス」と「継続的相談援助活動」とに分けられ，前者は「介護・技術指導・保育・訓練・作業指導など」と「生活支援に関する総合調整・相談対応」に，後者は「社会的調整・社会生活相談援助・情報収集連絡調整」と整理されている（❼）．
- 「継続的相談援助活動」は，ソーシャルワーカーの専門業務であるとしており，ここには，ソーシャルワーク業務を主とする専門職〔社会福祉士や精神保健福祉士〕による実践が該当すると考えられる．
- 保育士の実践は，「継続的福祉サービス」に位置づけられるといえるが，「継続的福祉サービス」にも「生活支援に関する総合的調整・相談対応」という内容が含まれている．
- 「生活支援に関する総合的調整・相談対応」について，川延は，「生活課題の〔解決の〕実現に向けての生活支援に関する情報提供や助言や相談援助」とし，ソーシャルワーカーが行うものとしている（〔 〕内は筆者により加筆）．
- しかし，近年の子どもを取り巻く状況，子育て支援に関する保護者や地域のニーズへの対応を考えるとき，子どもの育ちと保護者に最も身近な専門職である保育士も，相談援助を行うことが期待されており，保育士の専門性とソーシャルワークの機能を生かした相談援助実践が求められていると理解することができる．
- 保育士による相談援助は「施設を利用する子どもと保護者，および地域の子育てに関連する」生活支援に関する総合的調整・相談対応をその内容とすることが考えられる．
- しかし，保育士が行うがゆえに，ソーシャルワークを中心的に担う専門機関や専門職でないことに留意すること，また，地域子育て支援における相談・

> 前節にてソーシャルワークとしての相談援助の内容を確認したが，ソーシャルワーカーの行う相談援助と保育士に求められる相談援助とはどのように整理できるのだろうか．

助言においては，**本来業務である保育に支障をきたさない範囲で行われること**，という点で特徴をもつものであるといえる．

❼ 社会福祉援助活動適用の領域と場面

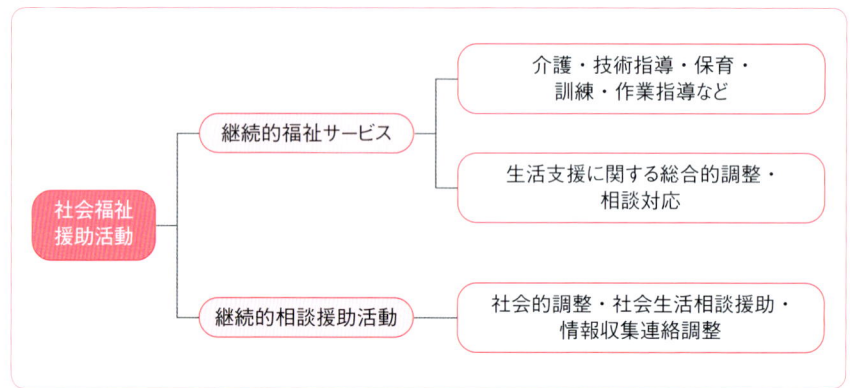

岡本民夫監，川廷宗之ほか編著．社会福祉援助技術論(上)．東京：川島書店；2004.

保育におけるソーシャルワーク実践としての相談援助の必要性

利用者の抱える課題の多様化・広範化・深刻化

- 近年，社会福祉の援助を必要とする人々が抱える生活課題の多様化・広範化・深刻化が進んでいる(岩間，2010)．これは，子ども・家庭福祉の領域においても同様であり，保育の場においても，複雑かつ多重の課題をもつ子どもおよび保護者への支援を行う場面は今後も増加することが予測される．
- 子どもやその家庭が抱える生活・福祉的課題としては，たとえば虐待や配偶者からの暴力(DV)のほか，発達障害や精神疾患による社会適応の難しさや社会からの孤立，就労問題や貧困などが挙げられる．
- 多様化・複雑化した課題を抱える利用者に対して相談援助を行う場合，先に述べた限定的かつ本来業務への支障のない範囲に実践内容をとどめることは難しく，仮にこれを優先することがあっては，利用者への支援とはいえない．
- さらに，これらの課題への対応には，一人の保育士あるいは一つの保育所のみで対応することはもはや困難な場合もあり，個々の職員の力量に頼る方法では限界がある．
- 現在の相談援助実践においては他機関・他の専門職との連携・協働，または専門職・専門機関のみならず，地域住民・地域社会との協働，地域を基盤とした課題解決のための仕組みやネットワークづくりが必要となる．
- 相談援助を行う保育士も，ミクロからマクロの視点をもって，ソーシャルワークの機能を発揮することが大きな意味をもつことになるのである．

DV

DV(ドメスティック・バイオレンス)とは，直訳すると「家庭内における暴力」であるが，近年は主に配偶者(やパートナー)からの暴力としてとらえられるのが一般的となっている．「配偶者からの暴力の防止及び被害者の保護に関する法律(配偶者暴力防止法)」では，この「配偶者」には「婚姻の届け出をしていないいわゆる『事実婚』」を含み，男性，女性の別を問わないこと，「離婚後も引き続き暴力を受ける場合」も含むとしている．また，「暴力」には，「身体的暴力のみならず，精神的・性的暴力」も含まれる．

> **演習問題 調べてみよう**
>
> ・子どもやその家庭における福祉的課題（虐待やDV，就労問題や貧困など）について，より具体的な実態を調べて発表してみよう．

引用・参考文献

- 阿部謹也．自分のなかに歴史をよむ．東京：筑摩書房；1988．
- 原田正文．子育ての変貌と次世代育成支援－兵庫レポートにみる子育て現場と子ども虐待予防．愛知：名古屋大学出版会；2006．
- 堀正嗣，栄留里美．子どもソーシャルワークとアドボカシー実践．東京：明石書店；2009．
- ルイーズ・C. ジョンソン，ステファン・J. ヤンカ著．山辺朗子，岩間伸之訳．ジェネラリスト・ソーシャルワーク．東京：ミネルヴァ書房；2004．
- 久保紘章，副田あけみ．ソーシャルワークの実践モデル－心理社会的アプローチからナラティブまで．東京：川島書店；2005．
- 岡本民夫監，川延宗之ほか編著．社会福祉援助技術論(上)．東京：川島書店；2004．
- 社会福祉士養成講座編集委員会．新・社会福祉士養成講座 <6> 相談援助の基盤と専門職 第2版．東京：中央法規出版；2010．
- 社会福祉士養成講座編集委員会．新・社会福祉士養成講座 <7> 相談援助の理論と方法Ⅰ 第2版．東京：中央法規出版；2010．
- 日本社会福祉実践理論学会ソーシャルワーク研究会．ソーシャルワークのあり方に関する研究調査報告書 1998．
- 厚生労働省編．保育所保育指針解説書．東京：フレーベル館；2008．

MEMO

相談援助

第2章

相談援助の方法と技術（1）

ソーシャルワークとしての相談援助を行うために

- 第1章では，保育士に求められている「ソーシャルワークとしての相談援助」の概要を理解することを目指し，次の点を主として述べた．①社会福祉の専門職として行う相談援助には，どのような理論的基盤や意義，はたらきがあるのか，②ソーシャルワークとは何か，どのような背景をもち，何を行おうとするものであるのか，③保育士に求められる相談援助の範囲とソーシャルワークの必要性をどのように考えることができるのか．これらは保育士に求められる相談援助を理解するうえで柱となるものである．

- そこで第2章・第3章では，第1章を踏まえて，どのようにソーシャルワークとしての相談援助を展開していくのかを理解・実践するための基本的な方法・技術について示す．第2章で取りあげるのは主に以下の内容である．

  > ▶①対象理解のしかた．
  > ▶②相談援助の進めかた（展開過程）．

- これらは，援助者がもつものの見方と援助の展開の仕方であり，実践を行う前に援助者が理解しておくべきことである．

2–1 相談援助の対象

> **学習のポイント**
> 1. 相談援助の利用者がかかえる生活課題の内容，援助課題となるニーズの種類について理解する．
> 2. 利用者をどのような目でとらえ，理解するのか具体的に学ぶ．

> 援助の「対象」をとらえるポイントについて考えてみよう．

1 相談援助の対象

相談援助の対象とは

- 第1章で述べた通り，ミクロからマクロまでの領域を実践範囲とするソーシャルワークでは，必ずしも人だけが援助の対象，あるいは，働きかけの対象となるわけではない．
- しかし，実際の相談援助，特に保育における相談援助では，生活課題を抱える個人や家族を対象として援助を開始し，働きかけを行う場合が多いと考えられる．
- ここでは「生活課題を抱える人」に焦点を当てて対象のとらえ方を考えてみよう．

援助の対象をどのようにとらえるか

生活課題の表れ方ととらえ方の偏り

- 相談援助の場で解決が目指される**生活課題**は，多くの場合，利用者個人の生活状況や言動という形で表面化し，援助者や周囲の目に映ることになる．このことは，援助者の目を，おのずと生活課題を抱える「人」に向けさせるが，これによって周囲の要素に目を向けることがおろそかになることもある．
- 気になる子どもや課題を発見したとき，援助者は目の前のことだけをみて判断してしまったり，問題の原因を子どもや家族自身の特性に求める傾向があることが指摘されている（植田，2001；鑑・千葉，2006）．
- 個々のもつ特徴に目を向け，働きかけを行っていくことは必要なことであるが，個人や家族のみに原因が追及されると，多くの利用者は責められていると感じ，援助者との関係や課題への取り組みに対して消極的になる．
- 現在のソーシャルワークとしての相談援助では，「エコシステム」の考え方や「人と環境とその交互作用」という視点で援助対象をとらえることが求められていることは第1章で述べた通りである．

援助において必要とされるいくつかの視点

- 「生活課題を抱える人」を援助の対象としてとらえるとき，まず，①目の前にみえる状況がどのようにして起こっているのか，②起こっていることは何か，③そのなかで，個人・家族は何を望んでいるのか，そして，④援助として何が必要とされているのか，をしっかりとらえることが必要とされる．
- これらをまとめると，少なくとも次の3つの視点が必要とされる．

①生活課題をとらえる視点

- 1つ目には，この生活課題が「どのようにして生じているのか」をとらえる視点が求められる．
- そのためには，生活課題とは何かについて知ることが大切である．

②ニーズをとらえる視点

- 2つ目は，「個人・家族は状況をどのように理解し，何を望んでいるのか」，そして「援助として何が必要とされているのか」をとらえることが求められる．
- 援助において，これらは「ニーズ」とよばれるが，ニーズにはいくつかの種類が存在する．

③統合的にとらえる視点[*1]

- 最後に，援助者がとらえたこれらのことが，どのようなつながりをもつものとして，利用者の状況や言動となっているのか，また利用者がそのような言動をし，ニーズを表明するのはなぜかなど，トータルにとらえる視点が求められる．

*1：援助者とのかかわりを含めた利用者の全体像を理解する視点．

2 相談援助における対象理解の仕方

生活課題をとらえる視点とその方法

生活の構造

- 現代の生活を形作る枠組みとして，川延（2004）は，「物事の生産と消費の循環」と「人間の内的な充実を求める過程」の2つを挙げ，これらは絡まりあい，どちらかに問題が生ずると，もう1つにも問題が発生する関係にあることを述べている．
- 人が生活することとは，単に収入を得て何かを購入・消費することのくり返しなのではなく，それによって社会とのつながりや貢献，自分自身や家族の心の充実や成長につながっていくことなのである．
- 何らかの理由によって生活ができなくなることは，単に貧困になるだけではなく，社会とのつながりや心の充実感，成長の機会を失っていくことを意味する．

*2：このひずみの影響を最も大きく受けるのは，立場の弱い子どもや高齢者である．

*3：マズロー(Maslow, A.H.)による「ヒューマンニーズの構造」においても同様の考え方が述べられている．マズローの場合，①生理的ニーズ(食物，水，空気など)，②安全へのニーズ(暴力などによる身体・精神的苦痛の除去)，③所属・愛情へのニーズ(居場所や人との密接なかかわり)，④自尊・尊重のニーズ(集団や社会のなかでの地位)，⑤自己実現へのニーズ(自己の可能性と能力の表出)の5つを挙げている．

生活における基本的欲求と生活課題

- 人の生活は，生物的な側面だけでなく社会的な側面も持ち合わせて成り立っており，生活という日々の営みを通じて成長し，次の世代へと生命や文化をつないでいく．
- しかし，このことは，人としての生活の**基本的欲求**がある程度満たされている限りにおいてのことであり，それらの諸欲求が満たされないときには，生活上にひずみが現われてくるようになる*2．
- 生活のなかで人がもつ基本的欲求についてヘプワースとラーセンは，次の4つを挙げている(Hepworth, D.H. & Larsen, J.A., 1993)*3．

> ▶ ①肯定的な自己概念欲求：アイデンティティ，自尊心，自信．
> ▶ ②情緒的欲求：他者から必要で価値ある存在とみなされているという感覚，仲間づきあい，帰属感．
> ▶ ③自己実現欲求：教養，娯楽，美的満足，達成感など．
> ▶ ④物理的欲求：衣食住，健康，安全，かばい守られること．

- これらの欲求が一時的に満たされないことは，誰しも生きていれば必ず経験することではある．しかし欲求が満たされない状態が続くとき，生活上にひずみが現れ，そのひずみを自分自身の力や周囲の人々の協力でも解消できないとき(あるいはそのような協力がまったく得られないとき)，それは生活課題となり，専門家の援助が必要とされるのである．

生活課題が起こる場面

生活課題とは具体的にはどのようなところに生じてくるのだろうか．

- 生活課題は，人としての基本的欲求が満たされない状態が続き，それが解決できず，生活を成り立たせる仕組みがどこかで破たんした結果として表面化してくるものである．
- 生活を成り立たせるための要素としては，①生活の場や生活空間，生活時間，②身体・精神状態，③金銭や収支のバランス，④家族構成や家族関係，⑤社会や家族内の役割，などが挙げられる．
- これらの要素のどれかに支障が生じると，他の要素にも影響を与え，どこかの場面(要素)に課題が生じてくる(❶)．
- たとえば健康問題は，生活時間の乱れや，金銭的問題，役割を遂行することへの支障として現われ，金銭的問題は，生活の場を不安定にさせ，精神状態や家族関係の悪化という形で表面化することもある．
- 表面化している課題とは，利用者の生活上，解決の必要な課題ではあるが，**実はその背景に別の生活課題がひそんでいるという視点をもって状況をとらえていくことが必要**である．

> 子育てに関する悩みや相談のなかにも，背景に生活上の別の課題を抱えている可能性を常に頭においておくことが重要である．

❶ 表面化した課題とその背景にある課題との関連

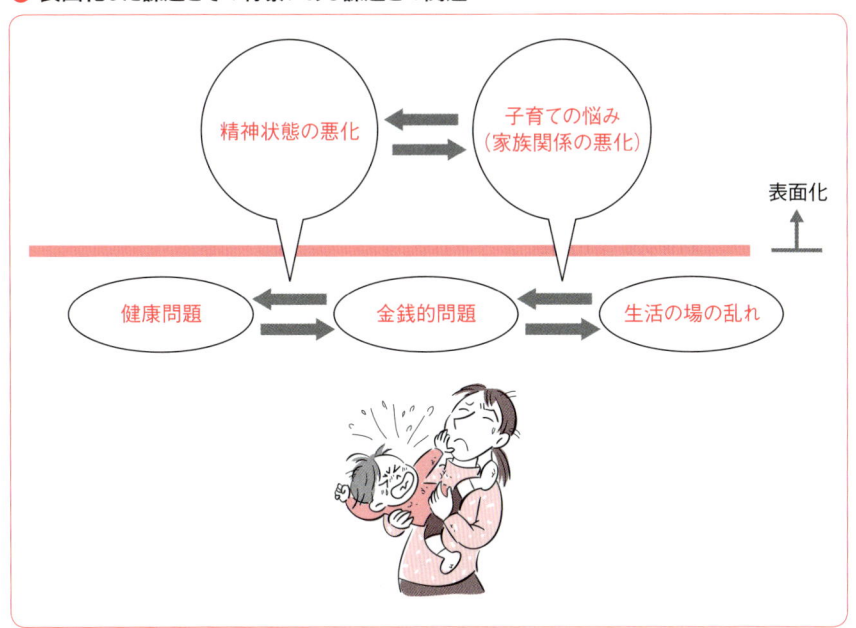

```
        精神状態の悪化 ⇄ 子育ての悩み
                          （家族関係の悪化）
                                              表面化
━━━━━━━━━━━━━━━━━━━━━━━━━━━━━━━━━━━━━━━━━━━━━━
   健康問題 ⇄ 金銭的問題 ⇄ 生活の場の乱れ
```

演習問題　考えてみよう

- 前述の生活の各要素にどのようなことが起こると，他の要素にどのような影響が現れるのか，さまざまな要素との組み合わせの例を具体的に考えてみよう．

生活課題はなぜ起こるのか

- 生活課題が起こる要因はさまざまである．それは生活課題を抱える利用者自身のもつ力の不足であることもあるし，身近に協力してくれる人がいないなどの周囲の環境，不況など個人の力の及ばない社会的な要因が直接的に影響していることもある．
- 生活上の課題を生じさせる要因の分類として，副田（2010）は，①個人と他システムとの疎遠，対立，葛藤的な関係，②他システムから適切な資源を引き出すための個人の意欲，能力，技術の不十分さ，③個人の知る環境内における資源提供可能な他システムの欠如，④資源提供可能な他システムについての認識の不十分さ，⑤資源提供可能な他システムからの資源提供拒否，⑥他

システムの提供できる資源が不十分，あるいは不適切などを挙げている（❷）．
- 生活課題をとらえるときに大切な援助者の視点とは，生活上の課題が生じている要因について，一つのシステム（個人や家族など）にのみ要因を見いだそうとするのではなく，他のシステム（周囲の環境や社会状況など）の状況やそれらとの関係など，全体的な視点で利用者のおかれている状況をとらえていくことである．

❷ 生活課題の発生とその要因

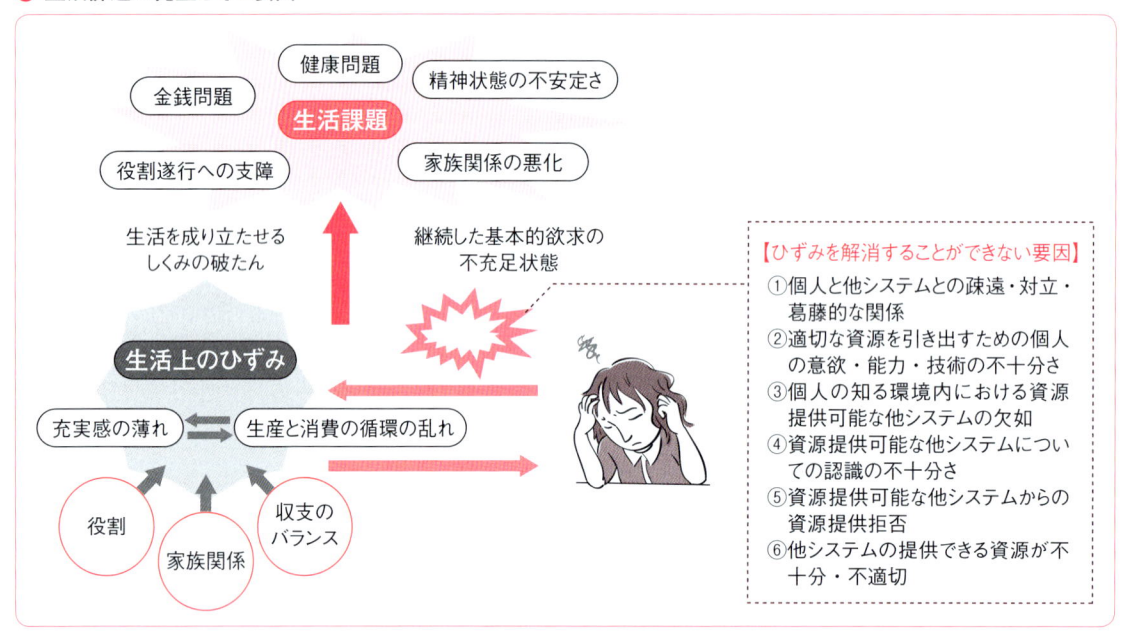

生活課題：健康問題，精神状態の不安定さ，金銭問題，役割遂行への支障，家族関係の悪化

生活を成り立たせるしくみの破たん／継続した基本的欲求の不充足状態

生活上のひずみ ⇔ 充実感の薄れ／生産と消費の循環の乱れ（役割，家族関係，収支のバランス）

【ひずみを解消することができない要因】
① 個人と他システムとの疎遠・対立・葛藤的な関係
② 適切な資源を引き出すための個人の意欲・能力・技術の不十分さ
③ 個人の知る環境内における資源提供可能な他システムの欠如
④ 資源提供可能な他システムについての認識の不十分さ
⑤ 資源提供可能な他システムからの資源提供拒否
⑥ 他システムの提供できる資源が不十分・不適切

ニーズをとらえる視点とその方法

利用者は状況をどのようにみているのか

- ここまで，生活課題をとらえる視点について述べてきたが，この視点は援助者のもつ視点であり，実際に生活課題を抱える利用者は，利用者自身の視点で状況をとらえている．
- 状況をどのようにとらえ何を必要としているかは，個々の利用者によっても異なるものである．
- 同じような育児に関する悩みをもつ利用者であっても，一人は「母親としての私の力が至らないせい」と訴えるかもしれないが，もう一人は「あの子は育てにくい」「協力してくれない夫が悪い」と訴えるかもしれない（❸）[*4]．

*4：反対に，おかれている状況や抱えている課題は異なるのに，同じような表現や仕方で訴えるという場合もあるため，援助者はことばの後ろにある利用者の思いや考えを丁寧に探っていくことが大切である（p.194-195参照）．

2-1 相談援助の対象

❸ 状況のとらえ方による訴えの違い

> 母親としての力不足．母親に向いていないのではないか？
>
> この子は育てにくい．夫は無関心．私だけが大変な思いをしている．

自信がなく困っている母　　周囲に対して怒りつつ困っている母

- また，人は相手や時，場合によって考えや表現が変化すること，利用者によっては援助者に自分の窮状を言いたくない，頼りたくないという考えをもっている場合もあることを留意しておく必要がある．
- ソーシャルワークとしての相談援助では，援助者は基本的に側面的な支援を行う立場であって，解決の主体は利用者自身である．そのため，援助の課題や目標をどこにおき，どのように利用者に協力していけるのかを見いだすためにも，利用者がどのように状況をとらえ何を必要としているのかを援助者はきちんと把握しておくことが大切になる．

ニーズとは何か

> 援助における「ニーズ」の意味と種類を知ろう．

- **ニーズ**とは一般的に，「必要，要求，不足・欠乏」やその状態のことを意味する．
- 社会福祉の相談援助におけるニーズとは，このなかでも社会福祉に関するニーズのことをさし，援助のなかで解決・緩和が目指されるものである．

> ▶ つまり，これを把握することが援助の出発点となり，これを解決することが援助のゴールとなる．

- 社会福祉ニーズについて三浦（1988）は「人間が社会生活を営むために欠かすことのできない基本的要件を欠」き，「社会福祉援助が必要とされる状態」のことをいい，「その状態を改善しなければならないという社会的な認識」に基

39

づいて取り扱われる課題としている．
- ソーシャルワークの視点でとらえると，社会福祉ニーズとは，**利用者と社会環境との間の交互作用がうまく機能していない結果として生じるもの**ととらえられる．

ニーズの種類[*5]

- ソーシャルワークにおけるニーズはさまざまな枠組みで分類がされているが，対象や援助課題を把握・整理するうえで知っておくべきニーズの種類として以下を挙げる．

> ▶①ノーマティブ・ニーズ(規範的ニーズ)：専門家や研究者が，専門的な立場からみて「望ましい」基準を満たしていないと判断した場合のニーズ．
>
> ▶②フェルト・ニーズ(知覚されたニーズ)：利用者本人が自覚しているニーズ．しかし，自覚しているが，その必要性をまだ表明していないニーズ．
>
> ▶③エクスプレスト・ニーズ(表明されたニーズ)：利用者がニーズを自覚しサービスや援助の必要性を援助者(援助機関)に表明すること．またはそのニーズ．
>
> ▶④コンパラティブ・ニーズ(比較ニーズ)：すでにサービスを受けている他の利用者と比較したときに援助が必要だと判断される状態．またはそのニーズ．
>
> ※②，③は利用者がとらえた(あるいは表現した)ニーズであり，①，④は利用者本人が意識しているかどうかは問わず，専門家が専門的な観点からとらえたニーズである．

- 相談援助においてニーズをとらえるとき，①や④だけで援助を組み立てると援助者中心の援助＝利用者不在の援助となる恐れがあり，これはソーシャルワークの価値に反する．
- 一方，生活課題を抱え，困難のなかにいる利用者は，その困難が大きいほど余裕がなくなり，自身の状況や解決に必要となる事柄を冷静かつ多面的に検討することが難しい場合がある．あるいは，自身の潜在的ニーズに気づかない場合もある．
- 援助においては①から④のニーズをそれぞれもち寄り，援助者と利用者との話し合いや援助の過程を通して，お互いの認識や見解のすり合わせをしていく努力が必要になる．
- このとき援助者には，利用者の状況に対する考えや希望について，尊重し理解しようとする姿勢が大事になる．このような姿勢に基づいた話し合いや，利用者が自らの状況を理解できるための丁寧なかかわりによって，利用者は

*5：このニーズの分類は，ブラッドショー(Bradshaw, J.)のニーズの類型によるものである．

援助者の言葉に耳を傾け，自らの状況についてあらためて考え，取り組んでいくことにつながるのである．

統合的にとらえる視点

- 最後に，援助者がとらえたこれらのことが，どのようなつながりをもつものとして，利用者の状況や言動となっているのか，また利用者がそのなかで状況をどのようにとらえ，何を必要としているのかなど，統合的にとらえる視点が求められる．
- 統合的な視点のなかに含まれるものとして，大きく分けて「**専門家としての目で状況を判断する**」視点と，「利用者が状況をどのようにとらえ，何を必要としているのかを**利用者の視点で理解する**」視点が存在すると考えられる．
- 「専門家としての目で状況を判断する」視点とは，**専門職の知識や規範的な観点，あるいは専門職としての経験から得られる**「**実践知**」**から状況をとらえる視点**のことを指す．
- 「利用者が状況をどのようにとらえ，何を必要としているのかを利用者の視点で理解する」視点とは，**利用者の目線や考え方を通して状況をとらえようとする視点のことをさし，これは利用者を尊重する姿勢，利用者の価値観や世界観（ものの見方や主観）の理解など，ソーシャルワークの価値に基づいた利用者理解の視点**である．

- これら2つの視点を統合して，全体的にとらえるのが「**統合的にとらえる視点**」である．

> ▶ ここには援助者自身の存在や援助者と利用者の相互作用も，とらえるべき対象のなかに含まれている．

- このような社会福祉の相談援助における援助者の統合的な視点を概念図にすると❹のようになる．
- なお，「専門家としての目で状況を判断する」視点で保護者の状況とらえるとき，同時に子どもへの影響や子どもの権利を守るための視点を備えておく必要がある．
- 保育士による相談援助とは，相談援助の対象が保護者であったとしても，最終的には子どもの権利や健やかな育ちの保障が目的だからである．
- 栄留（2009）は，子どもの利益を守るためのソーシャルワークにおいて，「子どもと親（保護者）の権利を調整する二元的視点をもって双方の支援を行う」必要性を述べているが，これは保育士による相談援助の場合にも当てはまると考えられる．

2章 相談援助の方法と技術（1）

❹ 保護者を援助の対象とする場合の援助者の統合的な視点

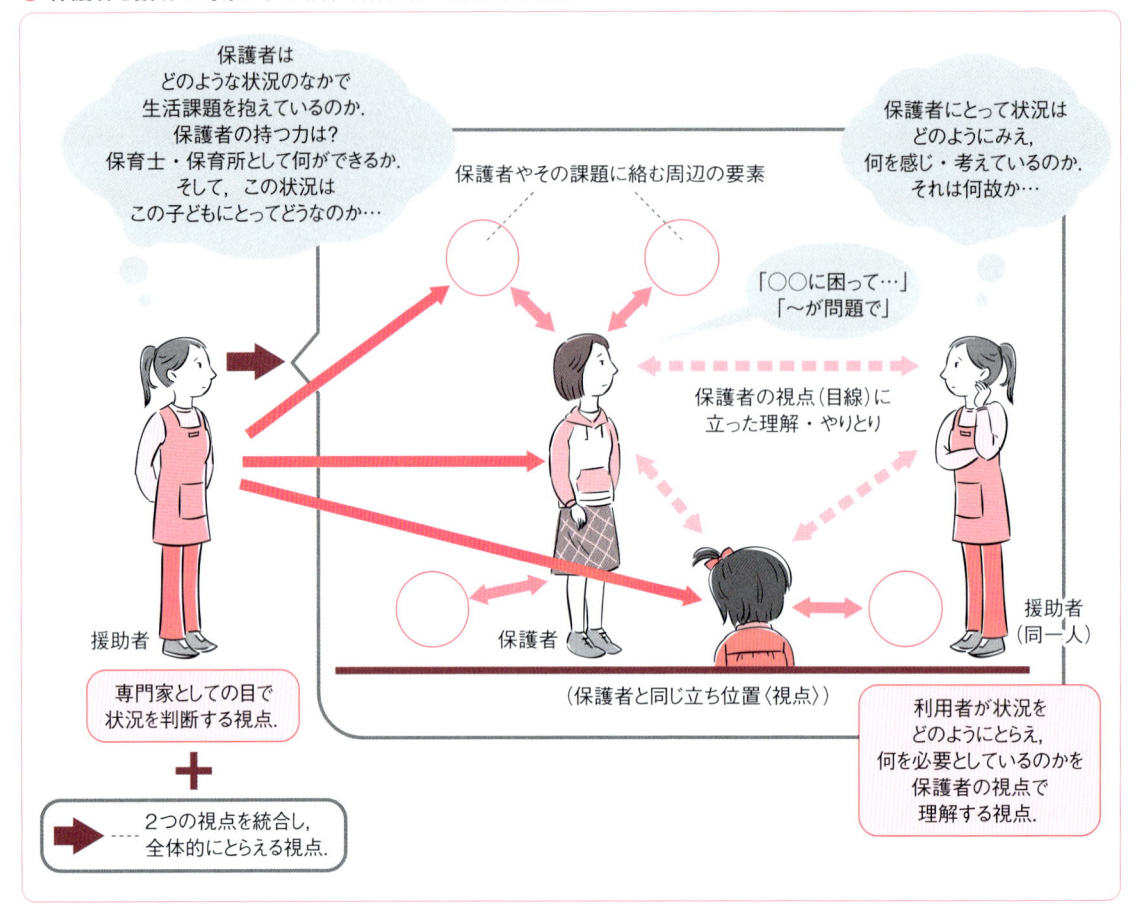

保護者はどのような状況のなかで生活課題を抱えているのか．保護者の持つ力は？保育士・保育所として何ができるか．そして，この状況はこの子どもにとってどうなのか…

保護者やその課題に絡む周辺の要素

保護者にとって状況はどのようにみえ，何を感じ・考えているのか．それは何故か…

「○○に困って…」
「～が問題で」

保護者の視点（目線）に立った理解・やりとり

援助者

専門家としての目で状況を判断する視点．

保護者

（保護者と同じ立ち位置〈視点〉）

援助者（同一人）

利用者が状況をどのようにとらえ，何を必要としているのかを保護者の視点で理解する視点．

＋

➡……2つの視点を統合し，全体的にとらえる視点．

2-2 相談援助の展開過程

> **学習のポイント**
> 1. 相談援助における展開過程の意義を理解する．
> 2. ケースワークおよびグループワークの具体的展開過程について理解する．

援助はどのような一連の展開をもって進められるのか

- ソーシャルワークとしての相談援助実践には，利用者と協働して援助を進めていくための方法として一連の展開過程が存在する．専門職として常に一定の成果を挙げるためにも，展開過程は重要である．
- 第2節では，援助者が利用者を側面的に支援していく際の援助の展開過程について述べる．
- まず，援助の展開過程を学ぶ前に，援助者が援助を行うにあたってわかっておかなければならない事柄について触れる．

1 援助における過程

過程とは何か

- 過程とは，「物事が変化・発展していく道筋．プロセス」のことをいう．
- 専門職が行う実践は，勘や行き当たりばったりで行うものではない．援助者がどの領域の誰であっても，またどのような利用者であっても一定水準の援助を提供できることが専門職の実践であり，そのために一定の援助の展開過程が示されている．

援助における2つの過程

- 川田（1977）は，ソーシャルワークの援助過程のなかには，「援助する側の『援助の過程』と援助の対象者の側の『生の過程』という，生きた2つの過程がある」としている．
- 「援助の過程」は，援助者が利用者（あるいは利用者に関する情報）と出会った瞬間に始まる．利用者の今の状況に援助の必要性を感じ，抱えている課題を知るとき，援助者にとっての援助過程が始まる．そして課題が解決に向かったり，何らかの理由で援助の終結をみるとき，援助の過程が終結する．
- 一方，利用者の立場からすると，それが突然起こったものであったとしても，**現在の状況とは生活の連続線上に生じたものである**．「課題を抱えている」状態であっても，それは利用者の生活そのものであり，援助を受けるということも利用者にとっては生活上に起こった出来事の一部なのである．ま

- た，援助者にみせる側面が利用者の生活や「生の過程」のすべてではない．
- 援助者はこのことをよく理解しておくべきである．つまり，**援助とは，利用者の「生の過程」に入り込むことである**．援助とはまったく白紙の状態からのスタートではないし，援助の終わりが利用者の人生のゴールではない．援助が展開される場には，どのようなものであれ，**利用者のやり方で生の過程をつむいできた多くの軌跡があり，そこに一時的に関わるのが援助**なのである．
- 援助者の提供する援助過程をお互いに意味のあるものにするためには，利用者の生の過程に対する敬意や理解する姿勢が重要になってくる．援助の過程は，利用者の生の過程にとって意味のあるものでなければならない．

2 展開過程の意義

- 以上のことを踏まえたうえで，援助者は展開過程を実践に導入する．展開過程は，援助者だけでなく利用者にとっても意義をもつものである．

援助者にとっての展開過程の意義（専門的実践としての意義）

- ソーシャルワークは社会福祉実践であると同時に，一連の技術の総体でもある．技術には当然それを用いる目的や見通しがあるが，技術の総体としてのソーシャルワークにも目的とそこに向かう展開が存在する．この展開過程が存在することで援助者は見通しをもち，次に何をすべきかの準備を行うことができるのである．
- また，ソーシャルワーク実践では，**結果のみならずどのようにその結果に至ったのかという過程（プロセス）を特に大切にする**．
- これは，利用者を主体として側面的に援助するソーシャルワークの価値に基づいたものであり，その価値の実現と根拠に基づいた実践を行うためにも共通したプロセスをもつことが重要になる．

利用者にとっての展開過程の意義

- 展開過程は利用者にとって2つの意義がある．1つは，利用者が自身の課題について向き合い，それが何かを理解し，どうすればよいのかを考え実行していくプロセスそのものになることである．
- 2つ目は，このプロセスを利用者自身が体験することは，次に課題を抱えたときのケーススタディとなる可能性が生まれることである．自分がある課題に対して何をどのようにして解決に至ったのかをわかっていることは，別の課題を抱えたときの対処能力を高めることになる．
- 展開過程とは，今ある課題を解決するためだけではなく，それを通して援助者と利用者が協力し，利用者がよりよい生活をしていく力をつけるための一つの方法である．援助者には展開過程の意味をよく理解して援助を展開して

いくことが求められる．

3 ソーシャルワークの展開過程 (p.187-195 参照)

ソーシャルワークの展開過程①*6（ケースワークの展開過程）

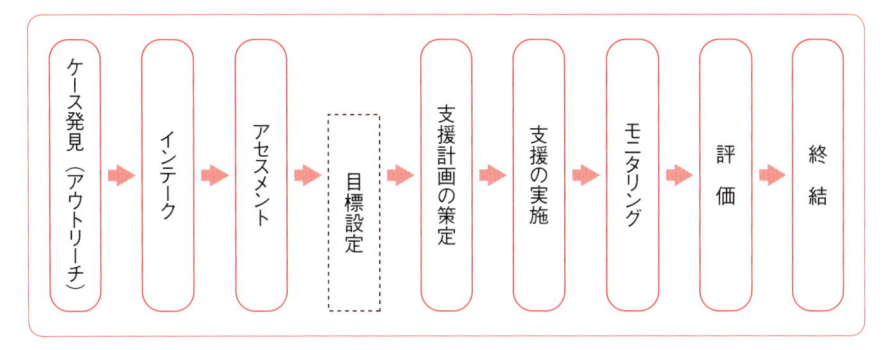

- ソーシャルワークの展開過程は，年代やどのような理論に基づくかによってさまざまなバリエーションがあるが，ここでは保育士が働く場を念頭においた展開過程について示す（❺）．

> ソーシャルワークの展開過程は，具体的にどのような展開をしていくのだろうか．

> *6：本書の展開過程は，松山（2010）によるものを参考にした．

❺ ケースワークの展開過程

ケース発見（アウトリーチ）→ インテーク → アセスメント → 目標設定 → 支援計画の策定 → 支援の実施 → モニタリング → 評価 → 終結

ケース発見

- ケース発見とは，援助者が利用者のなかに発見した問題状況を利用者に認識してもらうことをいい，**援助につながる入口の段階**である．
- 相談援助を主とする機関や部署では，他機関や他職種あるいは利用者自身が相談をもち込む形で相談援助が開始されることが多いが，保育所や児童福祉施設などでは，保育士が日々の子どもや保護者の様子に気になる点を見つけることも多い．
- 保護者が相談に訪れる場合でも，表面的には簡単な助言で終わるものや，日常のごく一部分に限られたものであることがほとんどである．あるいは，相談ではなく苦情という形で訴えるかもしれない．
- しかし，その際の保護者の表情や様子（暗い・疲れた表情，混乱しているなど）や，何度も訪ねて来ることなどから，その裏に何かをかかえている可能性を感じ取るかもしれない．
- この段階では，利用者にとってはまだ援助は開始されておらず，対象者は援助の利用者ではない．よって，これらの人々にどのように働きかけるか・どのように援助につなげるかが焦点となり，援助者による**アウトリーチ**が重要となる．

アウトリーチが必要な人々への理解

- アウトリーチの対象となる人々は，援助を受けることに対する動機づけに乏

> **アウトリーチ**
> アウトリーチとは，援助の必要性を感じているにもかかわらず援助につながっていない，あるいは援助の必要性に気づいていないか，気づいていても援助を受けようとしない人々や地域に対する，援助者側から行う，援助につなげるための働きかけのことをいう．

2章 相談援助の方法と技術（1）

しかったり，援助者や援助に対して強い警戒心や不信感をもっていることが多い．
- その背景には，さまざまな問題を同時に抱え，問題が常態化しているなかで暮らしていることや，自分を助けてくれるような社会的なつながりをもたず孤立している状況などがある．
- このような状況にいると人は，状況を問題と感じなかったり，問題を感じていても，将来に期待をもったり誰かに頼ることができず，自身のやり方を続けるのに精一杯の状態にあることが少なくない[7]．
- 保育の場における保護者へのアウトリーチの場合，保育士が保護者とどのような関係を結べるかがその後の支援だけでなく，子どもの生活や成長に大きく影響を及ぼすことになるという，二重の意味をもつ．
- 保育士の目に保護者の言動がどのようなものに映ったとしても，保育士と保護者は協力して子どもの育ちを支えていくことを共有できる，**パートナーとしての関係**を築くことを目指したい．

[7]：このような人々を援助に結びつけるためには，信頼関係を築くための地道なかかわりと，途中で投げ出さずに向き合い続ける態度が重要になる（p.106-111参照）．

> **演習問題　考えてみよう**
> ・保育所や児童福祉施設などの場における，援助の必要性を感じるような子どもや保護者の様子として，どのようなものが考えられるだろうか．

インテーク（受理面接）
- インテークとは，**利用者が援助者とはじめて「相談」を行う，援助のスタート地点である**．
- この段階は，利用者とどのような関係が結ばれるかの正念場であり，また利用者の問題解決への動機づけを高めるための重要な段階である．そのため，徹底的な傾聴・理解の姿勢が求められる．

> ▶ここでは，今後互いが協力して支援を進めていくための，**信頼関係（ラポール）** の形成を目指す．

- インテーク面接の段階に行う重要なポイントとして，次の3つが挙げられる．

> ▶①利用者の主訴を的確にとらえ，対応できるかどうかを判断する[8]．
> ▶②援助者としてどのような援助ができるのかを説明する．
> ▶③援助関係を結ぶかどうか，利用者の意向を確認（契約）する．

[8]：援助者や援助者が所属する機関で対応できないと判断される場合は，利用者の話を十分に聞いたうえで，**利用者に対応するにふさわしい援助者・機関を紹介する**ための支援を行う．

アセスメント（事前評価）

- アセスメントとは，利用者およびその周囲の人々や環境について情報収集し，利用者の抱える問題がどのように問題となっているのかを分析・解釈をすることを通して，**利用者を全体的（統合的）に理解し，解決への方向性を得る段階である**（❻）．
- この段階で行うべきポイントとして，次の３つが挙げられる[*9]．

> ▶ ①利用者の訴えの内容をしっかりととらえつつ，利用者をとりまく状況や要因との関連について明らかにしていく．
> ▶ ②利用者のもつ力・利用可能な社会資源について把握する．
> ▶ ③利用者の抱える問題や状況についての緊急性の判断や，優先課題の割り出しを行う．

[*9]：特に，①においては，第２章第１節のなかで述べたことを念頭において行うことが大切になる．

❻ アセスメントの流れ

- ・利用者の訴え
- ・とりまく状況
- ・力や社会資源の把握

↓

- ・利用者の訴えの意味
- ・訴えの内容ととりまく状況との関連性
- ・力の見積り，資源の活用可能性の検討

↓

- ・利用者の現状の構造的把握
- ・優先すべき課題の割り出し
- ・利用者の力や活用可能な資源の特定

情報収集 → **分析・解釈** → **統合（全体的・統合的理解）**

- 利用者とその状況を多様な観点からとらえるために，アセスメントでは，さまざまな**アセスメントツール**を活用して，利用者の状況把握や理解を行う．

アセスメントツール

アセスメントに役立てるための道具として活用されるいくつかの方法．利用者のおかれている状況や周囲との関係を視覚化したり全体的に把握することで，援助者だけでなく利用者も自身のおかれている状況や背景にあるさまざまな要因とのつながりに気づくことができる．代表的なものとしてエコマップやジェノグラムなどがある（p.68-71参照）．

支援計画の策定（プランニング）

- 支援計画の策定（プランニング）は，**実際の援助についての具体的な内容を決める重要な段階である**が，一連のつながりをもつ展開過程の一つとして，いくつか留意しなければならない点がある[*10]．

> ▶ ①対処すべき課題の優先順位が定められているか．またその理由が明らかか（アセスメントに基づいているか）．
> ▶ ②目標が明確になっているか．また，長期・短期の目標が連動し，段階的なつながりとなっているか．
> ▶ ③計画の策定にあたり，**利用者の参加や合意が図られているか．**

[*10]：これらを踏まえたうえで支援計画が策定されていく．

- 目標の設定では，援助者の「見立て」と利用者の訴えや価値観とのすり合わせがなされていることが重要である[*11]．
- アセスメントにおいて明らかにされた課題から目標を設定するときには，「充足すべきニーズ」や「解決すべき問題」から，「ニーズが充足された状態」や「問題が解決された状態」への視点の転換や将来の見通しをもつことが求められる．
- 支援計画の策定にあたっては，6W1H（いつ〈までに〉，誰が，どこで，何を，誰に，なぜ，どのようにするのか）が明確に示されるように具体的な計画を立てる[*12]．

支援の実施（インターベンション）

- 支援の実施は，**計画に基づいて実際に利用者や周囲の環境に対して働きかけをしていくことであり**，いよいよ援助が具体的な展開をみせていく段階である．
- 援助者の働きかけとしては大きく，**直接的援助（活動）と間接的援助（活動）**とに分けられる．
- 直接的援助（活動）とは，利用者自身に焦点をおき，利用者の精神的な支えや対処能力の向上を目指す直接的なかかわりである．
- 間接的援助（活動）とは，利用者が今いる環境に焦点をおき，社会環境の調整や社会資源の活用を支援することにより，間接的に利用者に働きかけるかかわりであり，たとえば，対人関係の調整や社会資源の紹介などが挙げられる．
- ソーシャルワークとしての相談援助では，援助者は側面的援助を行うことが原則である．しかし，利用者は疲れていたり自信を失っていることもある．そのため，この原則を守りつつも，時には援助者がリードしたり励ましたりして道筋をつけることも必要である．

モニタリング

- モニタリングとは，**支援計画の目標や対応が，実際にはどのように行われ，どのような結果が出ているかについての情報収集と分析を行う，経過観察の段階**である．
- モニタリングの対象には，利用者やその家族のほか，サービスを提供している他の援助者などが含まれるが，対象に応じて実施の順番や方法の検討，各対象が十分に状況や意思を伝えることができるように支援を行う必要がある[*13]．
- ここでは単に援助の経過や実施の状況について観察・把握するだけでなく，利用者とその家族あるいは利用者と援助者間の調整を図るほか，新たなニーズや課題が生じていないかを確認することが求められる[*14]．

---

*11：もう一度，第2章第1節の「ニーズの種類」について確認しておこう．

*12：つまり，期間の設定や役割分担，方法などを詳細に決めることが必要である．またこのとき，特に「なぜ（Why）」について，援助者と利用者の間できちんと共通認識が図られることが重要である．

*13：このとき，家族間や援助者ー利用者間の力関係などに留意する．

*14：もしも，新たな課題やニーズが生じていたり，計画が的確に進んでいない・効果が思わしくないという場合は，再びアセスメントの段階に戻る（これを「再アセスメント」という）．

評価

- 評価には，**援助者と利用者が個別の実践について行う評価**と社会福祉機関が事業評価として行う評価があるが，ここでの評価は前者を意味している．
- 支援計画が順調に実施され，課題解決や目標達成がみえてくるとき，援助者と利用者は支援計画およびその実施状況をあらためてふり返り，計画の妥当性や効果について評価する．
- 評価は，援助者にとって自身の援助の点検や改善点の検討など，専門職としての力量を高めるための有効な機会となるが，利用者にとっても取り組みをふり返ることで，自らの力を確認する機会となる．
- 評価内容によっては利用者の自己肯定感を高め，今後の生活や課題に向き合う際の自信につながる可能性もある．

終結

- 終結とは，**計画の実施の結果，問題の解決が図られる，または課題は残るものの，利用者自身の力で対処していくことができることが，両者の間で確認されるときに至る段階**である[*15]．
- 終結は突然行うものではなく，終結に至るまでの準備を行うことが大切である．
- なかでも，相談の機会や援助者とのつながりが失われることへの利用者の別離不安に対して，これまでの経過と成果をともにふり返る，何かがあればいつでも受け入れる体勢にあることを伝えるなど，丁寧なかかわりが求められる[*16]．

ソーシャルワークの展開過程②（グループワークの展開課程）

グループワークにおける展開過程

- 保育所や児童福祉施設においては，通・入所している子どもやその保護者，地域の子育て家庭の母親らを集めて，グループ活動を展開することがある．ある特定の生活課題やニーズをもった対象者たちに援助としてグループ活動を取り入れる場合，そこにはやはりケースワークの場合と同じ理由で展開過程が必要となる．
- グループワークにおける展開過程は，通常，「準備期」，「開始期」，「作業期」，「終結期」の4段階で展開する（❼）．

❼ グループワークの展開過程

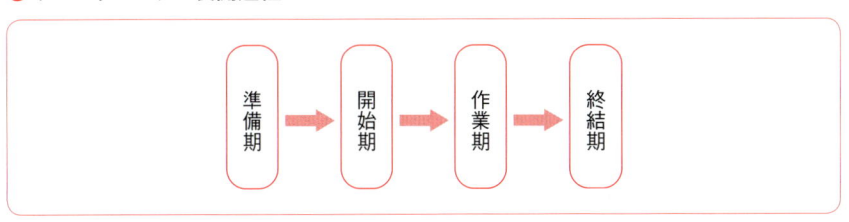

準備期 → 開始期 → 作業期 → 終結期

*15：展開過程の終結は上記を意味するが，そのほかにも担当者の交代，利用者の転居や死亡，利用者の一方的な中断などをきっかけに，援助が中断・終わりを迎えることもある．

*16：一方，援助者が心配や思い入れのあまり，利用者との終結を決断できないこともよくあることであり，援助者の別離不安に気づくことも大切である．

準備期

- 準備期とは，援助者が利用者の課題やニーズに気づき，グループワークを行うことを決定するときからはじまる．
- この段階では，まだメンバーが決まっていないこともあるため，対象者の決定や具体的なニーズ調査をもとに，グループの目的や規模，活動内容などの計画や準備を行う．
- 対象者との予備面接のなかで援助者は，個々の対象者のニーズや関心，グループ参加への動機や不安のほか，住所，職業，家族，生育歴など，社会的背景についての情報収集を行う[*17]．
- これは，グループワークを行うなかで今後起こりそうな出来事の予測や，メンバーとの**波長合わせ**を目的としている．

開始期

- 開始期とは，メンバーが初めて顔を合わせるときから始まる．
- この段階では，メンバーはグループに対する期待と不安，緊張などから，グループ内の交流や協力がうまくいかないことが多い．
- 援助者は率先して**受容的な雰囲気づくりにつとめ，不安や緊張の言語化を促すことでそれを軽減する**．そこから互いを知り，受容的に受け止めることを通して信頼関係を形成する．
- グループの形成理由や目的，基本的なルールなどを説明しグループの活動に対する共通認識を図る．援助者の支援内容や役割についても理解を促す．

作業期

- 作業期とは，グループ内に仲間意識や共通基盤（グループ規範）ができ，1つのグループのなかでそれぞれのメンバーが個々に，あるいは協力連帯しながら課題に取り組んでいく段階である．
- この段階では，グループ内に形成される**相互援助システム**（それぞれの違いを受け止めつつ，自発的に互いに助け合おうとする仕組みや働き）の確立と活用が重要である．
- 援助者はメンバー主導のグループ活動に徐々に移行していけるよう，メンバー同士のコミュニケーションや相互協力を高める支援を行う．
- 孤立したりグループの輪に入っていけないメンバーがいないかどうかをチェックし，そのようなメンバーがいた場合には，メンバー同士の理解やかかわりを促すための支援を行う．

終結期

- 終結期とは，グループ活動とその援助を終了する段階であり，目的を達成したり，予定の期間を終えるときをいう．
- ケースワークの場合と同様，グループワークの終結期においても，突然グル

---

*17：そのほか，グループワークを展開するうえで必要となる記録用紙の準備などを行う．

基本的なルール

たとえば，集合時間を守ることや欠席の際の連絡方法の取り決め，特定のメンバーが発言するのではなく全員が発言できるように配慮することなどである．これらのルールについては援助者が率先して実践しモデルを示すことが効果的である．

- ープ活動を終えるのではなく，メンバー間で目標の達成状況や活動内容のふり返りとその意義を確認するなどのステップをふむことが必要である．
- グループ内の結びつきが強いほど，メンバーの達成感や喪失感は強くなる．終結期における各メンバーが感情を表出し共有していくことも大切となる．
- グループワークの終結期はメンバーにとって，次の課題に向かっていく出発の段階でもある．グループ活動によって得た経験から，自分がどのように成長し，今後経験をどのように生かしていくのかをメンバー自身が明確にして終結期を締めくくることができるよう，援助者は支援を行う．

> **演習問題 考えてみよう**
> - 自分の身近な，または自分が所属しているグループのなかに，共通認識していることや目にみえない暗黙のルールなどは存在しているだろうか，考えてみよう．
> - 相互援助システムを形成するには，グループ内の雰囲気はどのようなものであることが望ましいだろうか．またそのような雰囲気をつくるにはどうしたらよいか，考えてみよう．

実践における展開過程（展開過程の実際）

- 相談援助における展開過程をみてきたが，実際の相談援助場面では，いつも明確な段階として援助が展開していくわけではない．深刻な虐待やDV（ドメスティック・バイオレンス），生命にかかわることなど，緊急性を要する課題には，すぐに具体的な対応をすることが必要となるからである．
- ただし，どのような場合でも，その対応の根拠を明確にしておくことは重要である．そのため，すべての過程を通して，常にアセスメントの視点をもつことが大切である．常に状況について分析・解釈し，統合的な視点でとらえていくことが求められる．
- 以上，相談援助における対象理解の仕方，援助の進め方（展開過程）をみてきた．次章ではそれらを実行に移していくために必要とされる援助者の技術・アプローチについて述べる．

引用・参考文献

- Hepworth, DH & Larsen, JA. Direct Social Work Practice : Theory and Skills, 4th ed. Brooks/Cole. ; 1993.
- 堀正嗣, 栄留里美. 子どもソーシャルワークとアドボカシー実践. 東京：明石書店；2009.
- 鑑さやか, 千葉千恵美. 社会福祉実践における保育士の役割と課題−子育て支援に関する相談援助内容の多様化から. 保健福祉学研究 2006；4：27-38.
- 川村隆彦著. 北川清一ほか編. グループワークの実際. 東京：相川書房；2004.
- 岡本民夫監. 川延宗之ほか編著. 社会福祉援助技術論(上). 東京：川島書店；2004.
- 川田誉音. ソーシャルワーク過程−「生の過程」と「援助の過程」. 四国学院大学論集 1977；39.：95−118
- 北島英治ほか編. 社会福祉基礎シリーズ2 ソーシャルワーク実践の基礎理論 改訂版. 東京：有斐閣；2010.
- 社会福祉士養成講座編集委員会. 新・社会福祉士養成講座(7) 相談援助の理論と方法Ⅰ 第2版. 東京：中央法規出版；2010.
- 秋元美世ほか編. 現代社会福祉辞典. 東京：有斐閣；2003.
- 「現代社会福祉事典」編集委員. 現代社会福祉事典 改訂新版. 東京：全国社会福祉協議会；1988.
- 植田章. はじめての子育て支援−保育者のための援助論. 京都：かもがわ出版；2001

相談援助

第3章

相談援助の方法と技術（2）

相談援助の「技術」を理解する

- 第2章では，主に①対象理解の仕方，②相談援助の進め方（展開過程）といった，実践を行う前に援助者が理解しておくべき事柄とその方法について述べた．

- 続く第3章では，具体的な実践のための方法と技術について示す．

  - ▶①援助者としての基本的な態度．
  - ▶②相談援助の技術（コミュニケーション技術や面接技術）．
  - ▶③アセスメントツールの活用とその方法．
  - ▶④実践アプローチとその技術．

- 以上は，第1章・第2章において述べた内容を，具体的に実践する際の方法・技術である．これらの技術やアプローチの実践を通じて一人ひとりの保育士の実践が形（目にみえるもの）となり，利用者に伝わっていくのである．

- 技術はすぐに身につくものではないが，その意味をよく知り，練習や実践の積み重ねを通して，ぜひ自分のものとしてほしい．

- 技術を体得するために，相談援助の場面に限らず，子どもとの日常的なやりとりや送迎時の保護者との何気ない会話のなかでも，技術を積極的に活用することを勧める．

3-1 専門的技術を学ぶ前に

> **学習のポイント**
> 1. 援助で活用する技術の意味を知る．
> 2. 援助者の基本的姿勢について理解する．

技術と技能の意味について理解しておこう．

① 技術とは何か

相談援助実践における技術と技能

- 専門職としての実践とは価値や専門的知識・技術に基づいたものである．
- 技術は，それが「**何の実現のためか**」「**何につながるのか**」を理解して用いることが**大切**である．利用者との信頼関係の形成，利用者の生活に資する実践の実現につながって初めて「技術」といえる．よって，それは援助者のための技術であってはならない．
- 専門的な実践は，「技術」とそれを意図的・目的的に使いこなす「技能」によって実現される．
- 相談援助の「技術」と「技能」は，学習によって獲得でき，体得によって技能としての力量を高めることができる．専門職としての相談援助を行うためにこれらを身につけていくことが求められる（❶）．

> ▶ 演習では学ぶだけでなく実際に行って身につけていくことが重要である．

体得
十分に理解したうえで，体験的に身につけることをいう．

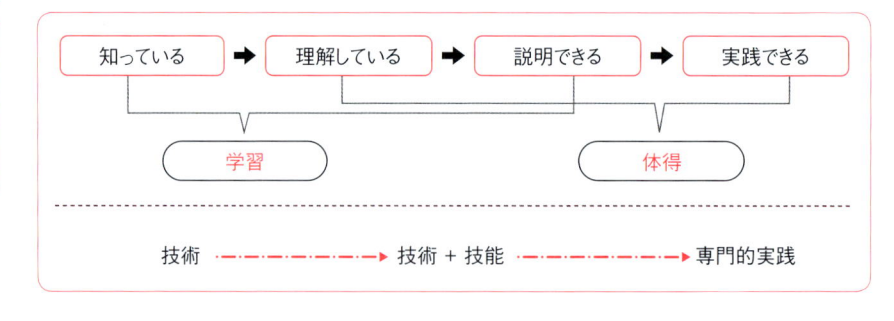

❶ 技術と技能の体得プロセス

知っている → 理解している → 説明できる → 実践できる

　　　　学習　　　　　　　　　　体得

技術 ─────→ 技術 + 技能 ─────→ 専門的実践

2 援助者の基本姿勢

> 技術や技能は，援助者のどのような姿勢のもとに用いられるのか．

ソーシャルワークの原則（バイスティックの7原則）

①**クライエントを個人として捉える（個別化）**
- 一人ひとりの利用者は独自性をもった個人であり，権利とニードをもっていることを的確に理解し認める．
- 利用者を個人としてとらえるためには，利用者のプライバシーなどにきめ細やかな配慮をする，面接の際には準備をする，利用者を援助に活用するなどの方法がある．

②**クライエントの感情表現を大切にする（意図的な感情の表出）**
- 利用者が自分の感情，特に否定的な感情を否定や非難されることなく自由に表現したいというニードをもっていることを認める．感情表出は利用者が自ら行動する原動力になる．
- しかし，援助の範囲外の事柄や時間の確保が難しいとき，過度の依存につながるときには利用者の感情表現を制限する．
- 援助者や機関に対する敵意の表現については，その言動を理解しようとする必要はあるが，表現することを奨励してはならない．
- 利用者が感情表現できるように，援助者は利用者の感情を安易に解釈したり一方的に非難せず，利用者を受けとめる態度が大切である．

③**援助者は自分の感情を自覚して吟味する（統制された情緒的関与）**
- 援助者は利用者の感情に対する感受性をもち，利用者の感情を理解したうえで適切に反応する．
- 「あなたの気持ちはよくわかる」「つらいね」などの言葉は，援助者の心をきちんと通過したものでなければ効果はない．

④**受けとめる（受容）**
- 健康的な部分と弱さ，肯定的感情と否定的感情，建設的行動と破壊の行動など，さまざまな要素をもつ存在としてありのままの利用者をとらえる．
- しかし，それは利用者の逸脱した態度や行為を，黙認したり容認することではない．

⑤**クライエントを一方的に非難しない（非審判的態度）**
- 利用者の失敗や弱さをきちんと理解し，それらに審判を下したり，一方的に非難しない．援助者の役割は援助をすることである．
- 「一方的に非難しない」という態度は，援助者が社会のことや法律・道徳に無関心でいてよいということではない．

⑥クライエントの自己決定を促して尊重する（クライエントの自己決定）

- 援助者は，解決の方向について，利用者が自ら選択し決定する権利やニードをもっていることを認める．
- 自己決定を促すには，利用者が見通しをもって自分自身や課題を見つめられるよう援助したり，社会資源が活用できるように環境を整えることが必要である．
- 援助者中心の解決であったり，利用者を従わせたりコントロールするような説得は，利用者の自己決定につながらない．

⑦秘密を保持して信頼感を醸成する（秘密保持）

- 利用者が面接のなかで打ち明ける秘密の情報を，援助者は適切に保つ必要があり，これは援助者の倫理的な義務でもある．
- 利用者の秘密を守るための配慮[*1]は，ささやかなものであるかもしれないが，このような小さな積み重ねが信頼感をつくり上げていく．

バイスティックの7原則

①クライエントを個人として捉える（個別化）
②クライエントの感情表現を大切にする（意図的な感情の表出）
③援助者は自分の感情を自覚して吟味する（統制された情緒的関与）
④受けとめる（受容）
⑤クライエントを一方的に非難しない（非審判的態度）
⑥クライエントの自己決定を促して尊重する（クライエントの自己決定）
⑦秘密を保持して信頼感を醸成する（秘密保持）

---

*1：子どもの送迎時は，保護者とコミュニケーションを図ることのできる貴重な場面ではあるが，ほかの保護者や子どもがいる前でプライバシーに踏み込むような発言や，話は行わないよう気をつけることが求められる．また，面接の時間や場所の設定の際，送迎の多い時間帯や部屋の使用は避けるといったことも重要な配慮である．

演習問題　話し合ってみよう

- それぞれの原則について，具体的な場面として考えてみよう．
- これらの原則とは正反対の態度で相手の話を聞いてみよう（話し手はこのように話を聞かれることをどのように感じるか，自分の感情に注目しながら話をしよう）．
- その後，話し手がどのように感じたかを伝え，態度の違いがどのような印象や影響を与えるのかグループで話し合ってみよう．

自己理解・他者理解と自己覚知

自己の理解はなぜ必要か

- 利用者の生の感情に向き合い適切に対応し，良いときも悪いときも利用者のあるがままの姿を受けとめることは，簡単なことではない．
- 援助者自身にも感情があり，物事を判断する価値観をもっている．
- 自分自身の価値観・感情は，時に利用者を理解する際の妨げとなるため，自分のなかにどのような価値観や対応の特徴があるのか，理解することが必要である．

> 利用者を理解し援助するための自己理解，自己覚知の必要性．

自己覚知 (self-awareness) *2

- とらわれなく利用者に相対できるよう，援助関係や状況のなかで起こる自分の状態を理解し，ありのままの自己を認めることである．
- 肯定的であれ否定的であれ，自らの価値観や感情，偏見や先入観，行動や反応パターン，性質などをより深く理解する．

> *2：これらは良い・悪いで判断することではなく，自分自身を発見・再確認したり，見つめたりすることである．

演習問題　考えてみよう

- 新聞記事などから，社会で起こっている出来事を取り上げそれに対する感想や考えを出し合ってみよう．また，自分の考えがどのような価値観や視点に基づいているのかをグループで考えてみよう．
- 話し合いのなかで，自分の行動の特徴や対応のパターンがどのようであったかに気づいてみよう．

3-2 相談援助のための基本的技術

> **学習のポイント**
> 1. 基本的な面接技術（コミュニケーション技術）を実践的に理解する．
> 2. 対象者理解のためのアセスメントツールの概要とその活用について理解する．

相談援助を実践する方法としての面接の理解．

1 相談援助における面接

- 相談援助を実践する方法には，面接，電話，手紙などがあり，利用者の特性や状況に応じて用いられるが，ここでは面接とその基本的技術について取り上げる．

相談援助における面接とそこで展開される対話の特徴をとらえる．

相談援助における面接と対話

相談援助における面接

- **面接**は，相談援助を実践するための中心的な方法であり，援助者と利用者の相互作用や関係性をつくる要素である．
- **面接は特定の目的や目標に基づいて行われ**，言語・非言語のコミュニケーションによって相互作用が展開する．
- 対話の主体は利用者にあるが，援助者は相互作用の流れを導き，その結果に対する責任がある．

面接の種類

- 面接の形態には，援助者と利用者の1対1で行われる「個別面接」，一人の援助者に対して利用者を含む複数の人が参加する「合同面接」，一人の援助者が利用者とその家族などと，それぞれ個別に面接を行う「並行面接」，一つの面接に複数の援助者が参加する「協同面接」がある．
- また，面接を行う場所は，必ずしも面接室など特定の場所に限られるわけではなく，利用者の居住スペースで行われる「**生活場面面接**」もある．
- 面接の構成は，大きく次の2点に分けられる．

> ▶ ①**構造化された面接**：明確な目的に向かって，筋道を設定して行われる面接．そのため，援助者は事前に面接の目標や流れを想定したうえで面接にのぞむ．
> ▶ ②**非構造化された面接**：面接の枠組みはある程度つくるが，それに縛られず，面接内で出てきた内容や課題に応じて展開していく面接．新規の相談や予定外に面接が行われる場合のほか，利用者の課題がまだ明らかになっていないときなどに用いられる．

生活場面面接
利用者の生活環境のなかで行われる面接のことをいい，利用者の自宅を訪問して行う面接のほか，生活施設や病院における利用者の居室（病室）内で行われる面接も含まれる．

相談援助面接における対話の特徴

- 対話とは，問いかけと応答が円環的にめぐりめぐって展開するやりとりである．
- 相談援助面接における対話では，援助者は傍観者の立場ではなく，語りから利用者が何を伝えたいのかを真摯に聞き，利用者の視点に添って語りを理解し，そこに援助者の理解や伝えたいことを重ねていくという積極的なやりとりが大切である．

2 基本的面接技術：コミュニケーション技術の理解と活用

コミュニケーションの理解：非言語コミュニケーションへの着目

- コミュニケーションとは，言語・非言語のメッセージの交換を通して，意思や意味を相互に伝え理解し合うことである．**コミュニケーションは対話の基礎である．**

援助者のコミュニケーション

- メッセージの交換では，互いの文化や社会的背景などによる伝達方法や解釈の違いが生じる．援助者はこのような「ズレ」に敏感になり，明確なコミュニケーションを心がけることが大切である．
- 特に非言語コミュニケーションは，言葉で示されないやりとりであり，しぐさや表情，声の調子などからメッセージを解読できるかどうかが重要となる．そのため，利用者の発するメッセージを的確に受け取るための知識と観察力が必要となる．

非言語コミュニケーションとは

- 非言語コミュニケーションには，①動作や顔の表情，目の動き，②空間と距離，③音声，④接触（タッチ），⑤照明，色彩，温度，家具の配置など物理的・環境的要因の5つの分類がある*3．

> 非言語コミュニケーションの種類と意味を理解する．

> *3：ここでは，①から③について，いくつかを紹介する．

動作・表情と心理状態

- 動作による表現は，身体全体や手脚などの大きな動きから，まばたき，唇の動きなど，小さな動きまで多種多様にある．
- 人が示すちょっとした無意識的な動作には，そのときのその人のさまざまな心理状態が映し出され，これは利用者だけでなく援助者自身も同じである．

動作と心理状態

眉間のしわ	いら立ち,何かへの集中,警戒,驚き,恐怖
つり上がった目	恐怖
緊張したまぶた	怒り
持ち上げられた下まぶた	悲しみ
しし鼻	興奮と怒り
鼻のしわ	嫌悪
頬やあごをなでる	不安,自信喪失,思案,沈静
とがり口	不満,警戒
しかめ面	不機嫌,不快,苦痛,警戒
開口	放心状態,無関心,集中,驚き
唇の一端の隆起	軽蔑
せき払い,身体の動きと揺らし	話の出だし,自己存在の主張
両腕を組む	尊大,威厳の保持,相手への見下し,拒否の態度,防衛反応,不同意
手を握る	怒り,攻撃姿勢
脚を組む	相手の受け入れ(上半身がゆったりしている)および拒否(上半身が緊張している)の意思表示
緩慢な動作	躊躇,嫌悪,嫌み,反抗
貧乏揺すり,足踏み,しきりにたばこを吸い続ける	いら立ち,強迫的
指しゃぶり	ストレス
手で口を覆う	動揺・不安の鎮静
手による唇や舌へのタッチ	満足,安心,喜び

アイコンタクト・まなざし

- アイコンタクトは,視線を交わすことで意思や態度を伝える,目と目による非言語コミュニケーションである.
- まなざしとは,対象に向けられた目の表情のことをいい,みる人の内部の感情・気分などが目つきや視線の送り方に表れたものである.

目による表情とその意味

閉目	不快な刺激の閉め出し，思案
凝視	攻撃，威嚇，恐怖，憎悪，脅威，相手への集中
まばたき	緊張，困惑
そらす	退屈，関係性の回避，一緒にいたくない，話を聞きたくない，思案，話の意思表示，困惑，自信のなさ
ジロジロみる	観察，評価，識別
長い注視	親愛，信頼，媚，嘆願
一瞥する	怒り，憎しみ，無視，軽視，無言の闘争
にらむ	憎悪，攻撃，威嚇，反撃
見開く	恐怖，驚き
キョロキョロする	不安，動揺，相手をいら立たせる
細める	信頼，親愛，優しさ，慈愛
伏せる	陳謝，回避，抵抗

演習問題

実際にやってみよう

・これらの動作，顔や目の表情について表情をつくって確認してみよう．
・自分自身がよくする表情や癖に該当するものがあるか考えてみよう．

空間による心理的影響と対人関係

- 人にはパーソナル・スペース（個人空間）とよばれる他者との間におく距離（空間）があり，これによって他者の侵入から自己を守り，円滑な人間関係や相互作用のバランスを保っている[*4]．
- パーソナル・スペースは，相手との心理的距離などによっても，その物理的距離は変化する．

*4：相互作用の際のバランスは，パーソナル・スペースのほか，視線の交錯，表情，会話の話題や声の調子などによって調整される．

空間とその意味：前後，左右，上方の空間

前方の空間	十分な広がりをもち，他者と出会ったり話をしたりするときなど，人との交渉がもっとも密に行われる社会的なかかわりの場（空間）．客観的な認識や対決の特性をもつ．
左右の空間	体の横の空間であり，前方の空間よりも周囲との交渉が少なく，広がりも狭い．私的な性質をもち個人的なかかわりの場（空間）．主観的な認識や共同相互性の特性をもつ．
上方の空間	周囲とのかかわりは希薄であるが，自分の力の及ばない存在，神秘的な者の支配する空間として，崇高さや威圧感などの気持ちをもたらす．
後ろの空間	周囲との交渉が行われない空間．突然，後ろから接近されたり，後ろに誰かがいたりすると不安や脅威の気持ちをもたらす．

音声，沈黙

- 音声とは，声の調子や強弱，抑揚，テンポなどのほか，あいづちやうめき声，泣き声，せき払い，舌打ちなど，言葉を除く他人が聞き取れるすべての刺激（人の発した音）をいう．
- 話し手の音声によって相手に対する態度（親近感，敵意，優越感，誠意など）が伝わるほか，声量，高低，早さによって喜怒哀楽や不安などの感情を読み取ることができる．

音声によるメッセージ

高い声，早口	耳障り，攻撃的，不愉快，小馬鹿にされた感じ
低い声，ゆっくりとした口調	敬意，尊敬，謙虚，威圧

沈黙

- 沈黙とは，他者からの問いかけに対して，自発的あるいは意識的・無意識的に言語的な反応をしないという形で表される非言語コミュニケーションである．
- 援助者にとって沈黙は，非常に落ち着かない気持ちにさせるものであるが，利用者にとって沈黙は，**考えをまとめていたり，混乱や怒りを感じていたり，休息を取っているだけ**のこともある．また沈黙には次のような作用がある．

肯定的な表現としての沈黙	愛の言葉，いたわり，敬意，期待
否定的な表現としての沈黙	怒り，拒絶，防衛，反抗，嫌悪
その他	思索，瞑想，悲哀，寂寥感，不安，緊張

基本的面接技術①：非言語コミュニケーション技術の活用

> 非言語コミュニケーションを技術として活用する．

- 面接における相互作用は，利用者と援助者が顔を合わせたときからはじまっている．援助者は**表情や動作**，**言葉遣い**のほか，**利用者との位置関係**などにも**配慮が必要**である（❷）．

傾聴の技術

- **傾聴**とは，単に黙って耳を傾けることではなく，積極的な関心を態度や表情で示し，利用者の訴えたいことにしっかりと焦点を当てるかかわりをいう．
- 積極的な関心を示す態度としては，①適度に視線を合わせる，②話をきくときの体の姿勢や動作への配慮，③適度な声の調子・うなずきを含む言語的追跡（言葉による相づち）によって示される[*5]．

*5：これらの非言語的かかわりに加え，言語的かかわりが必要となる．

援助者に求められる非言語的行動のポイント

- 援助者が利用者を観察するとき，利用者もまた援助者の非言語的行動を観察しており，自分の話が十分な敬意をもってきかれているかどうかを確認している．

利用者に合わせた口調
視線を合わせる
時々うなずいて，利用者の話について行っていることを示す
利用者の言葉に応じて表情を変化させる
やさしさと理解をあらわすために，適切なときにほほえむ
時折，手のジェスチュアを使う
利用者の近くに座る
ほどほどに言葉をはさむ
関心と集中を表すために，利用者の方へ心もち身体を傾ける
時々，身体にふれる

演習問題 ―傾聴の技術のトレーニング―
実践してみよう

- 視線を合わせる：
  - ①まったく視線を合わせずに話をする
  - ②始まりから終わりまで視線を合わせて話をする
  - ③適度に視線を合わせて話をする
  - ④「適度な視線の合わせ方」のポイントを話し合う
- 上記と同様に，「体の姿勢や動作への配慮」，「適度な声の調子と言語的追跡」についてもグループで実践してみよう．

❷ 視線の交差や前後・左右の空間を利用した位置関係（相対角度）

対面法：Ⓐにあるように，人と人が相互に正面から向かい合う方法である．相手の表情や動作をよくみることができるが，常に対面しているため，相手に強い緊張を強いる．説得や指導をする場合，面接など正式な話や重要な議論をする場合などに用いられる．初対面やさりげない会話の場合は，座る位置を少しずらすことで緊張が緩和される．

Ⓐ テーブルに向かい合っている人と人の図

直角法：テーブルの角などを利用して，人と人が90°の位置に座る方法である．お互いに相手の存在が自分の視野に入るが，視線を真正面から受けることがないので，それほど緊張を強いられずに話すことができる．話を引き出す場合や初対面でのさりげない会話などの場合に用いられる（Ⓑ）．

Ⓑ テーブルの角をはさんで座っている人と人の図

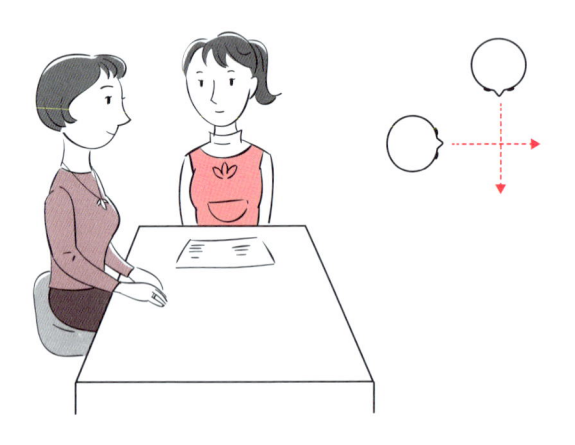

並行法・傾斜法：並行法は❸のように，ベンチやいす等に双方が肩を並べて座る方法である．視線の交差がなくリラックスして話をすることができ，親近感が得られやすいが，相手が不信感や疑念を抱いているときには逆効果となる．傾斜法は，直角法と並行法をミックスさせたもので，互いに斜め横の姿勢で向き合う方法である（❹）．緩やかに視線が交差するため相手に緊張を強いることがなく，相手も自分の気持ちや素直な思いを話せる．相手の苦痛や苦悩，不安などの訴えを傾聴する場合に用いられる．

❸ ベンチにそれぞれ正面をむいて座っている人と人の図

❹ ベンチに心もち互いの方をむいて座っている人と人の図

基本的面接技術②：言語的コミュニケーション技術の活用

> 言語コミュニケーションを技術として活用する．

質問の技術

- 質問は，利用者の考えや意見を引き出したり，情報の収集や確認を行うための，面接全般にわたって重要な言語技術である．
- 質問の技術には，大きく「**開かれた質問（オープン・クエスチョン）**」と「**閉ざされた質問（クローズド・クエスチョン）**」とがある．

①開かれた質問（オープン・クエスチョン）

- 「何が」「どのような」などの形で問いかけ，利用者の考えや感情を含む広範囲にわたる情報を得ることを目的に用いる．
- この形式の質問は，利用者自身が考えて答えるため，**自分が主体であるという感覚をもちやすく，問題やニーズに対する利用者の自己理解を促進**する．
- ただし，「なぜ」「どうして」という形の質問は，自分に問題の原因がある，責められているという印象を与えることがあるため，注意して用いることが必要である．

開かれた質問の活用例

面接を始める場合	「どのようなことでお困りですか」「その後，いかがですか」
利用者の話をさらに詳しく知りたい場合	「そのことについて，詳しく話していただけますか」「具体的にはどのようなことがあったのですか」
利用者の感情に注目したい場合	「それについてどのようにお感じですか」「そのときのお気持ちは，いかがでしたか」

②閉ざされた質問（クローズド・クエスチョン）

- 問いかけに対して，はい／いいえ，またはひと言で返事ができる質問であり，はっきりとした答えを得たいとき，確認をしたいときなどに用いる．
- 閉ざされた質問ばかりを続けていると，取り調べのような印象を利用者に与える[*6]．

*6：アセスメントシートに沿って面接する際には，この形式の質問を多用する可能性があるので注意が必要である．

閉ざされた質問の活用例

はっきりとした答えを得たい場合	「ご家族は何人ですか」「それはいつ頃のことですか」
確認をしたい場合	「ご家族は5人ですね」「それは○月×日のことですね」

> **演習問題 ―質問技術のトレーニング―**
> **実践してみよう**
>
> ・2人1組になり，いくつかの設問について，閉ざされた質問→開かれた質問の順で質問を行い，相手の考えや意見を引き出してみよう．
> ※開かれた質問の際に「なぜ」「どうして」をなるべく使わないこと．
> ※さまざまな聞き方で開かれた質問を行ってみよう．
> 実践例：「子どもと遊ぶことは楽しいですか」（はい／いいえ）→「どのようなところが楽しいですか（楽しくないですか）」

明確化（繰り返し・言い換え）

- 明確化とは，利用者の話したことを援助者が正しく聞いたか，あるいは，利用者が**伝えたいことを正確に理解している**かどうかを**明確にしたり，双方が確認していくための技術**である．
- 明確化の技術にはいくつかの技術が含まれており，それらを総合して「明確化」の技術という．明確化に含まれる技術には，「繰り返し」や「言い換え」などがある．

①繰り返し

- 利用者が表現した言葉のポイントとなる部分をそのまま繰り返すことである．
- 援助者は，繰り返しの言葉に否定や肯定や解釈を一切いれないことが重要である．
- 繰り返しの技術は，利用者の話に確認を取りながらついていくために有効であるが，利用者も援助者が自分の話をきちんと聞いてくれていることを確認できる．

繰り返しの活用例

利用者	「いつも私が先に手を出してしまうから，今回はちょっと様子をみていたんです」
援助者	「様子をみていた…」
利用者	「そうなんです（少し身を乗り出して）．そうしたら…」

②言い換え

- 利用者が述べた言葉や表現について，それと同じ意味をもつ別の言葉を用いて，利用者が述べたことの本質を短く明確に伝え返すことである．
- 「言い換え」の技術は，援助者が利用者の述べたことを正確に理解しているかどうかを両者が確認できるほか，面接のなかで利用者と援助者が用いる言葉やその意味のニュアンスを調整・確認したり，利用者の発言を整理することをねらいとして用いられる．

要約

- 要約の技術とは，利用者が話した一連の話（一つひとつの応答内容ではなく，ひとまとまりの話）について，そのなかの**重要な要素や内容の中心部分を簡潔にまとめて利用者に伝え返すこと**である．
- この技術の効果は，全体を通して利用者が一番伝えたかった事柄が何であったのかを援助者が正確にとらえているかどうかを確認できるだけでなく，利用者が自らの考えや話したことを，もう一度整理し，自分の語ったことを客観的に見直す助けになる．
- 要約の技術は話の内容にとりとめがなくなってきたり，利用者が混乱したとき，面接の方向性を定めたいとき，面接を終了する際や前回の面接を振りかえるときなどに用いられる．

要約の応答例

利用者が一番伝えたかったことを確認する	「今日○○さんは，お子さんの△△ということや□□という様子をお話しされたと思いますが，△△については…とも思うけれど，□□については…と思えない．だから××のようにお考えになってしまってとても不安だということでよろしいでしょうか」
面接の方向性を定める	「前回は，お子さんの△△や□□の様子についての話でしたが，特に□□が××と感じられて不安になるということでした．そこで，本日は，お子さんの様子を××のように感じることについてお話したいと思いますが，よろしいでしょうか」

3 対象者理解のためのアセスメントツールの活用

- <u>アセスメントツール</u>とは，アセスメントをするための道具（ツール）として用いられる，図や記録のことである．
- アセスメントツールの利点は，多様な視点から利用者をアセスメントすることが可能になるだけではなく，利用者と協同して作成したり検討することによって一緒に利用者の状況を確認していけること，また，視覚的に示されるため，援助者－利用者間，援助者－他職種間の情報共有や理解がされやすいということである

アセスメントツールと対象者理解の方法

ジェノグラム（genogram）

- ジェノグラムとは，基本的に3世代以上の家族メンバーとその人間関係を盛り込んだ家系図（家系図作成法）のことをいう（❸）．
- ジェノグラムは，主に利用者とその家族が上の世代の家族からどのような人間関係や行動様式のパターンを受け継いできたのか，また，一族にまつわるエピソードがどのように家族のパターンに関連しているのかなどを理解するために用いられる．
- 作成者によって個々の関係性や，同居や別居の有無，個人を特徴づける情報（年齢や職業など），個人と家族に影響する特徴的なエピソード（疾病や死亡年齢など）が加えられ，工夫が凝らされる．

❸ ジェノグラムの描き方

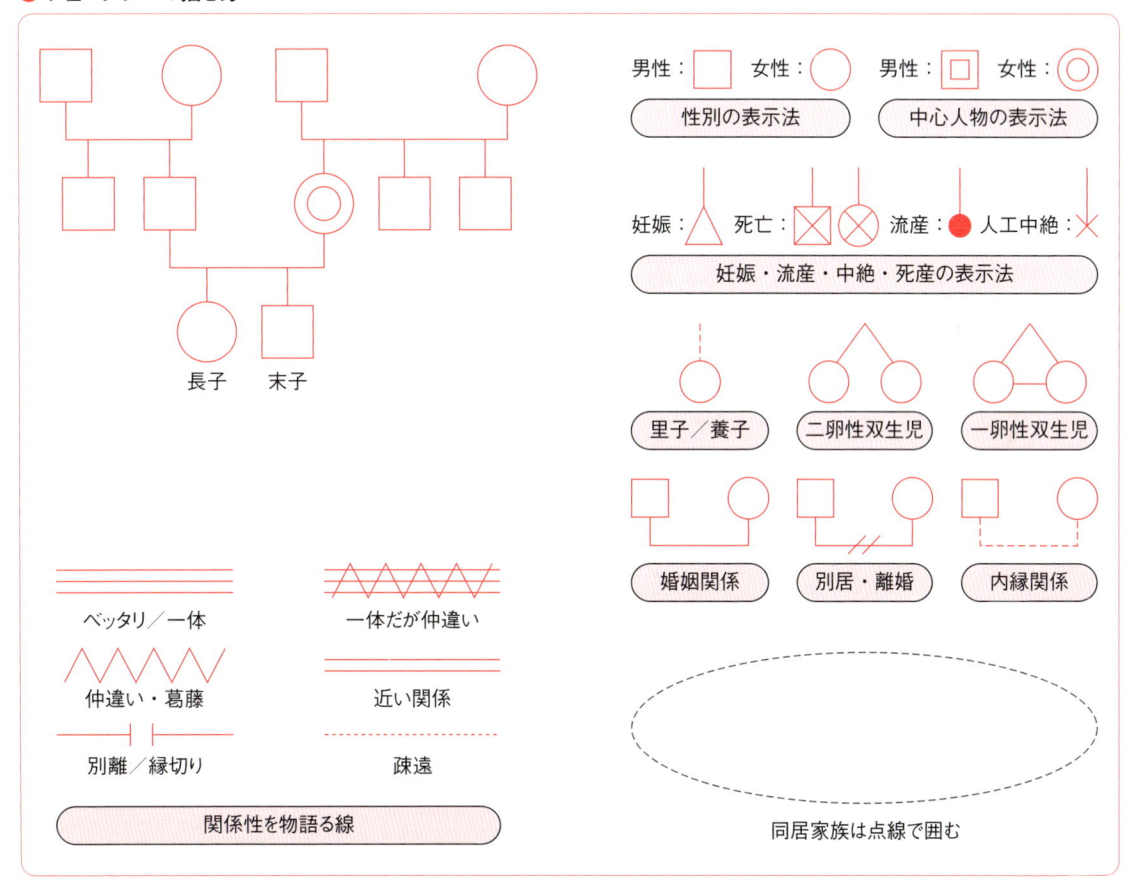

参考：モニカ・マクゴールドリック，ランディ・ガーソン著．石川元，渋沢田鶴子訳．
ジェノグラムのはなし―家系図と家族療法．東京：東京図書；1988．

3章 相談援助の方法と技術（2）

エコマップ（ecomap）

- エコマップは1975年にハートマン（A.Hartman）によって考案・開発された，**利用者（や家族）と地域の社会資源とのつながりや関係を把握することを目的とした，環境アセスメントのためのツール**である（❹）．
- このアセスメントツールは，「人と環境とその交互作用」に着目する，エコシステムを基盤とするソーシャルワークの視点に基づいたものである．

❹ エコマップの描き方

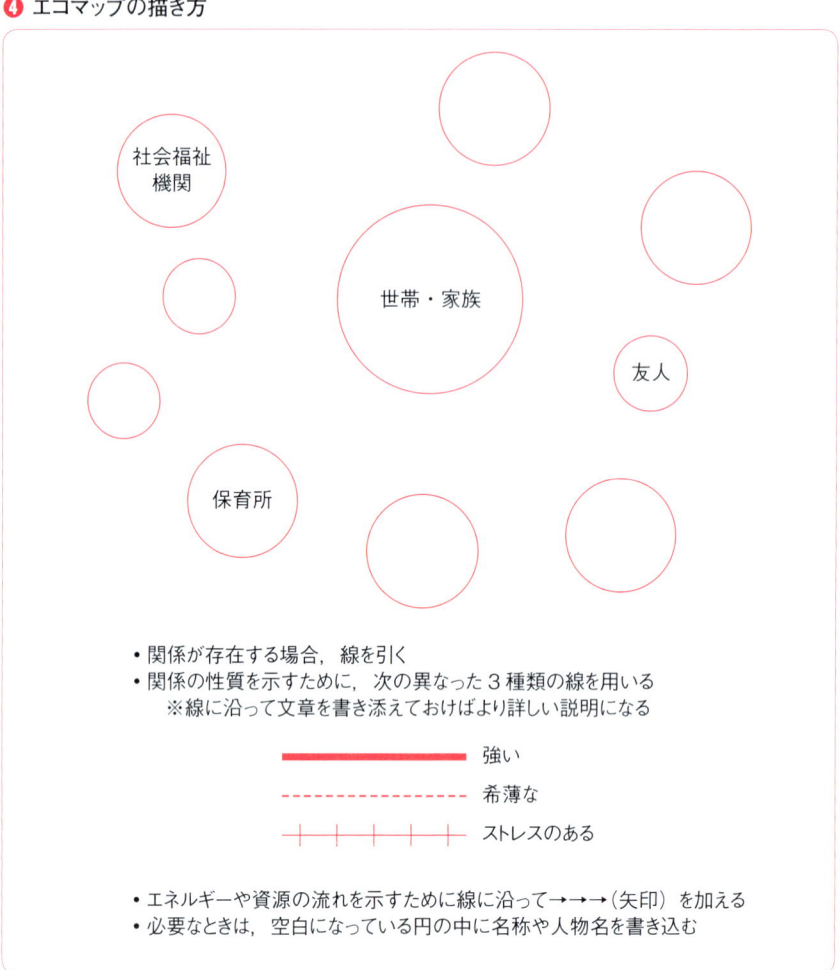

（図：中心に「世帯・家族」、周囲に「社会福祉機関」「友人」「保育所」などの円が配置されている）

- 関係が存在する場合，線を引く
- 関係の性質を示すために，次の異なった3種類の線を用いる
  ※線に沿って文章を書き添えておけばより詳しい説明になる

　　―――――――― 強い
　　- - - - - - - - - - 希薄な
　　+++++++++ ストレスのある

- エネルギーや資源の流れを示すために線に沿って→→（矢印）を加える
- 必要なときは，空白になっている円の中に名称や人物名を書き込む

参考：Hartman,A.Diagrammatic Assessment of Family Relationships. Social Casework 1978；59：469-70.

ライフヒストリー

- アセスメントツールとして開発されたものではないが，利用者理解のための一つの方法としてライフヒストリーの活用が挙げられる．
- ライフヒストリーとは，「生活史」のことをいうが，援助においては「『**人生の歴史**』についての**本人自身の**語り」によって表されたものをさし，内容には，

語り

過去から現在について利用者が意味づけたことを物語的に表現することである．そのため，それが事実とは異なる場合もあり，語る状況や聞き手（あるいはそれを記録する書き手）によっても変化するものであるということにも留意する必要がある．

生育歴や学歴・職歴，婚姻歴などが含まれる．
- ライフヒストリーの聴取は，利用者がこれまでどのような人生や問題を生き，そのなかでどのような慣習や価値を大切にしてきたのかなど，その人の生活文化や価値観を理解し，援助に役立てるうえで非常に重要なツールである．
- 利用者にとってライフヒストリーを受容的に聞いてもらうということは，自らも自分の人生に向き合い受け止めてゆく過程において重要な体験となる．

アセスメントツール活用における留意点

- ジェノグラムやエコマップを代表とするアセスメントツールは，便利なものであるが，そこから利用者のすべてがわかるものではないことを援助者は理解しておく必要がある．
- これらの図や記録からみえることは，①利用者の生活状況の一端や理解のための一部の情報にすぎないこと，②利用者や家族に確認するまでは，あくまで推測・推察であること，③図式は理解しやすい反面，見た目の印象や先入観に影響されやすいことを心に留めておくことである．

> **演習問題　実際にやってみよう**
> - 自分の家族や小説に出てくる登場人物などを題材に，ジェノグラムを描いてみよう．
> - 現在の自分自身の状況をエコマップで表してみよう．
> - 自分自身のライフヒストリーを書いてみよう．そのうえで自分のなかで大切にしている考えやそのルーツを再確認してみよう．

3-3 相談援助のための実践アプローチ

> **学習のポイント**
> 1. 相談援助において実用的な実践アプローチを理解する.

実践の「仕方」についての方向性を示してくれるアプローチについて知ろう.

1 実践アプローチとその技術

家族システムズ・アプローチ

- **家族システムズ・アプローチ**とは，家族を一つのシステムとみなし，その特性を活用した支援展開の方向性を示すアプローチである.
- 家族システムズ・アプローチでは，主に**家族の関係性やコミュニケーションの取り方のパターンに着目し，働きかけていく**．家族のなかで生じている問題とされる状況が，円環的な作用のなかで起こっているものとしてとらえ，その内のどこかの**相互作用を変化させることによってパターンの変化をもたらそうとする**.
- システム内の相互作用の変化とは，個々の家族成員の本質を変化させることではない．あくまでも家族内の関係やコミュニケーションの取り方そのものに働きかけることである.
- 援助者にとっての家族は，問題解決や子どもの健やかな育ちのために，「ともに援助を行う」「協力者としての」家族であり，「家族と考える」ことが大事である.
- 竹中(1995)は，家族援助における援助者の基本的な態度について，L.E. アーノルドの指摘に補足を加えた8つを示している.
- これは，保育実践の場において保護者を支援していこうとするときの基本的な援助者のスタンスとしても有効なものである.

家族援助における基本的な態度

①親は，専門家よりも長い間，子どもの状態を改善しようと試みてきた．

②親が何をしようと，最初にどんなに無分別に見えようと，親の行動には通常，何らかの意味がある．

③親の苦境を親の立場に立って理解しなければ，その親に特有なニードに合わせた治療的介入ができず，実際何の役にも立たない決まり文句的助言を与えてしまう．

④いかなる治療的介入も，成功するためには親の協力が必要である．

⑤親の協力を得るためには，親が忠告されたことを理解し，受け容れる必要がある．

⑥専門家が，最初に共感的に親の現状を理解しなければ，いなかる忠告も理解され受け容れられないだろう．

⑦子どもの問題が深刻でもその親にとってその問題が中心的問題でない場合も多い．家族は経済的問題に加えて，疾病，失業，住宅問題，離婚，人格上の諸問題などを抱えていることがある．このような場合家族が子どもに割きうるエネルギーは限られたものになる．したがって親に過大な期待をすることはできない．

⑧親は，多くの場合過去の子育てについて絶えず非難されてきたこと，また非難を恐れてきたことを知るべきである．すでに子どもの問題が起きている場合，親を非難することはたやすいが，過去の子育てについて親を非難しても有益な結果は得られない．また，親が非難されていると受け取るような場面をつくることも望ましくない．過去は，あくまでも現在における養育の方針を検討するための素材として話題にされるべきであるし，そのことを親にも理解してもらうことが大切である．

竹中哲夫. 現代児童養護論 第2版. 東京：ミネルヴァ書房；1995.

家族システムズ・アプローチの技法

- 家族システムズ・アプローチには，家族とともに援助を進めていくための特徴的な技法がある．ここではそのいくつかを紹介する．

①家族の動機づけ

- 主訴がどのようなものであれ，まずは利用者や家族の主訴を尊重する．利用者の主訴に沿うことは援助や問題解決に対する家族の動機づけを高める．

②ジョイニング

- 援助の最初の段階で用いる技法である．家族システムズ・アプローチは家族の関係パタンに働きかけていくため，家族のもつ特徴にいち早く溶け込む努力をする．
- たとえば，母親の意見が強く，ほとんど口をはさまない父親に対しては，十分に母親の意見を尊重したうえで，ごく控えめに父親に意見を尋ねる．また，そのあとすぐに十分に母親が意見を述べる機会を設けるなどの配慮をする．決して母親に黙っているように指示し，母親をさしおいて無理に父親に

話をさせるようなことはしない.
- ただし，父親を責める母親に同調するなどの行為は，逆にその関係への巻き込まれの要因となるため，家族内の葛藤関係に対しては，加担もせず審判もしない中立的な立場を保つことが重要である．
- このような立場で家族の力関係や暗黙のルールを乱さずに，むしろ家族の関係の取り方や行動についての良い点を評価しながら家族の相互作用のなかに入り込む技法である[*7].

*7：家族と同じタイミングや仕方で頷くなど，話し方やしぐさの特徴を援助者の行動に取り入れることもジョイニングの一つである．

③逆説的指示

- 家族（保護者）が援助を求める場合，問題とみなした特定の家族成員（たとえば子ども）を変化させることは望むが，自分自身が変わることには抵抗する（必要と感じない）場合がある．このような場合に次のような技法を用いることが効果的である．
- 1つ目は，「リラベリングとリフレーミング」である．リラベリングとは，問題とされている家族成員の評価を否定的なものから肯定的なものに変化させて伝え返す技法である．
- リフレーミングとは，家族内において否定的な意味づけがなされている関係性を，別の枠組み（フレーム）からとらえ，関係性や関係性の意味づけに変化をもたらそうとするかかわりである．

リラベリングとリフレーミングの例

リラベリング	「神経質」➡「慎重」，「落ち着きがない」➡「好奇心が旺盛」
リフレーミング	「口げんかが絶えない」➡「率直さ，ぶつかり合える関係」，「必要最低限のことしか話をしない」➡「わざわざ言葉に出さなくてもわかっている」，「いちいち指摘せず相手に対して寛容」

- リラベリングやリフレーミングは，問題であるとされている事柄そのものを問題ではなくしてしまう効果をもつが，それを家族が受け容れられなければ逆効果となる．そのため，タイミングや伝え方，援助者に対する信頼感が形成されていることが必要になる．
- 2つ目は，「現状維持」である．これは，問題を解決しようと家族が行動しているにもかかわらず問題が継続しているとき，援助者は解決のための行動をわざと取らないように，あるいはわざと問題が起こるような行動をして観察するように指示（逆説的指示）をする．
- 指示に保護者が疑問を感じて自ら解決の行動を取ろうとするとき，自分は変化をする必要はないと考えている保護者にもすでに変化が起こっていることになる．

ソリューション・フォーカスト・アプローチ

- **ソリューション・フォーカスト・アプローチ**とは，解決志向アプローチともいい，利用者の問題やその原因に焦点をあてるよりも，解決後の状況やそれを実現する目標をつくり出すこと（解決構築）に焦点をおいて支援を展開していこうとするアプローチである．
- 解決構築の面接では，大きく2つの働きかけがある．1つは「ウェルフォームド・ゴール（現実性のある目標）」をつくり出すこと，2つ目は，問題状況のなかにある例外を活用して解決状況をつくり出すことである．その際，次のような留意点がある．

> ▶ ①利用者にとって重要なものであること．
> ▶ ②誰との間のことか．
> ▶ ③どのような場面や状況においてなのか．
> ▶ ④どのようなこと（行動）として起こっているか[*8]．
> ▶ ⑤よい方向に変化していることがわかる最初のごく小さな徴候がどのようなものかが明確にされているか．

- 「**例外探し**」[*9]では，利用者の最近（ここ2～3週間）の生活のなかで，当然起こるはずの問題が起こらなかったり，少しはましな日があったかどうか，ということから尋ねていく．
- 利用者が例外の存在に気づいたら，援助者はその詳細について尋ねていくが，このとき，例外が起こったときと，問題が起こったときがどのように違うのかについて，その違いを特に注意深く明らかにすることが大切になる．
- 次に例外がどのようにして起こったかを探っていく．たとえば誰が何をしたか，どうしてそれをしたのか，そのときに関係していたことは何か，などである．
- また，例外のなかに認められる利用者の長所や行動のよい点を，言い換えの技術を用いて強調し肯定していく．
- ソリューション・フォーカスト・アプローチでは，解決後の状況やそれを実現する現実的な目標をつくり出す（解決構築をつくり出す）ために，以上のような取り組みを行う．そして，そのなかで見つけたよい例外を起こす行動課題が援助者によって提案される．

ウェルフォームド・ゴール
利用者自身が状況がよくなるために変わってほしいと望んでいることを，現実的で具体的な形（目標）として明確にしたもの．

*8：④の特徴については，単に「○○（問題とされる行動）がない」「○○をやめる」という行動ではなく，「（○○がない代わりに）何があるか」「（○○をやめたら）どのような行動をしているか」ということを話してもらうことが大切である．また，これらの行動は非現実的なものではなく，利用者のもっている力と生活状況からみて達成可能な現実的なものであることを確認していくことが重要である．

*9：もしもこの質問に利用者が答えられない場合は，利用者の「身近な他者（他の家族や友人など）から利用者の状況をみたらどのように答えるだろうか」など，利用者を他者の立場に立たせて自身の状況をみることができるような質問を行うことが有効である．

ウェルフォームド・ゴールの設定の例

- 子どもが手におえないと相談に来た母親との面接（**太字は母親の言葉**）

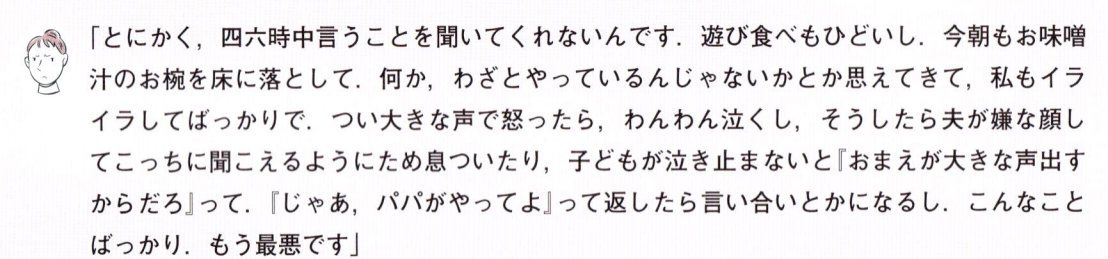

「とにかく，四六時中言うことを聞いてくれないんです．遊び食べもひどいし．今朝もお味噌汁のお椀を床に落として．何か，わざとやっているんじゃないかとか思えてきて，私もイライラしてばっかりで．つい大きな声で怒ったら，わんわん泣くし，そうしたら夫が嫌な顔してこっちに聞こえるようにため息ついたり，子どもが泣き止まないと『おまえが大きな声出すからだろ』って．『じゃあ，パパがやってよ』って返したら言い合いとかになるし．こんなことばっかり．もう最悪です」

↪ ここでは，「傾聴」の技術やバイスティックの7原則を意識した姿勢で利用者の話を聴くことが大切である．

「そうですか．今の時期は本当に大変ですよね．朝はそれでなくても時間ないですものね．お母さん，毎朝戦っているのね．毎朝だと疲れてしまうし，どうにかならないかと思っているんですね．もしよければ教えてほしいのですが，今の状況がどういう風に変わるとちょっとはよくなりそうですか？」

↪ 紙面の都合上，やり取りを簡略化しているが，この発言に至るまでに面接技術を活用して利用者の話を十分に受け止める．そのうえで，問題状況の追究ではなく，解決後の状況をたずねる質問を行う（「知らないという技法」の活用）．

「（当然，と言わんばかりに）それはもう，子どもが言うことを聞いてくれたり，大人しく食べてくれることです．まあ，そんなことないと思うけど．あと，私もイライラしないで普通の声で優しく注意したりできると本当はいいんだろうけど…でもあの状況でそんなの無理です！」

「（頷きながら）なかなか難しいですよね．でもそういう風になってほしいですよね．ところで，もし，今言ってくれたことが起こったら，ミサキちゃんとお母さんとのやり取りのしかたも変わりますか？」

↪ ウェルフォームド・ゴールをつくり出す際の留意点②と④を意識した質問（p.75 参照）．

「そうですね…もしミサキが大人しくご飯食べてくれたら,『ミサキ,いい子だね〜!!』って,ミサキの頭をたくさん撫でると思います」

↳ 問題が解決している状況では,母親と子どもとのやり取りがこのようになることが語られる(留意点④).

「ミサキちゃんはそういうときどうしているんですか?」

↳ 答えが母親の行動についてのみだったため,子どもの反応(行動)についても聞く.

「ミサキは頭を撫でられるのが好きだから,すごくニコニコすると思います」

↳ 母親の行動が互いにとってよいものであることが確認される.

「そうですか.お母さんに頭をなでられると,ミサキちゃんも嬉しいんですね.そういう風に1日が始まったら,ほかにはどんないいことがありますか?」

↳ 母親の行動に関連した反応であることを強調したフィードバック(「コンプリメント」〈p.79参照〉)と解決後の状況をたずねる質問.

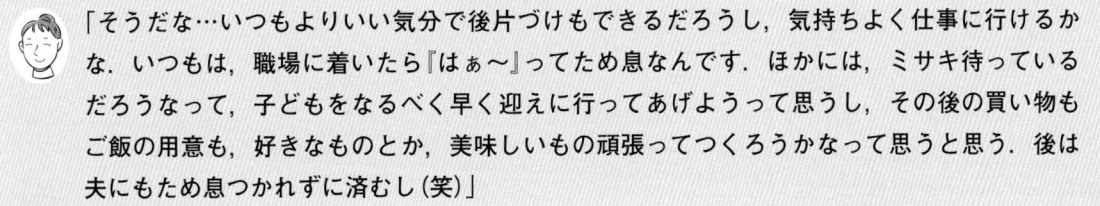

「そうだな…いつもよりいい気分で後片づけもできるだろうし,気持ちよく仕事に行けるかな.いつもは,職場に着いたら『はぁ〜』ってため息なんです.ほかには,ミサキ待っているだろうなって,子どもをなるべく早く迎えに行ってあげようって思うし,その後の買い物もご飯の用意も,好きなものとか,美味しいもの頑張ってつくろうかなって思うと思う.後は夫にもため息つかれずに済むし(笑)」

↳ 朝の食事場面のあり方によって,たくさんの「よいこと」が出てくることから,この母親にとって「朝の食事場面」をどのように過ごせるかは,重要なものであることがうかがえる(留意点①・③).ウェルフォームド・ゴールはこのような課題に対してつくられる.

「そう.そんなにいろんないいことが起こるんですね.お母さんが今,うまく過ごしたいのは,1日のうちのいつでしょうか?」

↳ ウェルフォームド・ゴールを設定する場面を特定(確認)するための質問(留意点③).

「やっぱり朝です.だって,朝これになると,ほんっとに1日イヤな気持ちになるんです.遊び食べもやめてほしいし,せめて味噌汁をひっくり返すのをやめてくれたらなって思います.それに夫がため息つくのもやめてくれたら違うんですけど…」

↳ 母親の発言から「朝の食事場面」が特定化される.しかし,母親の思考はまだ,「誰々が○○をしなければ(解決するのに)」という問題(解決)志向型の思考である.

「何か一つでもなくなったら全然違いますもんね．ミサキちゃんが遊び食べをしなくなったら，ミサキちゃんはどんな風に食べると思いますか？」

> そこで，援助者は「○○をやめたら，どのような行動をしているか」という解決志向型に切り替える質問を行う（＊8参照）．

「（考えながら）うーん．手づかみで…口と手をベッタベタにしながら食べているかな．一生懸命食べるときってそうなんです．遊び食べをしなくなったらそうやって食べて，きっと一品でも完食してくれると思う．いつもは私が怒ってミサキが泣いて，それでご飯が途中で終わっちゃうから」

> 解決後の状況の語りから，「一品でも完食すること」や，それにつながるミサキの「口と手をベッタベタにして食べている」行動が語られる．これは解決状況であることがわかる一つの目安となりそうである．

「ほかにはありますか？」

> 母親が解決志向型の思考を続けられるようにサポートする．

「うーん，きっと『あい，どーじょ（はい，どうぞ）』ってするかな．好きなものが出たときとか，機嫌よくご飯を食べている時には『どーじょ』ってくれるんです．ベッタベタの手だけど（笑）」

> 解決状況について想像する中から，2つ目の目安となることがらが語られる．

「えっ!? お母さんに『どーじょ』ってくれるんですか？ それはすごいですね．保育園ではみたことはないですよ．きっとお母さんに『どうぞ』ってしてもらっていることが嬉しくてそれを真似しているんですね」

> 母親の行動に関連した行動であることを強調したフィードバック（「コンプリメント」）．

「（頷きながら）『どーじょ』は時々やるんですよね．大体は自分が好きなものが出たときなんですけど．バナナとかサツマイモとか」

> 援助者からの適切なコンプリメントを受けると，利用者は自信をもって詳細を語り，解決状況を生み出すヒントなどが語られる．

「そうですか．お母さんがいつもしてくれていることを，ミサキちゃんもお母さんにしてあげたいんですね．お母さんが好きなのね….遊び食べは大人になってまで続くことはないけれど，ある日突然なくなることもないから，そんなにパッとよくなるわけではありませんが….それでも，『あれ？ 前より少しはいいかな』と思える小さな変化って，たとえばどういったことが考えられますか？」

> ミサキに対するコンプリメントだが，子どもの成長や資質を認める発言であり，母親にとっても自信につながり，間接的なコンプリメントとなる．このようなやりとりをしながらウェルフォームド・ゴールを具体的に設定する段階に入ってゆく．この質問は，留意点⑤を見出すためのものである．

3-3 相談援助のための実践アプローチ

> 「うーん，何でもいいから，何かひと品は完食してくれたりとか…．でもそれは大きな変化かも．…小さな変化って言ったら，口と手をベッタベタにしながら一生懸命食べていることが多くなったら，とかかな…．あ，それと，『どーじょ』が出るときは好きなものだったり，機嫌よくご飯を食べている時だから，『どーじょ』が今より多く出てくると，ちょっとは違うって思うかな…」

↪ 母親の発言から，「朝の食事場面」がうまくいっているとわかる目安が，「(口と手をベッタベタにしながら)一生懸命食べていること」や「『どーじょ』が今より多く出てくること」であることが明確にされる（「何か一品は完食すること」はまだ大きな変化のため，次のステップの際の目安となる）．なお，これらの解決状況を生み出すことにつながる要素として「(ミサキの) 好きなもの (バナナやサツマイモ) が出ること」というのはすでに母親の口から語られているところである．援助者はこのような要素を取り入れて，ウェルフォームド・ゴールとそれを達成するための課題を提案する．

ソリューション・フォーカスト・アプローチの技法

- ソリューション・フォーカスト・アプローチでは，解決構築のためにさまざまな特徴的な技法を用いる．ここではそのいくつかを紹介する．

①知らないという技法

- 「知らない (not knowing) 姿勢」(Anderson & Goolishan, 1992) [10] ともいい，これは援助者が利用者の話をもっと詳しく知りたい（あなたがあなたのことについて一番よく知っている〔私はよく知らない〕ので，ぜひ教えてください）という態度と行動を取ることである．
- これは，専門家はその価値や知識や技術をもってしても，利用者が体験した経験や行動の意味を，利用者から教えてもらわない限りは知ることなどできない，という考え方に基づいている．
- このような姿勢を取り続けることは，たやすいことではない．援助者は心から利用者の直感や説明を信頼しなければならないし，専門家としての力は利用者の力の前では取るに足らないもの，という立場を受け容れなければならないからである．

[10]：この援助者の姿勢は「無知の姿勢」として訳されていることもある（ハーレーン・アンダーソン著，野村直樹ほか訳．会話・言語・そして可能性—コラボレイティヴとは？ セラピーとは？．東京：金剛出版；2001）．

②コンプリメント

- コンプリメントとはほめることであり，援助においては，利用者自身の解決行動に役立つ資質に気づいたら，それを言葉に出して利用者に伝えることである．
- よって，コンプリメントは何でもほめればよいというものではないし，単に利用者に励ましてあげたいというような気持ちで行うものでもない．コンプリメントは，**利用者が解決行動を取るために活用できそうで，実際に利用者の言葉で表現された，現実に根ざしたもの，利用者にとって重要なものを選んで伝えることが大事である．**

③ミラクルクエスチョン

- ミラクルクエスチョンとは，**「奇跡が起こって問題がすべて解決したとしたら…」という問いかけ**である．利用者が抱えている問題状況のなかで解決状況を語ってもらうことは，難しいことがあるが，現在の状況を一旦保留にして，「奇跡」として解決構築のきっかけをつくろうとする技法である．
- ミラクルクエスチョンに答えることによって，**利用者はそれが仮だとしても，問題が解決したとき自分の生活がどのように変わっているかを想像する**．決して簡単なことではないが，これができることは，問題志向から解決志向に転換できる大きな転換点の一歩となる．

④スケーリング・クエスチョン

- スケーリング・クエスチョンとは，**抽象的で漠然とした利用者の経験や感覚を数値に置き換えて表現してもらうこと**で，援助者と利用者が現在の状態や今後の見通しを得るための質問技法である．
- 「子どもに対してイライラしてしまう」という母親に，「今日のイライラの程度はどのくらいですか？ 0が最高潮のイライラ，10がイライラはどこかへ吹き飛びゆったりした気持ちとするとどうでしょうか」と質問して，どの程度の状態なのかを数値として示してもらうというものである．
- 質問に対し，母親が「昨日は5くらい（中程度のイライラ）だったけれど，今日は3くらい（かなりのイライラ）です」と答えたら，「5のイライラが3になるのに，何が違ったのだろうか」や，「3が4になるためには，どのようなことがあればよいか」など，違いや解決に向かう具体的要素を考えるための指標とする．

演習問題　考えてみよう

- ミサキちゃん一家の事例について，家族システムズ・アプローチの観点から，家族の朝食場面のコミュニケーションパターンについて明らかにしてみよう．
- 母親との面接から，どのようなウェルフォームド・ゴールが設定されるだろうか．また，ウェルフォームド・ゴールとして設定した状況をつくり出すための行動課題として，母親にどのような行動課題が提案できるだろうか，考えてみよう．

3-4 実践の質を高めるための方法

1 援助者の力量を高めるための方法

研修会などへの参加

- 援助者の専門的技術や技能は，日々の実践のなかだけで，また，独力で身につくものではない．面接技術や各種アプローチをより専門的に学ぶためには，それぞれの分野の研修会やワークショップに積極的に参加することも有効である．
- 対人援助を専門とする職業には，社会福祉分野のほか医療，心理療法の分野などがある．それぞれの学会や職能団体のホームページなどをのぞくと研修会の案内などが掲載されており，どの分野の職種でも参加できるものもある．異分野だからと気後れせず，力量を高める自分への投資としてチャレンジすることも必要である．

> **演習問題　調べてみよう**
>
> ・各種職能団体のホームページなどから，参加してみたい研修会やワークショップの情報を集めてみよう．

スーパービジョンの導入と体制づくり

- スーパービジョンとは，対人援助実践を行う施設や機関において，実践経験や専門的知識をもち，スーパービジョンを行うことが可能な者（**スーパーバイザー**）から，専門職としての養成を必要とする者（**スーパーバイジー**）に対して行われる養成の過程やその方法のことをいう．
- スーパーバイザーを担う者は，スーパーバイジーの上司など同機関の職員が担当する場合と外部から招く場合がある．
- スーパービジョンでは，主にスーパーバイジーの実践内容の振り返りや検討を通じて，利用者の理解や対応のあり方，専門職としての視点や役割の確認，あるいは援助者自身のなかに起こった事柄についての自己覚知や専門的力量の到達状況の確認などを行う．
- これらは，スーパーバイジーの専門的力量や専門性の向上に役立つだけでなく，利用者への援助の質を担保するうえでも非常に重要な働きをする．
- スーパービジョンが果たす機能には，①教育的機能（スーパーバイジーの専門的力量の向上），②管理的機能（機関の目的を適切に果たし，利用者への援助の質を維持・向上するための業務分担・職場環境の整備），③支持的機能（ス

―パーバイジーの精神的サポートやバーンアウトの予防）があり，スーパーバイジーの状況や経験年数によってどこに重点がおかれるかが変わる．

スーパービジョンの形態

- スーパービジョンは，次の2つの形態で実施されていることが多い．
- 1つは「**個人スーパービジョン**」といい，スーパーバイザーとスーパーバイジーが1対1の面接形式でスーパービジョンを行う．
- もう1つは，「**グループ・スーパービジョン**」といい，1人のスーパーバイザーと複数のスーパーバイジー（または1人のスーパーバイジーとグループのメンバー）でスーパービジョンを行う．
- そのほか，ピアスーパービジョン（スーパーバイザー不在の同僚・仲間間におけるスーパービジョン）やセルフ・スーパービジョン（援助者が自分自身で行うスーパービジョン）などがある．

スーパービジョン体制の確保

- 保育士をはじめとする対人援助専門職は，養成機関を出てすぐに一人前の専門職になるのではなく，現場での実践の積み重ねと，それを専門的観点から検証し，実践に還元してゆくプロセスのなかで専門性と専門的技能を深めてゆく．
- 対人援助の仕事はマニュアルどおりではない分，援助者自身も子どもや保護者との関係，他の職員との価値観の相違などに悩み，傷つくことも多い．しかし，保育や援助の場面ではそのような感情をコントロールすることが求められる．
- 揺れ動く感情をコントロールすることは，特に新人の援助者にとって容易なことではなく，それができないことが自信喪失やバーンアウトにつながることも多い．
- 心の揺れに向き合うことを支え，援助者としての成長に活かしていくためにもスーパービジョンの意義は大きい．
- 対人援助を行う施設・機関は，スーパービジョン機会の確保など，援助者の成長を保証する体制を整え・バックアップすることが求められる．

2 職場環境の整備

職場のバックアップ体制と環境整備

- 現状として，業務の多忙や人材の不足，外部のスーパーバイザーの依頼や研修会参加の予算がつかないなど，対人援助専門職の成長を支える体制や環境が十分に整備されているところは少なく，個々の援助者の取り組みや努力によって担われている部分が大きい．
- また，たとえ個々の保育士にその意欲があっても，研鑽のための時間を確保

バーンアウト

「燃え尽き症候群」ともいい，真面目で意欲的に仕事に打ち込んでいた人が何らかのきっかけで突然，仕事の意欲を失い燃え尽きたようになることである．仕事上のストレスに対する個人的要因・環境要因が関係しているとされ，予防法の一つにスーパービジョンを受けられる体制の確保が挙げられている．

感情労働

ホックシールド（A.R.Hochschild, 1983）は「公的に観察可能な表情と身体的表現をつくるために行う感情の管理」に着目し，職務として感情管理が要求されるものを「感情労働（emotional labor）」とよんだ．ホックシールドは，感情労働が求められる職業として，医師やソーシャルワーカー，保育者なども挙げているが，これらは職務として相手を気遣い共感することや，かかわるすべての人の信頼を得ること，あるいは相手の感情を受け止めたり，相手が適切な精神状態でいられるように，自らの感情を管理すること（あるいはコントロールすること）を課せられているとしている．

するには職場の理解や調整が必要となり，専門職としての成長は，個人ではなく職場全体で考えるべき課題である．
- 研修会の参加やスーパービジョン機会の確保は本来，保育士個々の努力に任せられるものではなく，職場の教育体制として整えられるべきものである．そのような環境整備によって保育士の専門性の維持・向上を図り，児童や保護者により良い支援を行うことが，職場および専門職集団としての責務でもあるのである．

引用・参考文献

- フェリックス・P. バイステック著．尾崎新ほか訳．ケースワークの原則―援助関係を形成する技法 新訳改訂版．東京：誠信書房；2006．
- ピーター・ディヤング，インスー・キム バーグ著．玉真慎子ほか訳．解決のための面接技法−ソリューション・フォーカスト・アプローチの手引き．東京：金剛出版；1998．
- 土居健郎．新訂 方法としての面接 臨床家のために．東京：医学書院；1992．
- 東豊．セラピスト入門−システムズアプローチへの招待．東京：日本評論社；1993．
- 平澤久一．精神科看護のコミュニケーション技術 非言語的アプローチ[動作・表情・タッチ]を活用したかかわり方．東京：日総研出版；2005．
- ルイーズ・C. ジョンソン，ステファン・J. ヤンカ著．山辺朗子，岩間伸之訳．ジェネラリスト・ソーシャルワーク．東京：ミネルヴァ書房；2004．
- 岡本民夫監修，川延宗之ほか編著．社会福祉援助技術論（上）．東京：川島書店；2004．
- 奥田いさよ．対人援助のカウンセリング―その理論と看護・福祉のケース・スタディ．東京：川島書店；1991．
- アーリー・R. ホックシールド著．石川准ほか訳．管理される心−感情が商品になるとき．京都：世界思想社；2000．

MEMO

相談援助

第4章

相談援助の具体的展開

相談援助を具体的に展開するために

- 第4章では，これまで学んできた相談援助の各種方法・技術を活用しつつ，実際に具体的な「相談援助」という実践の形を組み立て・実施していく際に必要となる事柄について学ぶことをねらいとする．

- 本章では，主に以下についての内容を取り上げる．

  > ①相談援助における計画・記録・評価の方法．
  > ②関係機関・多様な専門職との協働や連携にもとづく援助の展開．
  > ③援助の具体的手段としての社会資源の活用とその調整・開発．

- 特に，②の関係機関や他の専門職との協働・連携についての理解は非常に重要である．近年の社会福祉の援助を必要とする人々が抱える課題の多様化・広範化・深刻化は，1-5において述べたとおりであるが，これらのなかには課題が小さな段階で適切な支援につながらないためにこのような状態になるケースも少なくないからである．

- 保育士が相談援助機能を担うことを求められるのは，生活課題を抱える子どもや保護者に対する直接的支援を行うことだけでなく，これらの人々のもっとも身近で接する保育士によって，なるべく早い段階に，適切に支援の輪へとつなげられること，この非常に重要な役割を保育士が担うことが期待されているためである．

- よって，保育士は利用者の援助において，保育士同士の連携は当然のこと，関係機関や他の専門職に関する知識と協働・連携する意識を持ち，円滑にそれらを実践していくことが求められているのである．

4-1 計画・記録・評価

> **学習のポイント**
> 1. 相談援助における支援計画の策定方法とその留意点について学ぶ.
> 2. 相談援助における記録の目的とその意義を理解する.
> 3. 記録管理の留意点および記録の書き方について学ぶ.
> 4. 相談援助実践に対する評価の目的とその意義を理解する.

相談援助における計画のポイントを理解しよう.

1 相談援助における計画

計画とは

- 相談援助では支援計画において,それまでの展開過程で把握された状況や課題に対して,具体的な援助内容を立案し,実践としての形を示す.つまり,**「この援助で何をどのようにするのか」**という援助の全貌を明らかにするのが計画である[*1].

*1:第2章第2節「支援計画の策定」についても再度確認しておこう.

計画策定のポイント

- 八木(2012)は,相談援助における計画のポイントとして,①ゴールと手段を混同しない,②長期的ゴールと短期的ゴールを設定する,③客観的で具体的,数値化できるゴールを策定する,④箇条書きにする,⑤アセスメントに合致したゴールを設定する,⑥クライアントの要望を取り入れる,を挙げている.
- 支援計画とは,ゴール(目標)を達成するための手段と実施の手順を示したものであるが,単に実行することが援助のゴールではない.
- たとえば,「子どもを1日1回は抱っこする」や「親子サロンに参加して,同じような状況の保護者と交流する」という計画は,子どもとの愛着を形成したり,保護者が情報交換や気分転換のできる場の確保を目標として立てられたものなのである[*2].
- 手段(計画)を考えるとき大切なのは,常に「それが何につながるか」を考えることである.そして,この「何」に当たるのが援助目標である[*3].

*2:これらの目標は次に大きな目標の達成につながっていく.

*3:目標を設定するときは,「〜する(している)」や「〜できる(できている)」など,課題となっていることがらや行動が,達成されたり可能となっている形の表現で記載するのが基本である.または,利用者自身の希望を反映させて「〜したい」という書き方をすることもある.

計画策定の思考プロセス

- 相談援助の場面では,その場の対応が求められたり,目の前の状況をひとまずどうにかしなければならないことが多々あるため,「今,ここ」に対する単発的な計画をつくりがちである.
- しかし,目標や計画は,利用者の展望を描いたうえで(将来を見据えて),現

在につなげてゆくものであり，現在から始まり将来に向かっていく実践の流れとは逆のプロセスをたどる（❶）．

❶ 計画策定の思考プロセスと実践のプロセス

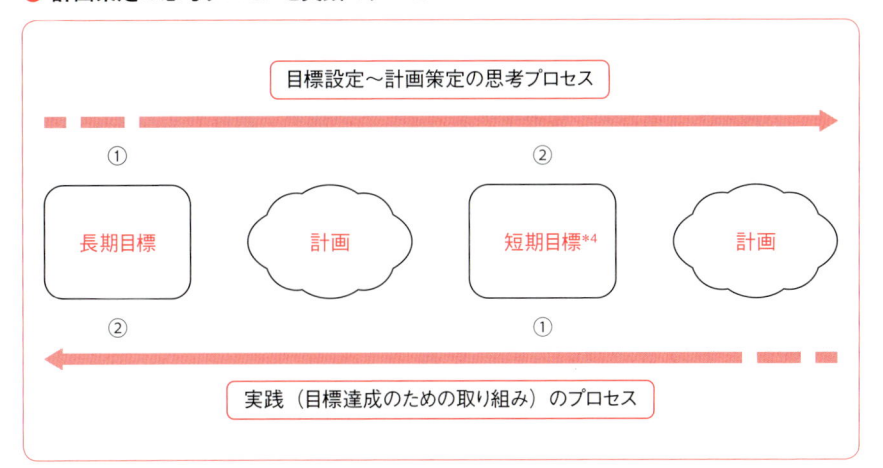

```
         目標設定〜計画策定の思考プロセス →
    ①              ②
  [長期目標]   (計画)   [短期目標*4]   (計画)
    ②              ①
      ← 実践（目標達成のための取り組み）のプロセス
```

＊4：短期目標は複数立てられるケースもある．

＊ただし，緊急性の高い事柄への対応が必要な場合はこの限りではない．

演習問題　作成してみよう

- 提出しなければならない課題や達成したい事柄について，長期目標（例：「期限に間に合うように課題提出できる」）と短期目標およびそれを着実に達成していくための計画を立ててみよう．

社会資源の活用と保育士の特性を生かした計画の策定

- ソーシャルワークとしての相談援助では，利用者の力はもちろんのこと，さまざまな社会資源（制度やサービス，周囲の人の力や環境的要素など）の活用を計画に取り入れることが一つの特徴であるが，このとき，**活用するものの優先順位**としては次の通りとなる．

> ▶ ①利用者自身のもつ力．
> ▶ ②利用者の身近な人々（家族や友人）および，利用者がもともと有しているそのほかの人々の力やそのつながり．
> ▶ ③援助者をはじめとする専門職など公的な制度やサービス．

- 計画における働きかけの対象は，利用者本人に限らない周囲の人や環境，および，環境と利用者との相互作用など幅広い視野で援助計画を立てる．
- 2008年の保育所保育指針の改訂では，特別な支援を必要とする子どもに対する保育および小学校との連携において，個別の計画策定および「保育所児童保育要録」を小学校へ送付することが定められた．
- 子どもの保育や保護者との日々のかかわり，子ども同士・保護者同士の育ち合いの機会の活用など，保育士であるからこそ活用・動員できる強みを活かし，子どもや保護者の生活実態に即した計画を立案していくことが望まれる．

2 相談援助における記録とその活用

相談援助における記録の目的と意義

- 相談援助において記録は，単に実践の経過や利用者から得られた情報を書き留めておくためのものではなく，個別の支援計画や「保育所児童保育要録」の作成，または他機関との連携において不可欠なものである*5．
- 記録にはいくつかの目的がある．支援記録の目的について小嶋（2006）は①クライエントの利益や権利擁護を目指し，より適切な支援活動を実施すること，②他機関・他職種との情報共有を円滑に行うこと，③適切な支援活動の継続性の保障をすること，④クライエントとの情報を共有しコミュニケーションを促進すること，⑤公的活動としての適切性を示すこと，⑥支援活動の内容と結果（影響・成果）を資料として蓄積すること，と整理している*6．

記録の方法

記録の様式と文体

- 記録には，いくつかの様式と文体（記述の仕方）がある．様式には，①記述式（文章として記録する様式），②項目式（項目と選択肢およびチェック欄などがあらかじめ設定されている様式），③図表式（記号や図表を用いて示す様式．ジェノグラムやエコマップなどが記される），およびこれらを組み合わせた④混合式がある．
- 記録の文体には，「叙述体」，「説明体」，「要約体」がある．
- 「叙述体」とは，援助の場面で起こった出来事を，物語のように時間的順序にそって記していく文体である．
- 出来事や援助者と利用者の相互作用の過程を詳細に記述するのが「過程叙述体」であり，時系列ではあるものの出来事の要点のみを記述するのが「圧縮叙述体」である．
- やりとりされた会話をそのまま記録していく「逐語体*7」も叙述体のなかに含まれる．
- 「説明体」とは，援助場面で起こった出来事に援助者の解釈や見解，援助者が

*5：アセスメントや支援計画は，面接や保育のその場でできるものではなく，その場面を振り返って記録したり，記録から考察し経過を見すえながら完成させていくものである．また，担当者が不在・交代したときの継続的な支援のためにも記録は不可欠である．

*6：その他，スーパービジョン，施設運営を管理する際の資料として記録を役立てることもある．また，近年は専門職の「説明責任（アカウンタビリティ）」として記録の重要性が述べられている．専門職は自分の行った判断や実践について，明確な根拠をもって説明する責務があり，記録にもそのような記述が求められる．

*7：逐語体で記録する際には，やりとりされた会話の言葉を記録するだけではなく，その時の表情や沈黙（間），声のトーンなどについても書き留めておくとより詳しい記録となる．

行った対応の根拠などを加えて記述する文体である．
- 「説明体」の記述は，他職種との情報提供・情報共有の際に援助者の見解や意向を伝えることができる点で有効であるが，客観的事実と援助者の見解とが混同しないように気をつけなければならない．
- 「要約体」とは，援助場面で起こった出来事とそれに対する解釈や見解の要点をまとめて記述する文体である．「叙述体」のように必ずしも時系列的に記す必要はないが，その出来事を特徴づける要点を的確にとらえる必要がある．

要約体による記録の例

> ▶ ○月×日（金）・お迎え時（母親の様子）
> ▶ 19：30 に迎え（連絡なし）．走ってきた様子．特に遅れた理由は述べず．本児に強い口調で帰り支度を指示するも，本児が反抗的な返答をしたため激昂し，叩く素振りをみせる（本児は頭を守る姿勢を取る）．保育士が仲裁に入ろうと麦茶を勧めるも，それを拒否して帰宅されるが，帰り際，涙を浮かべている様子もあり，気持ちに余裕のない状況がうかがえた．父親に対する批判的な言葉も聞かれており，家庭内のことが影響か．今後も母子の様子を見守る方針．

説明体による記録の例

> ▶ ○月×日（金）・お迎え時（母親の様子）
> ▶ 19：30 に迎え（連絡なし）走ってきた様子．当番保育士が声を掛けるも，うつむいて簡単な返事のみ．職員室から顔をのぞかせた本児には強い口調で帰り支度を指示する．本児が反抗的な返答をしたことに激昂し，叩く素振りをみせる（本児は頭を守る姿勢を取る）．手当たり次第に荷物をかき集めるなど，気持ちに余裕のない様子がみえる．
> ▶ この状態で母子を帰すことがためらわれたため，ひと息ついてもらおうと麦茶を勧めるが「いらないです！」との返答．しかし，直後にハッとした表情になり，帰り際涙を浮かべている様子であったことから，母親も自身の言動に戸惑いを感じていることがうかがえた．
> ▶ 本児の反抗的な態度に激昂した際，「お父さんみたいになるよ！」と本児を叱っており，夫婦間に何らかの事情を抱えている可能性も推測される．しばらく母子の様子を注意して見守る必要があると考える．

記録の技能と留意点

記録の技能

- よりよい記録を作成・活用するために，身につけておくことが必要となる技能には次のようなものがある．

> ▶ **①利用者を見積もる能力**：目の前の人とその問題・状況の情報を収集し，把握・理解する能力．
> ▶ **②援助者自身を見積もる能力**：援助者として果たすべき役割・機能，自分自身の力量について理解する能力．

- 記録の技能を身につけると，援助者として記録に何を書くべきか・何が書かれていないのかということがわかるが，これらの理解や力量が不十分だと，記録やその活用があいまいなものになる．

記録における留意点

- 記録を作成する際の留意点として，①正確に書く，②わかりやすく書く，③必要な情報のみを書く，④〔利用者の〕参加と協働を促すという4点が挙げられている（小嶋，2004．〔 〕内は筆者による加筆）．
- そのほかの記録の留意点として，⑤援助者自身の考え（見解）と事実とをしっかり区別して記載する，⑥ふさわしい言葉や表現を選ぶ（省略語や流行語は使わない），⑦記録を書いたら必ず見直して，書き漏れや意味が伝わらない箇所がないかチェックする，といったことが挙げられる．

記録の管理と開示

個人情報保護と記録の管理

- 保育士の仕事は，子どもの保育を通じて子どもやその保護者の日常生活に深くかかわりをもつ．そのため，相談援助においても家庭状況や子ども・保護者の個人情報などを詳しく知ることがある．
- 「個人情報」とは，「生存する個人に関する情報であって，当該情報に含まれる氏名，生年月日そのほかの記述などにより個人を識別することができるもの」（個人情報の保護に関する法律〈個人情報保護法〉，2003）とされ，プライバシー保護の観点からその取扱いには注意が必要である．
- 「個人情報の保護に関する法律」をはじめ，「福祉関係事業者における個人情報の適正な取扱いのためのガイドライン」や児童福祉法，全国保育士会倫理綱領では，個人の秘密を守ることやプライバシー保護について規定しており，それは記録に関しても同じである．

記録の開示

- 第三者への記録開示については，第三者への情報提供や第三者からの照会があった場合，本人への事前了解なしに個人情報を第三者に提供してはならないという規定がある．しかし，虐待の通告や本人の生命にかかわる場合などにはその限りではない．
- 記録開示や情報提供において，本人の同意を必要としない場合として，以下に示す．

第三者に対する記録開示について本人の同意を必要としない場合

> 第23条　個人情報取扱事業者は，次に掲げる場合を除くほか，あらかじめ本人の同意を得ないで，個人データを第三者に提供してはならない．
> ①法令に基づく場合．
> ②人の生命，身体または財産の保護のために必要がある場合であって，本人の同意を得ることが困難であるとき．
> ③公衆衛生の向上，または児童の健全な育成の推進のために特に必要がある場合であって，本人の同意を得ることが困難であるとき．
> ④国の機関もしくは地方公共団体，またはその委託を受けた者が法令の定める事務を遂行することに対して協力する必要がある場合であって，本人の同意を得ることにより当該事務の遂行に支障を及ぼすおそれがあるとき．

＊虐待発見時の通告や情報提供は，①・③が適用となる

- 「個人情報の保護に関する法律」よりも優先される法としてはたとえば，「児童虐待の防止等に関する法律（児童虐待防止法）」第6条に示されている「通告の義務」である．これは児童に対する虐待を発見した場合，発見者はこれを児童相談所などに通告しなければならないとするものである．

3　相談援助における評価の実施

評価とは

- 相談援助において，その実践に対する評価には大きく「個別援助実践評価」，「プログラム評価」の2種類がある（副田，2006）．
- 個別の事例に対する相談援助実践を評価するのが前者であるが，評価の対象によって，「アウトカム評価（援助の内容をその結果によって判断する）」と「プロセス評価（援助が計画どおり進み・効果がみられるかを援助の途中で確認する）」に分けられる．
- 社会福祉実践を行う機関が，事業や社会福祉サービスの計画内容や遂行状況，効果の妥当性を評価するために行うのが「プログラム評価」であり，それぞれ，「アウトカム評価」，「プロセス評価」および「効率評価（実践にかかる費用対効果の関係から評価する）」がある．

評価の意義

- これまで，相談援助において，評価はそれほど重視されておらず，また，個別援助実践におけるプロセス評価などは，援助者が自身の実践を検証し，実践能力を高めるなど，ソーシャルワーカーの教育・研修のために行われてきたとされる(副田，2006).
- 近年，社会福祉サービスが利用者と社会福祉機関間の契約においてやりとりされるようになってからは，評価は，契約どおりサービスが実施され・効果をあげているかどうかの，利用者への「説明責任」としての意義[*8]が強調されてきている．

*8：2008年度に改訂された「保育所保育指針」においても，「保育の質を高める仕組み」として，「保育士などの自己評価」(保育実践のふり返りの重視)や「保育所の自己評価」(保育所での内容などの自己評価およびその公表)についての努力義務が謳われている

4-2 | 関係機関との協働

> **学習のポイント**
> 1. 今日，社会福祉の対人援助において欠かすことのできない協働について，概要とその背景を学ぶ．
> 2. 保育所が協働のために連携する関係機関の概要を理解する．
> 3. 保育士と協働していく社会福祉専門職および医療専門職を理解する．

1 協働とは

> 協働と連携のそれぞれの意味と二つの関係について理解しておこう．

協働と連携

- 今日の社会福祉の対人援助では，援助を必要とする人々が抱える生活課題の多様化・広範化・深刻化によって，一つの専門職，あるいは一つの機関ですべての援助を担うことが困難な課題があることは1-5において述べた通りである（p.30参照）．
- そのため，さまざまな専門職や機関が「連携」あるいは「協働」し，一人の対象者を援助していくことが一般的となっている．
- 吉池・栄（2009）によると，「協働」とは，「同じ目的をもつ複数の人及び機関が協力関係を構築して目的達成に取り組むこと」であり，「協働を実現するための過程を含む手段的概念」が「連携」であるとしている．
- 「協働」と「連携」は，ある目的を達成するための方法（協働）と，さらにそれを実現するための方法（連携）という関係性にあり，「協働」の実現には「連携」が必要になるということである．
- 上記の「協働」の定義なかには，①複数の人（機関），②同じ目的，③協力関係の構築，④目的達成への取り組み，という内容が含まれており，連携においては，これらをどのように実現していくかということが大切になると考えられる．

協働・連携が求められる場合

> 保育士が行う相談援助において協働や連携が必要となるのは，どのような場合なのだろうか．

- 保育士による相談援助は，基本的に「子どもの最善の利益」を目的とした保護者支援が中心だが，保育所保育指針では，「子どもに障害や発達上の課題がみられる場合」や「保護者に不適切な養育などが疑われる場合」には市町村や他機関との連携・協働を求めている．
- このような状況にある子どもについて保育士は，子どもへの対応に悩むだけでなく，他の専門家の介入が必要な状況であるかどうかの判断に迷ったり，保護者に話を切り出すことをためらう・どのように伝えればよいのかなど保

育所内では答えの出ない困難を抱えることがある．
- 状況の改善には，保護者の理解や協力と同時に保護者への支援が不可欠であるが，保護者の理解や協力が得られない，苦情やトラブルという形に発展し，状況をただみているしかない，あるいは悪化の一途をたどる例もある．

職場内における協働と職場外の専門職・機関との協働

職場内における協働

- 協働が求められる場合への対応として，まずは保育士の所属する職場内の相談および協働体制を整える[*9]ことが必要となる．
- 職場内の体制づくりについては，先述の協働の要素（①複数の人（機関），②同じ目的，③協力関係の構築，④目的達成への取り組み）のなかでも，特に②と③を明確にすることが大切となる[*10]．

職場外の専門職・機関との協働

- 職場外の専門職・機関との協働は，第一に保育士が協働・連携できる専門職・機関の役割や業務内容について理解していることである．
- しかし，それだけで協働が可能となる訳ではない．協働することの多い機関の職員とは，「顔のみえる」関係であることが望ましい．
- そのためには，何かが起こったときのみではなく，合同研修などを通して普段から交流や意思の疎通を図ることができる関係をつくるなど，工夫やしかけが必要である．
- 多機関が協働・連携する際には，子どもや保護者についての情報の共有，支援目標や方法，役割の分担について合意されていることが大切である．
- 各関係機関をつなぐマネジメントやコーディネート役を定めること，その仕組みを事前につくっておくことなどが必要となる．

保護者との協働

- 職場内外での協働・連携を行うための大前提がある．それは保護者の了解や保護者との協働である．虐待事例や生命にかかわる場合など，保護者の了解なく関係機関への通告や連携が可能な場合もあるが，基本的には保護者への十分な説明と理解への支援および協働が求められる．
- 保育士は支援を必要とする子どもとその保護者を，専門職や関係機関に適切につなぐ，**メディエーター（仲介者）**や**コーディネーター**としての重要な役割も担っているのである．
- 保護者の了解と協力を得られることで，援助者と保護者の間で課題や目標を共有できたり，共通した子どもへのかかわりが可能になるなど，援助の統一性が図られる．そのためには，日ごろから保護者とよくコミュニケーションを図り，信頼関係を築いておくことが大切になる．

[*9]：保育士が発達上の課題をもつ子どもや虐待を疑う子どもの存在に気づいたとき，最初の相談先として，「職場内の同僚・上司（主任・園長）」などが挙げられている．

[*10]：②は，援助観（保育観）や子ども観のすり合わせ，子どもへのかかわり方を互いに見直せること（堀，2006）），③については保育所内の責任の所在や管理体制（報告・連絡・相談体制など），相談機会の確保などのハード面と，課題の共有する意識や困ったことを相談でき，失敗を責めず一緒に考えようとする習慣・雰囲気づくりなどのソフト面の両面を整える，などが大切になる．

> **演習問題　考えてみよう・調べてみよう**
>
> ・次の事柄についてグループで考えてみよう．また関連する文献などではどのようなことがいわれているか調べてみよう．
>   ①コーディネーターとしての役割を取る際，保護者に対して保育士はどのような対応が必要になるだろうか．
>   例：紹介する機関の説明を丁寧にわかりやすく行うことができる．
>   ②わが子に障害がある，虐待ではないかと指摘された保護者の気持ちとは，どのようなものなのだろうか．

- なお，職場内外の協働・連携は，管理職（園長・主任など）の課題に対する姿勢や取り組みが大きく影響する．職員に対して過干渉でも放任でもないバランス感覚とそれぞれの保育士の自主性を大切にしつつ全体で一緒に考えるという姿勢が管理者には求められる．

2　保育士と協働する関係機関

p.172-181 参照

- 保育士が協働・連携する関係機関は，利用者の抱えている課題やおかれている状況によって異なる（❷）．
- 発達障害や発育の遅れを疑う子どもの支援の場合，保健センターや児童発達支援センター，「ことばの教室」などとの協働・連携を行う．
- 虐待を疑う子どもとその保護者を支援する場合，児童相談所や保健所・保健センター，市町村などが相談先として挙げられる．また，支援の開始以降はケースにもよるが，警察や医療機関，乳児院・児童養護施設，児童家庭支援センターなどと協働することがある．
- 近年は子どもの虐待の裏に保護者のDV問題や精神疾患が絡んでいるケースなどもある．その場合には配偶者暴力相談支援センターや民間のシェルター，法テラスや各地域の弁護士会，精神保健福祉センターや医療機関などが関係することもある．
- 就学のための支援においては，教育委員会（就学指導委員会），小学校や特別支援学校・特別支援学級，児童館などと協働する．

❷ 保育士が連携・協働する機関や組織，人々

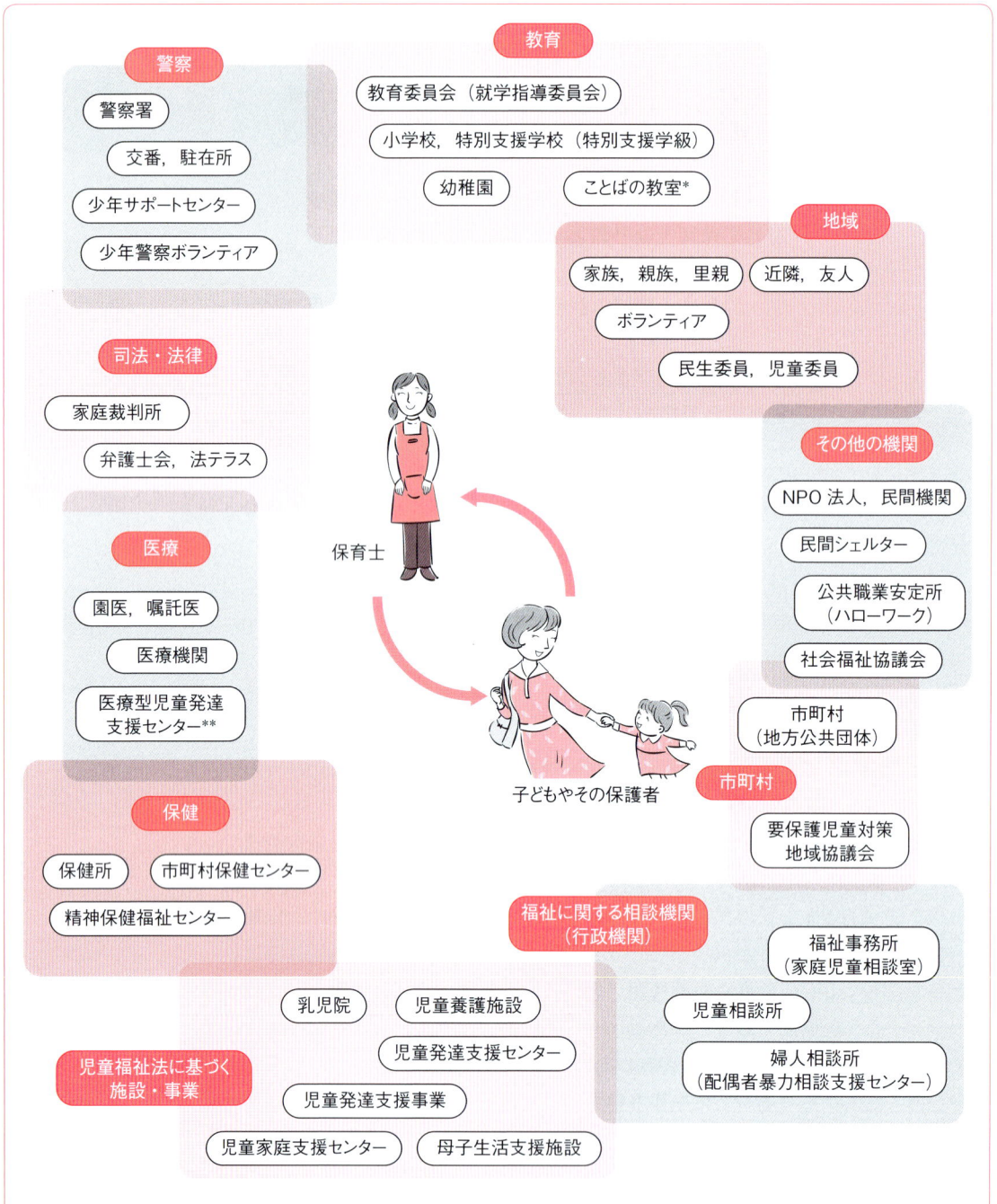

警察
- 警察署
- 交番，駐在所
- 少年サポートセンター
- 少年警察ボランティア

教育
- 教育委員会（就学指導委員会）
- 小学校，特別支援学校（特別支援学級）
- 幼稚園
- ことばの教室*

地域
- 家族，親族，里親
- 近隣，友人
- ボランティア
- 民生委員，児童委員

司法・法律
- 家庭裁判所
- 弁護士会，法テラス

医療
- 園医，嘱託医
- 医療機関
- 医療型児童発達支援センター**

その他の機関
- NPO法人，民間機関
- 民間シェルター
- 公共職業安定所（ハローワーク）
- 社会福祉協議会

保育士 ← 子どもやその保護者

市町村
- 市町村（地方公共団体）
- 要保護児童対策地域協議会

保健
- 保健所
- 市町村保健センター
- 精神保健福祉センター

児童福祉法に基づく施設・事業
- 乳児院
- 児童養護施設
- 児童発達支援センター
- 児童発達支援事業
- 児童家庭支援センター
- 母子生活支援施設

福祉に関する相談機関（行政機関）
- 福祉事務所（家庭児童相談室）
- 児童相談所
- 婦人相談所（配偶者暴力相談支援センター）

* ここでの「ことばの教室」は，「幼児ことばの教室」を意味している．「幼児ことばの教室」は制度上の位置づけがなく，学校や幼稚園，地方公共団体が独自の施策により設置・運営している．幼稚園内や小学校に併設されていることが多く，ここでは「教育」の枠組みのなかに分類した．

** 「医療型児童発達支援センター」は，児童発達支援と地域支援（周辺機関等への訪問・相談支援）を行う，「児童発達支援センター」の活動に加え，治療（医療の提供）機能を有する点で特徴をもつ児童福祉施設である．そのためここでは「医療」の枠組みのなかに分類した．

3 さまざまな分野の専門職

- 「保育士と協働する関係機関」において挙げた各機関には，さまざまな専門職が配置されている．
- 社会福祉専門職としては，介護福祉士や社会福祉士および精神保健福祉士などが挙げられる．
- 医療専門職としては，医師，理学療法士や作業療法士，言語聴覚士，保健師，看護師などが挙げられる．
- また，それ以外の専門職や職員として，教師（特別支援教育コーディネーター），弁護士，臨床心理士，栄養士，行政職員（福祉行政の担当者や生活保護課ケースワーカー）などが挙げられる．
- そのほか，専門職ではないが，地域の民生委員・児童委員との協働がある．

> **演習問題　調べてみよう**
> - 保育士が協働・連携する関係機関について，皆さんの暮らす地域のどこに，これらの機関がある（またはない）だろうか．また，それらの機関の具体的な役割について調べてみよう．
> - 保育士が協働・連携する専門職の役割や業務内容，所属する機関などについて調べてみよう．

4-3 | 多様な専門職との連携

> **学習のポイント**
> 1. 連携に必要となる構成要素についてあらためて理解する.
> 2. 連携におけるポイントおよび留意点について学ぶ.

1 連携の構成要素と展開過程

「連携」の構成要素

- 協働を実現するための「連携」を構成する要素について,吉池・栄(2009)は,①同一目的の一致,②複数の主体と役割,③役割と責任の相互確認,④情報の共有,⑤連続的な相互関係過程の5つを挙げている.
- そのうえで,「連携」とは「共有化された目的をもつ複数の人および機関(非専門職を含む)が単独では解決できない課題に対して,主体的に協力関係を構築して,目的達成に向けて取り組む相互関係の過程である」と定義している.

「連携」の展開過程

- 吉池らは,連携に至る展開過程として,①単独解決できない課題の確認→②課題を共有しうる他者の確認→③協力の打診→④目的の確認と目的の一致→⑤役割と責任の確認→⑥情報の共有→⑦連続的な協力関係の展開,を提案している.
- これは,精神保健福祉実践を想定した保健医療福祉領域における「連携」を念頭においたものだが,保育の現場で必要とされる連携においても共通性は高いと考えられる.
- また,この「連携」の展開過程は,「自然発生的な連携形成の過程」として示されているが,あらかじめこのような手順がわかることは,保育所内では解決できない課題が起こったとき,次の点で有効である.

> ▶ ①対応と進め方の見通しがつく.
> ▶ ②そのための準備[*11]をすることができる.

- この展開過程の①(ないし②)の段階では,職場内全体で協議や課題の検討,対応可能な範囲と限界などを整理しておくこと,また,連携について保護者に了解を得ることなどが前提となるため,他職種・他機関との連携はすぐに始められるものではない.

*11:たとえば,課題別に協力の打診先をリストアップしておくことや,普段から打診先との関係形成を行っておく.また,打診する際の手法と内容(依頼書式の取り決めや依頼の仕方)の設定や大まかな役割分担の想定,情報共有の際の注意点の確認などである.

- 連携への利用者の参加については，他機関に連携を図る際，特に初期は，急を要したり，子ども・保護者にはまだ伝えていない保育士の見解（ある障害を疑っている・家族は限界だと見受けられるなど）を共有するなど，連携に子どもや保護者が参加し難いきらいがある．
- しかし，誰のための連携・支援なのかを考えるとき，基本的に子ども・保護者の参加は保障されるべきである．それが困難な場合は，もっとも子どもと保護者に身近な保育士が，彼らの意向や権利を代弁することが重要である．
- 連携を行う複数の人および機関は，主体的な協力関係を構築することを保障するためにも，**参加者の関係性は対等（パートナーシップに基づく関係）**であることが望ましい．

2 連携における留意点

> 「連携」を図るうえでポイントとなるいくつかの点について確認しよう．

- 機能や職種，視点の異なる複数の機関・専門職が，一つの目標や価値観を共有し，決められた役割に従って（または同じ課題を一緒に）実践していくことは想像以上に難しいことである．
- それは，職種や視点の違いによるものだけではなく，機関としての役割や文化，社会的地位，膨大な業務による時間・人員不足，職場の理解なども大きく影響するからである．
- 対人援助とは，常に変化するその一瞬一瞬への対応の積み重ねであり，必ずしも想定通りに展開していくものではない．そのため，通常とは異なる対応が必要となったり，ある程度のゆらぎを念頭においた，**幅のある支援と協働関係の構築が必要**となってくる．
- そのうえで，重要となる連携におけるいくつかのポイントを次に示す．

▶ ①「援助を誰のためにしようとしているか」の共有．
▶ ②自分の所属する機関の役割や視点を理解し，説明ができること．
▶ ③連携する機関の役割や視点，実情を理解し，尊重すること．
▶ ④対等な関係性のなかで意見の交換や支援の検討ができること．
▶ ⑤連携や支援に対する責任をもつこと．

- 互いの実情や視点を理解し，尊重しようとすることは，機関・職種間における連携では重要な姿勢である．しかし，見解やアプローチの違い，基盤となる知識や専門性の違いは，ときに認識のずれや衝突の原因にもなり，これは避けられないことである．
- 認識のずれを修正するためには，用いる言葉やその理解のすり合わせを行うことが大切である．専門職が用いる言葉は独特の観点や意味合いが含まれて

いることが多いが，そこが確認されることは少ない．各専門職が頻繁に使う言葉とその意味を確認し，認識をすり合わせておくことがずれをなくし，④の実現にとっても有効となる．
- 衝突が起こったとき，大事なのは①に立ち戻ることである．どの援助者も子どもの不利益になるための支援を行う者などいない．皆，子どもの最善の利益を願っており，その点で一致することを確認することが大切である．
- 「当事者自身にとってどうなのか」という視点に今一度立ち返ることも非常に重要になる．特に社会福祉専門職には，利用者の生活を支援するにあたり，専門的な観点からの見立てと当事者の世界観を通した見立ての両面を支援に活かす能力が求められる．

> **演習問題 考えてみよう**
>
> - 考えや，ものの見方の違う人々が同じ目的を設定・共有し，協力関係を保ちながら一緒に取り組んでいくために，私たちはどのような態度を取り，準備をする必要があるだろうか，グループで考えてみよう．

4-4 | 社会資源の活用，調整，開発

> **学習のポイント**
> 1. 社会資源とは何か，どのような種類があるのかを理解する．
> 2. 社会資源の活用とその調整や開発について学ぶ．

- 第4章は，保育士による相談援助の具体的な展開において重要ないくつかの要素について述べてきたが，相談援助の支援計画におけるポイントの一つは社会資源をいかに活用するかであるし，保育士が他の専門職および関係機関と協働・連携することは，公的な資源への結びつけや活用そのものである．
- 社会資源は，相談援助を具体的に展開するときに利用者の課題解決のために活用される，非常に重要な援助の構成要素なのである．
- 援助者である保育士自身も子どもやその保護者の課題解決，よりよい成長・生活のための社会資源の一つである．
- 子どもおよび保護者の支援に際しては，自分自身やそのほかの社会資源をどのように効果的に活用するか，そして，最終的には利用者自身が資源をどのように有効活用していけるのかという視点をもつことが大切である．

1 社会資源とは何か

> 社会資源の内容について整理してとらえよう．

- **社会資源**とは，人々が社会生活を送るなかで生じる問題解決や生活上の要求（社会的ニーズ）を充足するために活用できる資源のことをいう．

社会資源の内容

①物的資源（施設・設備，資金・物品，交通輸送機関など）
②社会制度的資源（法律，制度・条例など）
③人的資源（人や集団と彼らがもつ知識や技能）
④情報（①から③までの社会資源を活用するための情報）

社会資源の分類

- 社会資源は大きく，**フォーマル（公的）**なものと**インフォーマル（私的）**なものに分けることができる．
- 人的資源は，フォーマルなもの（保育士，医師，保健師など各種専門職者ら）とインフォーマルなもの（家族，友人，職場の同僚，隣人，ボランティアら）に分類できる．
- そのほかの社会資源についても，資源を供給する主体がどこかという観点か

101

ら，フォーマルセクターによる社会資源と，インフォーマルセクターによる社会資源とに分類される．

> 相談援助では，なぜ社会資源の活用を重視するのだろうか．

2 相談援助における社会資源の活用

- 人は自分を取り巻くさまざまな資源を活用して社会生活を営んでいる．しかし，それが何らかの理由で上手く活用できない状態にあり，自分の力では改善を図ることができないとき，支援が必要となる．
- 相談援助においては，利用者がふたたび資源を活用して社会生活を営めるよう援助を行う．
- 「何らかの理由で社会資源が上手く活用できない状態」にはいくつかの場合が考えられる．①利用者自身の活用能力の問題，②社会資源の活用のしにくさの問題[*12]，③社会資源の質および適切な資源が存在しないという問題，④①から②の組み合わせなどであり，多くはこれらの要因が複雑に絡み合っている．
- 援助者は利用者が社会資源を活用できていない状況について見極め，利用者のおかれた状況に見合った社会資源の調整や活用のための援助を行うことが求められるのである．

*12 さまざまな内容が考えられる．例えば，情報が広く知られていない，機関や施設の利用時間が限られている，利用料がかかる，利用することで偏見や差別を受ける可能性がある，利用するまでの手続きが難しく膨大，あるいは利用できるまでに時間がかかるなどである．

3 社会資源の調整，開発

社会資源の活用における援助者の役割

- 利用者の社会資源の活用を支援するにあたり，援助者は利用者と社会資源との間に位置している存在である．
- この位置を利用して援助者は，利用者が有効に資源を活用できるよう，利用者自身に働きかけつつ，一方では利用者に適切で活用しやすい資源を選定し，紹介する．また他方では資源の限界について知らせたり，利用者が資源を活用する過程を見守ったり，しばらく一緒に歩むということもある．
- 社会資源の活用において援助者は**情報提供者としての役割**だけでなく，**調整者としての役割**，**伴走者としての役割**などさまざまな役割を通して，社会資源活用の調整を図っている．

社会資源の開発

- 援助者が援助のために活用しようとする社会資源は，何も既存のものだけではない．これまで活用される機会がなく目にみえる形の資源となっていないものなど，**潜在的な社会資源については，積極的に発掘・開発していく姿勢**が求められる．
- このとき，援助者に必要とされるのは，ネットワーキングの機能である．
- 地域の子育て家庭の保護者たちが顔見知りになるところから始まり，育児の

悩みをピアサポートするグループに発展する．保育所の近所に住む高齢者や老人クラブの人々との交流から，読みきかせや折り紙，昔遊びのボランティアや地域の見守り隊の活動として発展するなど，人と人とを結びつけ，結びつきを継続し，活動を行う一つのシステム（＝社会資源）として確立するためのかかわりや働きかけが，保育士にも求められているのである．

引用・参考文献

- 堀智晴．保育所の対人関係．畠中宗一編．対人関係の再発見 現代のエスプリ 2006；468：151-8．
- Kagle, J.D. SocialWork Records, Second Edition, Waveland, Press, Inc.,(1991=2006)（久保紘章，佐藤豊道訳．ソーシャルワーク記録．東京：相川書房；2006．）
- 厚生労働省．福祉関係事業者における個人情報の適正な取扱いのためのガイドライン 2004．
- 岡本民夫監，川延宗之ほか編著．社会福祉援助技術論(上)．東京：川島書店；2004．
- 副田あけみ，小嶋章吾．ソーシャルワーク記録-理論と技法．東京：誠信書房；2006．
- 社会福祉士養成講座編集委員会．新・社会福祉士養成講座<7> 相談援助の理論と方法Ⅰ 第2版．東京：中央法規出版；2010．
- 八木亜紀子．相談援助職の記録の書き方-短時間で適切な内容を表現するテクニック．東京：中央法規出版；2012
- 吉池毅志，栄セツコ．保健医療福祉領域における「連携」の基本的概念整理-精神保健福祉実践における「連携」に着目して．桃山学院大学総合研究所紀要 2009；34(3)：109-22．

MEMO

相談援助

第5章

事例分析

相談援助の方法・技術をより実践的に理解する

- ここまで，相談援助の理論的基盤や概要にはじまり（第1章），相談援助における対象理解や展開のしかた（第2章），実践の具体的展開ための方法や技術，および，他機関・多職種との連携（第3章，第4章）など，保育士による相談援助実践のための概念，方法や技術を学んできた．

- 最終章である第5章は，これまでに学んできたそれらの相談援助の方法・技術について，事例を通して包括的・実践的に確認・理解し，みなさん自身が援助者の立場となって，何をどのようにすべきであるかを考えていくことのできる構成とした．

- よって，事例の分析や，事例の合間に設定している各演習問題への取り組みにおいては，第1章から第4章までの各単元と照らし合わせながら行うことを勧める．

- 相談援助の技術・技能は，本書のみで獲得できるものではない．しかし，本書で学んだことは，保育士という子どもと保護者を支える重要な専門職が行う相談援助実践の基礎として必ず役立つものである．『相談援助』においてみなさんが学び・習得してきたことを本章で総括し，実践者としての次のステップにつなげてほしい．

5-1 虐待の予防と対応に関する事例分析

> **学習のポイント**
> 1. 事例を通して「ケース発見」から「アウトリーチ」を行い相談援助につながるまでの過程を理解する．
> 2. 事例から「援助者の基本姿勢」や「コミュニケーション技術」の活用および利用者の生活課題の現れ方を理解する．
> 3. 事例の展開を相談援助の展開過程に当てはめて再確認する．また，事例から各展開過程の内容を推測し，相談援助の展開過程を具体的に理解する．

1 保育士の地道なアウトリーチによって援助につながったケース

scene 1 気づきのアンテナをはる

「早くしなさいって～！　もう～！　いい加減にしてよ～！！」

いら立った大きな声が玄関に響いた．あんまり大きな声だったため，近くにいたほかの保護者や保育士もみんなそちらの方を振り向いた．声の主は村井さんだった．玄関当番の保育士は，村井さんに声をかけるのを躊躇している様子で親子を見守っていた．

「どうかしましたか？」クラスを担当している田中保育士は村井さんとその子どものユキトくんに近づき，**横からそっと声をかけた．**（村井さんがこんな大きな声で子どもを叱るのを初めてみた…）田中保育士は，最近ユキトくんが他児に対して乱暴な行動を取ることが気になっていたが，村井さんにも変化が起こっていることを感じ取っていた．

村井さんは目をそらしながら，低い声で「大丈夫です」と返事をして， 1歳になるリコちゃんを片手に抱き，もう片方の手で荷物を持って，玄関に突っ立っているユキトくんをその荷物で外の方に乱暴に押しやった．ユキトくんはふてくされた顔のまま押される形で外に出た．親子はそのまま帰って行った．

村井さんはここ最近，延長保育が終わる時間を過ぎてから子どもを迎えに来ることがあったが，**田中保育士は村井さんと顔を合わせるときにはなるべく，あたたかさや気づかいを心がけて声をかけたり接したりするようにした**．村井さんからはほとんど返事は返ってこなかったが，声をかけ続けた．

> **演習問題　考えてみよう**
> ・援助者の声のかけ方には，村井さん親子に対するどのような効果が期待できるだろうか，考えてみよう．
> ・村井さんの態度や声の感じから，村井さんの心の状態について推測してみよう．

scene 2　怒りの場面への介入

　ある週末，延長保育の時間をかなり過ぎても村井さんは迎えに来なかった．連絡もないため，担当者が電話をしようとしていると，ハァハァと息を切らせ汗だくになった村井さんが走ってきた．玄関にいた保育士が「お帰りなさい！」と笑顔で迎えたが，村井さんは下を向いて「すみません，ちょっと…」と小さな声で言うとそそくさと上がり，職員室から顔をのぞかせたユキトくんに「帰るよ！」と鋭く言った．

　ユキトくんは母親が迎えに来るのを待って，妹と田中保育士と職員室で遊んでいるところだった．遊びを中断されたユキトくんは村井さんに，「うるせーな」とつぶやいた．その途端，村井さんは目を見開き，「その口のきき方，ダメって言っているでしょ！　お父さんみたいになるよ！」と大声で怒鳴り，パッと手を挙げた．ユキトくんは首をすくめて頭を守るような姿勢を取った．村井さんは「早くジャンパー着なさい！」と言って，息を切らせたまま，乱暴に荷物をかき集め始めた．

　田中保育士は思い切って，村井さんに声をかけた．「お母さん，麦茶，一口だけでも飲んでいきませんか？　その間に帰る支度しておきますから…」．そう言いながら急いで職員室にあった麦茶をコップに注ごうとすると，**強い口調で「いらないです！」という返事が聞こえてきた**．田中保育士が驚いてふり返ると，村井さんはハッとした顔になってすぐに下を向き，

5章 事例分析

目を合わさずに帰っていった．田中保育士には，村井さんの目に涙が溜まっているようにみえた．

> **演習問題　話し合ってみよう**
>
> ・scene2 冒頭の "「お帰りなさい！」と笑顔で迎えた" という保育士の対応はなぜ必要なのだろうか，また，それが実施されないとどのような影響があるだろうか，話し合ってみよう．

> **演習問題　実践してみよう・想像してみよう**
>
> ・scene2 後半の保育士が声をかける場面について，各登場人物になって実際に再現し，演じてみよう．
> ・利用者から強い口調で拒否されるとき，自分の心のなかや表情にどのような感情や変化が起こるか想像したり，実際に演じて感じてみよう．

scene 3　距離感やプライバシーに配慮する

　次の週の朝，ユキトくんを送りに来た村井さんに，田中保育士はいつものように，明るく接した．村井さんは最初，目を合わせなかったが，玄関を出るときになって田中保育士に「先週はすみませんでした，ちょっといろいろあって…」と声をかけてきた．田中保育士は**その場で詮索すること**はせず，何かこちらでできることがあればするので，そのときはいつでも**遠慮なく言ってほしい**，とだけ村井さんに伝えた．そして，その後も顔を合わせたときには，声をかけたり調子をたずねるようにした．

> **演習問題**
> **考えてみよう**
> ・田中保育士の対応は，バイスティックの7原則のうち，どの原則に該当する対応なのか，考えてみよう．

scene 4　面接の設定と準備

　数日後，田中保育士は，村井さんから「ユキトのことについて相談したいことがある」と声をかけられた．田中保育士は快く了解し，**面接に主任か園長が同席してもよいか**たずねた．村井さんは，一瞬戸惑ったものの，**田中保育士がその理由を説明する**と納得した．

> **演習問題**
> **考えてみよう**
> ・チャンスをとらえてこのような提案をするためには，どのような事前の準備が必要だろうか，グループで考えてみよう．
> ・面接に園長や主任保育士が参加する理由をどのように説明するのか，グループで具体的に考えてみよう．

scene 5　ステップをふんで面接を展開する

　後日，村井さんと田中保育士，そしてユキトくんのクラスを以前担当したことのある，北主任保育士との3人で面接が行われた．最初は，ユキトくんが言うことをきかないことやリコちゃんにいたずらをして困っていること，乱暴な口調で口答えをするので手を焼いていることなどが語られた．村井さんは「こんなとき，どうすればいいのですか？」と方法を知りたがったが，田中保育士と北主任保育士は，なるべく村井さんが普段どのように対応しているのか**教えてほしいという**態度で丁寧にたずねていった．村井さんの対応の仕方は不適切なところもあったが，子どもには乱暴な言葉をつかってほしくないと思っていることや，幼い子どもを2人も抱えながら，**1歳のリコちゃんにかかりきりにならずに，ユキトくんのことにも目を配っている点を評価した**．また，村井さんが子どもたちに愛情をもっている一方でイライラする感情をもっていること，またその感情を表現することを受け止めながら聞いていった．

　1回の面接であまり長い時間が取れないため，1回につき，1つか2つ，困っていることについてこのように話し合う機会を設けたらどうか，という提案が北主任保育士からなされ，村井さんも合意した．今後，月に1～2回くらいのペースで面接を行うことになった．

　3回目の面接のあたりから，内容は，村井さんが今，**どのような状況のなかでどのような思いをしながら子育てと仕事をしているのか**という点に焦点が移っていった．そのなかで，村井さんの夫の収入が激減し，村井さんももっと時給のよいパートを探そうとしているが，小さな子どもがいることがネックになって10社以上を落ちていること，一方で夫は酒の量が増え，自分に辛くあたることもあること，その口調をユキトくんが真似をすることがあり，ユキトくんに対して激しいいら立ちを覚えたり，何もかもが嫌になり子どもを放っておきたくなる気持ちが起こることが語られ，園長も同席して対応にあたることになった．

> **演習問題　調べてみよう・整理してみよう**
>
> ・scene5 前半の太字部分の援助者の対応は，第3章第3節内で述べた実践アプローチにおける技法を用いている．どのような技法を用いているのか，調べてみよう．
> ・村井さんが抱える生活課題について整理してみよう．また，現在どのような状況のなかで子育てと仕事をしているといえるだろうか，自分なりの言葉でまとめてみよう．

scene 6　事態の好転から援助の終結へ

　その後，村井さんと保育士との面接は継続された．3か月ほど同じ状態が続き，その間，保育士たちは面接や日々のかかわりを通じて，育児や就職活動の苦労をねぎらい，育児のヒントをともに見つけ，頑張りを励ました．

　そのうち，村井さんに新しい仕事が見つかり，夫の仕事もまた軌道に乗りはじめた頃から，村井さんとの面接の内容に，新しい仕事のことや，いら立ちよりも子どもに対するポジティブな発言がみられるようになった．ユキトくんも少しずつ行動ではなく言葉で伝えることができるようになり，そんなときには村井さんと保育所全体が協力してユキトくんをほめる，という共通した対応を取るようにした．ユキトくんの乱暴は少しずつ少なくなっていった．そこで，村井さんとこれまでの経過を振り返り，話し合った結果，この面接をいったん終結することになった．

5章 事例分析

> **演習問題 考えてみよう**
> - scene6の援助内容から，ユキトくんや村井さんを取り巻く全体状況がどのようにアセスメントされ，どのような支援目標や援助計画が立案されたのかグループで考えてみよう．
> - この面接を終結するときの保育士の対応として，どのようなことが必要になるだろうか，グループで具体的に考えてみよう．

2 虐待への対応

p.219-230 参照

- 子ども虐待への対応については，近年の虐待件数の増加により従来の利用者を尊重するソーシャルワークのあり方だけでなく，**介入型のソーシャルワークを取り入れた対応が検討**されている．
- 才村（2005）は，緊急を要する子ども虐待への対応には，バイスティックの7原則では限界や逆効果の場合もあるとして，虐待ソーシャルワークの7原則を次のように述べている．

▶ ①「**介入性**」：子どもの安全と福祉の確保のための，立入調査や保護者の意に反した強制的介入
▶ ②「**迅速性**」：迅速な児童の安全確認および必要な場合の一時保護
▶ ③「**権利性**」：子どもと保護者双方の権利保障のバランス調整とそのための権利性に対する意識化
▶ ④「**客観性**」：利用者の主観的事実に影響されない事実関係の客観的・多面的把握
▶ ⑤「**主導性**」：虐待の告知や問題性の指摘など，援助者主導の展開
▶ ⑥「**専門性**」：自ら声を発することのできない子どもの立場・心理の理解と代弁，一旦崩壊した保護者との信頼関係の修復
▶ ⑦「**開放性**」：関係機関や親族などとの連携や社会資源のコーディネート，および外に開かれた援助姿勢

オレンジリボン運動

オレンジリボン運動とは，「『子ども虐待のない社会の実現』を目指す市民運動」であり，2004年に栃木県で起こった3歳と4歳の兄弟の虐待死亡事件をきっかけに始まったものである（「オレンジリボン運動公式サイト」より）．現在は，特定非営利活動（NPO）法人児童虐待防止全国ネットワークが総合窓口として，国や地方自治体などとも連携しながら虐待防止をよびかける運動や啓発活動を進めており，学生による「オレンジリボン運動」への資料提供なども行われている．なお，オレンジリボンのオレンジ色は，子どもたちの明るい未来を表したものである．

- これらは児童相談所による対応を想定したものであり，保育士による虐待への対応の場合にはすべて該当するわけではない．しかし，虐待という子どもの危機状況において，これらの対応の必要性を意識しておくことが大事である．

演習問題　調べてみよう

- もしも，子どもに対する村井さんの対応がエスカレートして虐待を疑う場合，保育士はどこにつないでいくことができるのか，グループで調べてみよう．
- あるいは，村井さんが夫からのDV被害を受けていることを告白し，事態を打開したいという意向を示したとき，どのような機関を紹介することができるのか，グループで調べてみよう．

5-2 障害のある子どもとその保護者への支援に関する事例分析

> **学習のポイント**
> 1. 事例を通して「援助者としての対応」,「協働・連携」,「社会資源の活用」とこれらにおける「保育士の役割」について理解する.

1 苦情対応をきっかけに専門機関へとつながったケース

scene 1　対応の誤りによる保護者の傷つき体験

　東保育園の保育士たちは4歳3か月になるサトシくんの発達の遅れが気がかりだった. サトシくんは体の使い方がぎこちなく表情も乏しい. 環境の変化にも敏感で, 言葉が少なく発音も明瞭でなかった. 保育士が母親の石井さんにそれとなく状況を伝えても,「そうですか…でもサトシは3月生まれだし, 私はあまり気にしていません」と答えるのみで, 懸念をわかっていないように見受けられた. そのため, 特に担当の藤森保育士は石井さんにいつも心配な点を伝えていた. **石井さんにわかってもらおうと, 必死に保育園内のサトシくんの様子を伝え続けた.**

　一方, 石井さんは, **毎日藤森保育士と顔を合わせるのが憂うつだった.** 初めての育児, サトシは同年代の子どもと比べて体も小さく, 健診でも発達の遅れを指摘された. すべてが心配だったが, その不安を煽るような藤森保育士の言葉に石井さんは傷ついていた. そこで石井さんはサトシくんが入園する前にこの保育園の子育てひろばでお世話になった, 鈴木保育士に, 藤森保育士とのことを相談してみた.

　鈴木保育士は「もう少し様子をみても大丈夫じゃないかな. 藤森先生はこうと思ったことがすぐ口に出ちゃうから, 勘弁してあげて」と返答した. 石井さんは鈴木保育士に大丈夫と言われて安堵したが, 一方で, なぜ藤森保育士のような人をクラス担当にしているのかと, 保育園に対する疑問や怒りを感じた.

> **演習問題 考えてみよう・話し合ってみよう**
>
> - 藤森保育士の言葉に傷ついている石井さんの気持ちを踏まえて，太字部分のような発言をする石井さんの気持ちについて考えてみよう．
> - そのうえで，藤森保育士の言葉が石井さんに伝わるために，どのような対応や情報の伝え方が必要となるか考えてみよう．
> - 鈴木保育士の対応の不適切な点について考えてみよう．また，どのような対応が適切なのか話し合ってみよう．

scene 2　保護者の怒りへの対応

　次の日の迎えのときも，藤森保育士はその日の様子を石井さんに伝えた．すると，いつも同じ返事の石井さんが「うちの子に障害があるって言いたいんですか！」と藤森保育士をにらみつけながら言った．突然の石井さんの反応に驚いた藤森保育士は，「そんなことは言っていません！　私はただ，こちらでのサトシくんの様子を…事実を言っているだけです」と弁解したが，石井さんは返事をせずにサトシくんを連れて帰って行った．**藤森保育士はこの日のことを主任や園長に報告しなかった．**

> **演習問題 考えてみよう・話し合ってみよう**
>
> - 藤森保育士はなぜ報告をしなかったのだろうか．その理由を考えてみよう．
> - また，藤森保育士が適切に報告をすることができるために，園としてどのような取り組みが必要となるか考えてみよう．

scene 3　苦情への対応

　翌日,石井さんの夫から保育園に苦情の電話があった.苦情の内容は,昨夜石井さんが泣きながら保育園でのことを話したが,自分も本当にひどい話だと思っている.特に藤森保育士の発言は許せない.藤森保育士の口の悪さは他の保育士も知っているようだが,保育園側もそれをわかってクラス担当にしているのは問題だ,というものだった.

　対応に出た園長は,保育士や園の対応によって両親を不快な気持ちにさせてしまったことをまず詫びた.そして,状況について確認をしたうえで話し合いの機会をもちたいので,近日中に保育園に来てもらえないだろうかと依頼した.夫は了承して電話を切った.

p.207 参照

演習問題　調べてみよう

- 苦情に対する対応の仕方や施設での取り組みについて文献などを用いて調べてみよう.

scene 4　家族面接での気づき

　次の日の夕方，石井さん夫婦が緊張した面持ちでやってきた．冒頭で園長は今回の件について改めて謝罪をし，藤森保育士や鈴木保育士から事実関係を確認したが，各保育士の対応が不適切だったこと，また保育園として情報や方針の共有体制が不十分だったことなどを詫びた．そのうえで，保育園として懸念していることを慎重に言葉を選びながら伝えた．しかし，石井さんの**夫からは，「サトシは成長が少し遅いだけなのだから，思い込みの発言はやめてほしい，言動には十分気を付けてほしい」との発言**があった．石井さんは，「サトシがお世話になっているし，わかってくれればいいです」と言葉少なに語ったが，同席していた木村主任保育士は，**夫が発言しているときの石井さんの表情が固いことに気づいた**．

演習問題　考えてみよう

- 夫の発言と石井さんの表情から，どのようなことが推測できるだろうか．
- また，この夫婦の関係性や役割をどのように読み取ることができるだろうか．

scene 5　母親の悩みに共感し一緒に考えていく

　数日後，木村主任保育士は園長と相談のうえ，迎えに来ていた石井さんに声をかけた．その後の様子を確認した後，先日の面接で石井さんの表情がさえなかったことに触れ，何か言いたいことがあったのではないかと尋ねた．石井さんはしばらく迷ったあと，藤森保育士の言い方は今でもひどいと思っているが，言っていたことは実は自分も思い当たることだった．気づいていながら避けてきたことを藤森保育士に指摘されているようで腹が立ったのかもしれないということを述べた．

　木村主任保育士は，よければその話をもう少し詳しく伺いたいので，時間がとれるかどうかたずねた．石井さんが了解したため，後日面接が設定された．

　面接には園長も立ち会った．木村主任保育士は，**石井さんの思いや苦しさに配慮し，共感的に受け止めながら，サトシくんのどのようなことが気になっているのかを聞いた**．石井さんは，サトシくんの言葉が遅いことが一番気になっているとのことだった．

　木村主任保育士は，石井さんの不安を受け止めつつ，これまでどのようにこの不安に向き合ってきたのかと尋ねた．石井さんは「みないようにしてきました」と，寂しく笑った．園長が「一人で抱えてきたのですか」と聞くと，石井さんはポツリポツリと語り始めた．それによると，サトシくんが3歳を過ぎた頃，思い切って言葉の遅れのことを夫に相談してみたが，「気にし過ぎ」と簡単に言われ，カッとなって夫を責めたら，夫から「サトシを障害児にしたいのか！」と強く叱られた．それ以来，夫には言っていない．夫の母には「あなたがちゃんと話しかけてあげていなかったんじゃない？」と言われ，自分の育児の仕方が悪かったのではないかと思うようになり，自分もあえて触れないようにしてきたとのことだった．

　園長は石井さんに「私はこの春からここに赴任したから，石井さんとはこの数か月だけのお付き合いです．でも，サトシくんの様子やこれまでの記録をみれば，石井さんがサトシくんを一生懸命大事に育ててきたことはよくわかりますよ」と伝えた．石井さんは涙を流していた．

　その後，**保育園では情報の共有と，あらためてサトシくんの発達状況や園の方針について園全体で検討を行った**．また，園医や保健センターに相

談をするなどしたが，明確な見解は出ず，意見も分かれた．結局は石井さんがサトシくんをつれて直接専門機関を訪ねるしかなかった．

　石井さんに以上のことを伝え，いくつかの機関を紹介した．しかし，石井さんは決断できない様子だった．サトシをつれて行くにも夫に内緒にすることはできないし，また夫から責められるのではないかと強い不安を訴えた．

　木村主任保育士は，これまで子育てのことについて誰か話せる人はいたか，または何かに本当に困ったときにはどうしてきたのかということを石井さんに尋ねた．石井さんは，悩み事はあまり人には話さないタイプだが，職場の先輩と母親に子育てのアドバイスをもらってやってきたこと，本当に困ったときには信頼できる人に相談して意見をもらい，最後は自分が決断していたと話した．

演習問題　考えてみよう・話し合ってみよう

- scene5 前半の太字部分の面接で，対応する際の姿勢や表情，石井さんにどのような言葉をかけるかなど，具体的に考えてみよう．
- 石井さんがサトシくんの不安な点を「みないようにしてきた」背景にどのような事情があると考えられるだろうか，グループで話し合ってみよう．
- 保育園全体で情報や方針を共有することの意義について考えてみよう．

> **演習問題 調べてみよう**
>
> ・発達や障害について相談を受けたり診断を行う専門機関にはどのような機関があるかグループで調べてみよう．

scene 6　他機関と連携して親子を支えていく

　園長と木村主任保育士は石井さんと一緒に，サトシくんの健やかな成長のために必要なことをするという共通目標のもと，この状況を打開するためにはどうしたらよいかを検討した．その結果，これまで親しく行き来している石井さんの母親に立ち会ってもらい，石井さんが夫にサトシくんの状況と石井さんの気持ちを伝え，そのうえで，園長から夫に話をすることになった．

　その後，夫の理解を得て石井さんはサトシくんを連れて専門機関を受診した．その結果，サトシくんは軽度の発達障害疑いと診断され，「ことばの教室」が紹介された．この診断は石井さんと夫にはショックだったが，軽度であることや医師の適切なアドバイスもあって，落ち着いて受け止めることができた．しかし，夫の母はこの事実を認めることができず，石井さんを責めるような発言が続き，石井さんは自信を失うこともあった．しかし，園長や木村主任保育士をはじめ，保育園全体で石井さんの支えとなった．

p.209-210 参照

　さらに石井さんは，思い切って職場の先輩にこのことを打ち明けてみた．すると先輩は，「私の親友の子どもも『ことばの教室』に通っているのよ」と石井さんの話を受け止めてくれた．石井さんは自分やサトシだけではないんだ，ほかにもそんな人がいるんだと気持ちが軽くなった気がした．

　「ことばの教室」に通うにあたり，保育園では石井さん夫婦の了解のもと，**これまでのサトシくんの経過や石井さんの状況などについてまとめ，情報提供を行った**．また，「ことばの教室」でのかかわりを保育園でも実践すべく，対応を協議することとなった．

演習問題　考えてみよう・つくってみよう

- この事例から読み取れる情報を使って，石井さんの状況についてのまとめをつくってみよう．
- また，よりよい情報提供を行うために，不足している情報がないか考えてみよう．
- この事例における保育士の役割について考えてみよう．

5-3 ロールプレイ, フィールドワークなどによる事例分析

> **学習のポイント**
> 1. 事例をもとに利用者や援助者など人物を設定し，援助場面を実演してみることで体験としての学習を行う．
> 2. 体験を通して得た自己・他者の理解および学びを言語化・共有する．

1 援助場面のロールプレイ

ロールプレイとは

- ロールプレイとは，自分ではない誰かの役割を演じることによって，人間理解や関係性のもち方，社会スキルの向上を図るトレーニング方法であり，実践者養成においては**援助者を演じてみることで援助者としてのスキルの向上を目指すもの**である．

ロールプレイの意義

- ロールプレイでは普段の自分ではない誰かを演じることになるため，普段できることもぎこちない対応になってしまうことがある．
- しかし，ロールプレイを通して他者の視点を体験することや誰かを演じるということは援助者にとって非常に重要なことである．

誰かを演じるということの効果

- 誰かを演じるということは，その他者になれるように自分をコントロールすることであり，それは同時に自分自身を客観的にみつめることである．
- このことは，「私」が「私」という存在を一つの「対象」としてとらえることであり，客観的な目で自分をとらえる自我の広がりを意味するとされている．
- これは，自分の実践について多面的に振り返り，さまざまな視点から状況をとらえることが求められる，社会福祉の対人援助専門職には，自分をコントロールしたり，自分自身を客観的にみつめるために必須の能力であり，ロールプレイは対人援助専門職を目指す者にとって有効なトレーニングの機会となるのである．

> **演習問題　実践してみよう**
> ・5-1，5-2において示されている事例の一場面を切り取って，利用者や保育士として実際に実践場面を演じてみよう．

2　絵本を活用してピアサポートグループ形成したケース

　p.213-218 参照

scene 1　地域における保育所の機能

　月の国保育所は子育て支援センターを併設しており，地域の子育て支援の役割を担っている．そこで働く山本保育士は「子育てひろば」の担当保育士として，子育て家庭の相談を受けたり，サロンの運営などを行ってきた．

　月の国保育所のある地域は，昔からその土地に住む人々の住宅とその周辺を囲むように立ち並ぶアパートやマンション群の2層に分かれており，マンションに住む人々は単身者・共働きも多く，同じマンションに住みながらも住人同士の交流はほとんどなかった．そのため，子育てに関する相談だけでなく小さな子どもをもつ親が日常的に活用でき，交流やつながりをもてる場としての機能を月の国保育所が担っていた．

　山本保育士が担当しているサロンでは毎日午前と午後の時間帯に，0歳から3歳くらいまでの子どもとその母親が来所し，保育所の空き教室で思い思いに遊んだり，子育て講座を受けたり，保育所に通う子どもや地域の老人クラブ，ボランティアらとの交流を行っていた．同じ曜日の同じ時間帯にくる子どもの親同士で仲良くなる傾向があり，2～3人の小さなグループがいくつかできていたが，大体が同じ年齢の子どもをもつ親同士のつながりで，ほかの年齢の子どもをもつ親やほかの曜日の親子とのつながりに発展することはなかった．

　その日，先月からサロンに来ている西さんはいつにも増して疲れた表情をしていた．山本保育士は西さんがサロンに来ても，子どもとばかり遊んでいたり，子どもがほかの子どもと遊んでいるときには一人でポツンと座っていて，なかなかグループに入っていけないことが気がかりだった．西さんがサロンに来たのは，家のなかで孤立した育児をしていた西さんを心

配した保健センターの保健師の紹介がきっかけだったが，その際，保健師から西さんがなかなか育児に前向きになれず，抑うつ気味であることを知らされていた．

　山本保育士はどうにか西さんにサロンに来続けてほしいと思い，折をみては話しかけ，ほかの親子との間を取り持とうとしたが，西さんはなかなか打ち解ける様子がなかった．山本保育士は西さんがどうにかほかの利用者との交流ができるような，何かの取り組みができないかと思案していた．

scene 2　孤独に寄り添う

　次の週，山本保育士は，部屋の隅で一人で絵本を読んでいる西さんに気がついた．西さんがみていた絵本は，子ども向けの絵本ではなく，山本保育士が保育所に申請をして購入した，親向けの絵本だった．西さんはパラパラとめくってみていたがあまり関心のある様子ではなかった．そこで，山本保育士は本棚からほかの絵本も何冊か持ってきて，「一緒にみてもいいですか」と隣に座った．

　何も言葉を交わさずただ並んで絵本をみていたが，3冊目の絵本になったとき，ページをめくる西さんの手がゆっくりになっていった．それは，赤ちゃんの目線から母親の苦しみ・育児の苦しみにふれている内容だった．
　「どうか，わたしの存在を疎まないでください」と書かれているページに差しかかったとき，西さんが鼻をすする音が聞こえた．山本保育士が顔を上げると，涙をいっぱい目に溜めた西さんがじっとそのページをみていた．

　「育児は辛いですか？」と山本保育士は優しく聞いた．西さんは「でもそ

れだと母親失格ですよね」と小さな声でささやいた．山本保育士は何か声をかけようと思ったが，なぜか涙が出てきてしまい，あわててティッシュを取り二人で涙を拭いた．

　気が付くと部屋がしーんとして，ほかの母親たちがこちらをみていた．山本保育士ははにかんで，「涙の原因はこれです．この本を読んでいたら，何だか泣けてきてしまって」と絵本を持ち上げた．母親たちは，どれどれと集まってきた．いつの間にかみんなで絵本を読むことになり，なかには一緒に涙ぐむ母親もいた．そして誰ともなく，それぞれの育児の辛さやすぐに母親になれない葛藤などを語りだした．西さんも孤独な日常を語った．西さんの話はほかの母親たちにも共通するところがあったようで，みんな頷いて西さんの話を聞いていた．

　山本保育士はほかの時間帯や曜日の母親にも今日のことを紹介して，絵本を介して育児の辛さや母親であることの葛藤を語り合う時間をつくった[*1]．

　そのうち，母親たちの間で「私たちの思いを詩や絵にしてみよう」という話が持ち上がり，子どもたちのお絵かきの時間に合わせてサロンのなかでの取り組みの一つとなっていった．西さんは絵を描くのが上手く，取り組みの中心となっていった．

[*1] そのほか，映画（映像）の活用なども方法として挙げられる．たとえば，映画「うまれる」（監督・豪田トモ〈2011〉）がある．これは「子どもを産む（または死産する，あるいは産めない）」という体験が与えてくれる意味について，当事者たちの語りから描いたドキュメンタリー映画である．「子どもという存在」との出会い（あるいは出会えないこと），子どもを迎えることから起こるさまざまな思いが数組の夫婦によって語られている．また，映画「そして，父になる」（監督・是枝裕和〈2013〉）では，一人の父親が本当の"父"になる"までの道のりと共に，「子ども」という存在の脆弱さと強さ，大きさが描かれている．これらの映画から，「親」とは，単に子どもを得て，一方的に愛情を注ぐことによってなれるものではなく時間をかけて，また「子ども」から愛をはじめとした多くのものをもらうことで，少しずつ親になってゆくことがわかるだろう．「子どもをもつということ」，「親になるということ」を考えたり話し合ううえでのきっかけとして，利用者支援への活用だけでなく，ぜひ保育士を目指すみなさんにも観てほしい映画である．

p.164-167 参照

5章 事例分析

scene 3　サポートグループの結成へ

　その後，山本保育士の協力のもと，サロンとは別にサポートグループが結成された．最初はテーマを母親に限定していたが，その内，親・子・女性・男性・生き方など，さまざまなテーマが話し合われ，それが詩や絵になっていった．

演習問題　探してみよう・調べてみよう

- 親になるということ，子どもを育てるということ，などのテーマで絵本や本をグループで探してみよう．
- 皆さんの住む地域には市民で結成している母親サークルやグループなどはあるか，グループやその成り立ちなどをグループで調べてみよう．

引用・参考文献

- G. H. ミード著．河村望訳．精神・自我・社会（デューイ＝ミード著作集）．東京：人間の科学社；1995.
- もっち．おかぁさん．東京：ナツメ社；2011.
- 才村純．子ども虐待ソーシャルワーク論－制度と実践への考察．東京：有斐閣；2005.
- 映画「そして、父になる」（是枝裕和監督・2013）公式サイト．
  http://soshitechichininaru.gaga.ne.jp/
- 映画「うまれる」（豪田トモ監督・2010）公式サイト．
  http://www.umareru.jp/
- 厚生労働省ホームページ（子ども・子育て　児童虐待防止対策）
  http://www.mhlw.go.jp/stf/seisakunitsuite/bunya/kodomo/kodomo_kosodate/dv/index.html
- オレンジリボン運動公式サイト（NPO法人児童虐待防止全国ネットワーク）
  http://www.orangeribbon.jp/

保育相談支援

小橋明子

保育相談支援

はじめに

　保育者を目指す多くの学生は子どもをかわいいと感じ，その発達と成長を支えたいと願っている．しかし近年，保育現場では「子育てに関する悩み」「障害のある子どもの養育に関すること」「保護者自身の悩み」など，保護者が抱える問題は複雑で多様化してきている．

　保護者が抱える問題に対して保育者は，個々の家庭の背景における複雑な環境および心理状態を念頭におき，真摯に保護者の気持ちを受け止め，従来の保育の専門性を生かしながら，保護者対応の知識や技術も身につける必要が出てきた．

　2008年3月の『保育所保育指針』の改定（告示）では，「保育所は，入所する子どもを保育するとともに，家庭や地域のさまざまな社会資源との連携を図りながら，入所する子どもの保護者に対する支援および地域の子育て家庭に対する支援を行う役割を担うものである」と明記している．

　併せて，保育士の役割として「児童福祉法第18条の4の規定を踏まえ，保育所の役割及び機能が適切に発揮されるように，倫理観に裏付けられた専門的知識，技術及び判断をもって，子どもを保育するとともに，子どもの保護者に対する保育に関する指導を行うものである」と明記している（保育所保育指針解説書）．

　学生は，卒業して現場に出ると「先生」とよばれる立場になるが，保護者の多くは新人の保育士より年上であり，しかも社会経験が豊富である．

　保護者から新人保育士が相談を受けるときには，「何らかの保育指導をしなければならない」と気負い過ぎずに，まず，保護者の話を「聴く」ことが重要である．それにより，保護者自身が自らの問題をみつめ，その気持ちを整理・明確化させ，問題解決に至ることがある．

　「支援する」ということは，相手が成長する手助けをすることで，その人の成長を信じて，必要なときだけ手を貸し，見守ることであり，他者が何かをその人に代わってすることではないので，保育者は保護者の不安や悩みをしっかりと受け止めていくことが大切である．

　つまり，保育士には，子どもの発達支援や生活支援に加え，家族支援や地域の養育力の向上など，ミクロレベル（個別・家族）からメゾレベル（地域）までの幅の広い視点で援助することが求められている．

本書では実際の保育現場における保護者に対する相談支援の実践事例を多く取り上げ，その具体的な知識や技術を学ぶとともに，文中の専門用語や関係する事柄を解説し，学生が関心をもって学ぶことができるようにした．

札幌大谷大学短期大学部　保育科　准教授
小橋明子

テキスト全体の流れ

① 保育相談支援の基本を知る

1章　保育相談支援とは

保育相談支援の導入経過から今，保育士に求められていることを学ぼう．

- 1-1　保護者に対する保育相談支援の意義
- 1-2　保育相談支援の対象
- 1-3　家族の変化と保育相談支援

2章　保育相談支援の基本

- 2-1　子どもの最善の利益と福祉
- 2-2　子どもの成長の喜びの共有
- 2-3　保護者の養育能力の向上
- 2-4　地域資源の活用と関係機関との連携・協力

② 保育相談支援の実践・事例から具体的に考える

3章　保育相談支援の実際

保育相談支援過程を学ぼう．

- 3-1　保護者支援における保育者の役割

4章　児童福祉施設の保育相談支援

- 4-1　児童福祉施設における種別
- 4-2　児童福祉施設（保育所以外）における保育相談支援の視点
- 4-3　障害児施設などにおける保育相談援
- 4-4　保育所における保育相談支援
- 4-5　地域で子育てしている保護者の保育相談支援
- 4-6　特別な対応を要する家庭への支援
- 4-7　保育所以外の児童福祉施設の保育相談支援

③ 資料で調べる

● 各章の学習を進めるうえで参考とする．

- 資料1　要保護児童対策協議会に参加する代表的な関係機関
- 資料2　児童手当制度
- 資料3　母子保健対策
- 資料4　全国保育士会倫理綱領
- 資料5　児童福祉施設の種類と内容

目次 | Contents

保育相談支援

1章　保育相談支援とは … 133

- 1-1　保護者に対する保育相談支援の意義 … 134
  - ❶ 保育相談支援の導入経過 … 134
  - ❷ 保育士資格の法定化と業務について … 135
  - ❸ 保育相談支援と相談援助の関係 … 135
  - ❹ 保育相談支援のねらい … 136
- 1-2　保育相談支援の対象 … 138
  - ❶ 児童福祉施設入所者の保護者 … 138
  - ❷ 地域で家庭保育している児童の保護者 … 138
- 1-3　家族の変化と保育相談支援 … 140
  - ❶ 家族構成の変化 … 140
  - ❷ 世帯数と平均世帯人員 … 141
  - ❸ ひとり親世帯の増加 … 141
  - ❹ 働く女性の増加 … 142
  - ❺ 共働き家庭の増加による要保育児童の増加 … 143
  - ❻ 子どもの環境の変化と子育て事情 … 144

2章　保育相談支援の基本 … 151

- 2-1　子どもの最善の利益と福祉 … 152
  - ❶ 子どもの権利擁護 … 152
  - ❷ 児童虐待 … 153
  - ❸ 子どもの権利に関する法的制度などについて … 158
  - ❹ 子育て支援施策の流れと子育て支援事業 … 159
- 2-2　子どもの成長の喜びの共有 … 161
  - ❶ 保護者の理解を深める … 161
  - ❷ 子どもの成長や発達を喜ぶ … 162
  - ❸ 子どもの理解の促進 … 163
- 2-3　保護者の養育能力の向上 … 164
  - ❶ 親になるには … 164
  - ❷ 親自身の「生きる力」を大切にする … 165

　　　　　❸ 知識や気づきの提供(行動見本の提示，物理的環境構成) ……………… 166
　　　　　❹ 保育士の専門的価値や倫理 ……………………………………………… 168
　　　　　❺ 援助を求めない保護者とのかかわり …………………………………… 171
　　　　　❻ 親同士のつながりを支援する …………………………………………… 172
　　　　　❼ ひとり親家庭への支援 …………………………………………………… 175
　　　2-4　地域資源の活用と関係機関との連携・協力 ……………………………… 176
　　　　　❶ 子育てに関係する資源 …………………………………………………… 176
　　　　　❷ 連携や協力の対象となる社会資源や関係機関 ………………………… 176
　　　　　❸ 地域の関係者からの情報提供 …………………………………………… 178
　　　　　❹ 連携してネットワークをつくる ………………………………………… 179
　　　　　❺ 民生委員・主任児童委員とは …………………………………………… 181

3章　保育相談支援の実際 …………………………………………………… 183

　　　3-1　保護者支援における保育者の役割 ………………………………………… 184
　　　　　❶ 親の応答性や育児行動の関係 …………………………………………… 184
　　　　　❷ 保育相談支援の内容 ……………………………………………………… 186
　　　　　❸ 保育相談支援の方法と技術 ……………………………………………… 187
　　　　　❹ アセスメント，プランニング，エバリュエーションの視点 ………… 194
　　　　　❺ カンファレンス …………………………………………………………… 197
　　　　　❻ 保護者支援の記録 ………………………………………………………… 197

4章　児童福祉施設の保育相談支援 ……………………………………… 201

　　　4-1　児童福祉施設における種別 ………………………………………………… 202
　　　　　❶ 入所型と通所型 …………………………………………………………… 202
　　　4-2　児童福祉施設(保育所以外)における保育相談支援の視点 …………… 203
　　　　　❶ 親育ちの支援 ……………………………………………………………… 203
　　　　　❷ 家族との交流 ……………………………………………………………… 204
　　　　　❸ 子どもや保護者の置かれている状況を理解する ……………………… 205
　　　　　❹ 保護者と子どもの新たな関係づくりの構築を図る …………………… 205
　　　　　❺ 児童養護施設の子どもへの支援 ………………………………………… 206
　　　　　❻ 苦情への対応 ……………………………………………………………… 207
　　　4-3　障害児施設などにおける保育相談支援 …………………………………… 208
　　　　　❶ 法律による障害の定義 …………………………………………………… 208
　　　　　❷ 障害児保育の保護者支援の視点 ………………………………………… 209
　　　4-4　保育所における保育相談支援 ……………………………………………… 211
　　　　　❶ 保育所に入所している保護者に対する支援の特徴 …………………… 211
　　　4-5　地域で子育てしている保護者の保育相談支援 …………………………… 213
　　　　　❶ 地域における子育て支援の例 …………………………………………… 213
　　　　　❷ 子育て支援者の役割 ……………………………………………………… 213

❸ 園庭開放 …………………………………………………………… 213
　　　❹ 子育て支援センター ………………………………………………… 215
　4-6　特別な対応を要する家庭への支援 …………………………………… 219
　　　❶ 虐待予防の基本的なかかわり方 …………………………………… 219
　　　❷ 虐待に至るリスク要因 ……………………………………………… 220
　　　❸ 虐待の早期発見のチェックポイント ─保育所，幼稚園，学校など─ … 221
　　　❹ 虐待の通告義務 ……………………………………………………… 222
　　　❺ 緊急時の対応 ………………………………………………………… 222
　　　❻ 児童虐待対応における児童相談所の主な権限 …………………… 223
　　　❼ 初めて親からの相談を受けたときの考え方 ……………………… 224
　　　❽ 保育所・幼稚園などにおける対応の流れ（例）…………………… 225
　　　❾ 要保護児童対策地域協議会について ……………………………… 226
　4-7　保育所以外の児童福祉施設の保育相談支援 ………………………… 228
　　　❶ 乳児院や児童養護施設などの入所施設 …………………………… 228
　　　❷ 母子生活支援施設 …………………………………………………… 229

　　　資料 ………………………………………………………………………… 231

本項の"case"に記載されている，人名・施設名はすべて仮名です．

保育相談支援

第1章

保育相談支援とは

- 工業化の進展による都市への人口集中は，核家族の増加と地域のコミュニティー機能を弱体化させ，親や子どもの環境を大きく変えた．さらに，人々は豊かな生活を目指し，大学の進学率は向上し，晩婚化，女性の社会進出が進んでいる．そのため現在の親たちも少子化の時代に育ってきている．

- 親も家庭内や地域での子どもや大人との豊かなふれあいの経験が少なく，しかも近代化された生活で効率性や合理性を重視した生活を送ってきており，マニュアルどおりにいかない育児に対し親の負担感や不安感が強い．以上のことから，子育ての第一人者である親が安心して子育てができるように保育士の専門性を生かした支援をすることが期待されている．

- 本章では，保護者や子どものおかれている現状を把握し，保護者支援のあり方を具体的に学ぶ．

- 保育士は，資格の法定化による名称独占の責務を受け止め，保育の知識や技術をベースにソーシャルワークの技術を網羅して，保護者支援にあたるよう国から求められてきている．

1-1 保護者に対する保育相談支援の意義

> **学習のポイント**
> 1. 保育相談支援の導入経過について学ぶ.
> 2. 保育士資格と業務規定について学ぶ.
> 3. 保育士の専門性を生かした保護者支援である保育相談支援とは何か.
> 4. 保育相談支援と相談援助の関係を理解する.
> 5. 保育相談支援のねらいを理解する.

1 保育相談支援の導入経過

*1:2008年,保育所保育指針の改定:第6章「保護者に対する支援」.

- 保育士資格の法定化[*1]により保育士の業務に「児童の保護者に対する保育に関する指導」が規定され,新保育士養成課程に「保育相談支援」が導入されるまでの経過は以下の通りである.

    ① 2001年→児童福祉法の改正で保育士資格の法定化. 2003年から施行.
    ② 2002年→厚生労働省ブロック別研修会「新しい保育士のあり方に関する研修会」
    ③ 2002年→子育て支援に関連して保育士養成課程に「社会福祉援助技術(演習)」が導入される.
    ④ 2008年→厚生労働省の「保育所保育指針解説書」では,「児童の保護者に対する指導」を「保育指導」とし,「保育指導とは,子どもの保育の専門性[*2]を有する保育士が保育に関する専門的知識・技術を背景としながら,保護者が求めている子育ての問題や課題に対して,保護者の気持ちを受け止めつつ,安定した親子関係や養育力の向上を目指して行う子どもの養育(保育)に関する相談・助言,行動見本の提示その他の援助業務の総体」であると定義している.
    ⑤ 2010年→保育士養成課程が改正され「保育相談支援」が導入され,2011年度の入学生から教授される.

*2:保育士の専門性を生かした保護者支援にはどのようなことがあるか.

2 保育士資格の法定化と業務について

- 保育士資格の法定化の背景には，資格の詐称や，保育施設内での虐待などの問題がある．これまでの保育士資格は児童福祉法施行令で定められた児童福祉施設で働くための任用資格であり，無資格者が保育士を偽証しても罰することができなかった．
- 保育士資格の法定化（児童福祉法第18条の4）により❶のように規定された．

❶ 保育士資格の法定化

①「保育士の定義」
児童福祉法第18条の18第1項の登録を受け，保育士の名称を用いて，専門的知識及び技術をもって児童の保育及び保護者に対する保育に関する指導を行うことを業とする者．
②保育士資格の名称独占化（名称独占）
- 登録制度の導入（18条の18第1項）
- 無資格者が「保育士」を名乗ることを禁止（18条の23）

「保育士の業務の追加」（18条の4）
子育ての基盤となる家庭の機能が低下してきていることから，「保護者への保育に関する指導」が追加．
- 義務規定
①信用失墜行為の禁止（18条の21）
②守秘義務（18条の22）※違反者は資格取消又は名称使用の禁止．
③知識技能の習得（48条の2第2項）

＊2010年10月時点での保育士登録者数は102万4,139人．

保育所における2つの保護者支援

- 保育所における保護者に対する支援は2つあり，1つは入所している子どもの保護者に対する支援と，もう1つは保育所を利用していない子育て家庭を含めた地域における支援である．前者に関しては，本来業務の中心の機能を果たすが，後者に関しては本来業務に支障のない範囲において，その社会的役割を十分自覚し，他の関係機関やサービスと連携を図りながら保育所の機能や特性を生かした支援を行う．このことから保育士の業務は，家族・地域などの社会の変化を受けて施設の子どもや保護者に対する支援から，すべて（地域）の子どもと保護者に対する支援へと拡大された．

3 保育相談支援と相談援助の関係

- 児童虐待や障害児支援など，家族全体の支援を行うときは，保育や保育相談支援だけでは不十分であり，家族全体に対するアセスメント（課題分析）や関

1章 保育相談支援とは

> **生活課題**
> 生活のなかで生じる悩みや不安のこと．

> **社会資源**
> 援助を実施する際に活用する制度，人材，設備，施設，機関，団体などをいう．

> ＊3：新保育士養成課程においては，2008年の社会福祉士養成課程の改正により従来の「社会福祉援助技術」が「相談援助」とされたことにより，「相談援助」の名称を用いることとなった．

係機関との連携・調整などのソーシャルワークの技術が必要となる．保育所保育指針解説書に，ソーシャルワークの一部は保育士の業務が含まれていることを提起している．

- ソーシャルワークとは「生活課題を抱える対象者と，対象者が必要とする社会資源との関係を調整しながら，対象者の課題解決や自立的な生活，自己実現，よりよく生きることの達成を支える一連の活動をいう」とある．また，対象者が必要とする社会資源がない場合は，必要な社会資源の開発や対象者のニーズを行政やほかの専門機関に伝えるなどの活動も行う．

- 保育所において，保育士らがこれらの活動をすべて行うことは難しいといえるが，これらのソーシャルワークの知識や技術の一部を活用することは大切である．保育所におけるソーシャルワークは，保護者が必要に応じて社会資源を活用しながら子育てができるよう支援するために，ソーシャルワークの知識や技術を学ぶ「相談援助」＊3が新保育士養成課程においても必修とされ，保育相談支援と相談援助の違いや相互連携に関する学習が必要とされている．

- 保育相談支援と相談援助（ソーシャルワーク）の関係は重複している部分がある（❷）．

❷ 相談援助と保育相談支援の関係

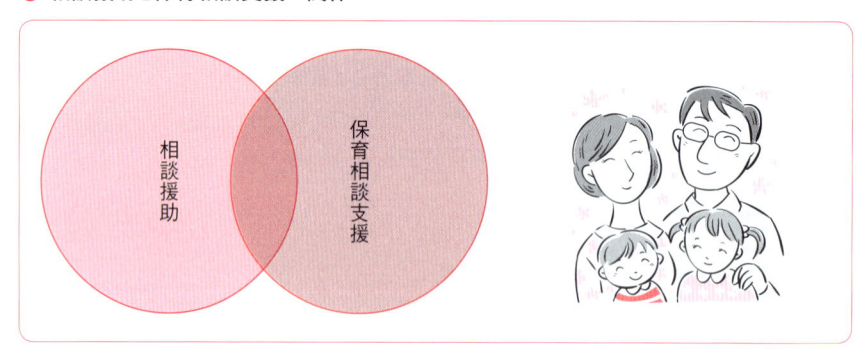

> **DV（ドメスティック・バイオレンス）**
> 夫婦，恋人，婚約者，同棲中のパートナー，元恋人，元夫婦などの緊密な関係において男性から女性（まれに女性から男性）に対して行使される暴力（暴言や身体的・性的暴力など）である．子どもへの影響も大きく，児童虐待防止法では子どもにDVをみせることも心理的虐待とされている．1997年にDV防止法が制定された．2011年内閣府男女共同参画局の調査では8万2,099件で毎年増加傾向にある．

4 保育相談支援のねらい

- 保育相談支援とは，おおむね就学前の乳幼児の保育に関して，保護者らの相談に応じることで，保護者が自ら考え，工夫して乳幼児を育てていくことができるように支えていくことである．

- 近年，「子どもとうまく遊べない」，「子どもに適した育児方法がわからない」，「育児協力者がいないので自分の時間がもてない」など，孤立した育児で悩んでいる保護者が増えている．さらに，障害を抱えた児の保育・経済的な困窮・DV（ドメスティック・バイオレンス）・虐待など，相談内容が複雑で多岐にわたることが多く，幅の広い知識や技術が求められている．

136

1–1 保護者に対する保育相談支援の意義

- 入園児童は，園と家庭という2つの生活拠点をもっており，保護者と保育者の関係づくりは子どもの発達を促す意味でとても重要である．しかも在園している期間は，子どもにとって人格などを形成する大事な時期でもある．その大事な時期にかかわっている**保護者が，安心して子育てに喜びがもてるよう支援することがねらいとなる**(❸)．保護者への相談・援助というのは，相手がすべきことを代行するのではなく，相手が一人でできるようになるまで手助けをしたり，時には一緒に動いたり，アドバイスしたり，励ましたりするなど，そのときの状況や保護者の対処能力(coping ability)によって具体的な援助方法は異なる．
- 基本的な姿勢としては，保護者が問題解決に向けて自己決定できるように保育者は側面的な援助をすることが大切である．

❸ 保育相談支援のねらい

【保護者】
- 子育てに関して他者の知識や力を借りる

自己決定

【保育者】
- 一緒に考えていく
- 親の子育ての自立を支援する
（私に任せなさい，代わりにやってあげる，私の言うとおりにしなさい，など支配的・同情的・指示的な対応はいけない）

支援のポイント
- 受容
- 信頼関係
- 個別性
- 自己決定
- 秘密の保持

参考：小林育子．演習 保育相談支援．東京：萌文書林；2010．

ウェルビーイング

ウェルビーイングとは「良好な状態」を意味する．個人が尊厳をもって家庭や地域のなかでその人らしい安心のある生活を送ることができるように支援することで実現される．

保育相談支援　第1章

1-2 保育相談支援の対象

> **学習のポイント**
> 1. 保育相談支援の対象は誰か．
> 2. 保護者とどんなかかわり方があるか考える．
> 3. 家族や子どもの置かれた状況について考える．

1 児童福祉施設入所者の保護者

- 保育所や障害児通所施設などは，保護者懇談会，保育参観や送迎時など日々，保護者とふれあう機会が多い．通ってくる子どもの様子から家庭の変化が読み取れたり，子どもの援助を通して保護者を援助することができるなど，継続的に保育相談支援を行うことができる．

2 地域で家庭保育している児童の保護者

- 都市化，核家族化が進んでいることから，在園時の保護者だけが相談支援の対象ではなく，地域で家庭保育している保護者も対象とする．**支援の場としては保育所の園庭開放や地域子育て支援センターや子育てサロンなどがある．**

❹ 保護者支援の場づくり

❶ 入所児童の保護者に対して
① 送迎時の日々のコミュニケーション
　（連絡ノート，掲示物，お便りなど）
② 保護者の参加
　（行事，運動会，懇談会など）
③ 保護者の自主活動の支援
④ 相談・助言

❷ 家庭保育の保護者に対して
① 施設や設備の開放（園庭開放など）
② 親子の参加（保育体験など）
③ 子育ての情報提供
④ 子育ての相談
⑤ 一時保育（保育所）
⑥ 保護者同士の自主的活動

> **演習問題　話し合ってみよう**
>
> ・入所児童の保護者，家庭保育の保護者について，それぞれの保護者支援の違いや共通点を考えてみよう．

1-3 | 家族の変化と保育相談支援

> **学習のポイント**
> 1. 家族構成の変化に対応した保育を考える.
> 2. 現代の子育て事情の問題を考える.
> 3. 保育力の低下の原因を考える.

家族が小規模化した原因を考えてみよう.

1 家族構成の変化

- **少子高齢化**に代表される人口変動は家族形態の変化も伴う. 近年, ひとり暮らし世帯とひとり親世帯が増加している(❺). 高齢者を含む世帯の典型例とされた「三世代世帯」は 1975 年には 16.9％であったが, 2010 年には 7.9％と大きく減少している. 家族形態のなかでも, 特に**核家族**(夫婦世帯, 夫婦と未婚の子, 片親と未婚の子)が増えている.

核家族の増加は, 高齢者介護ではどんなことが問題となるか考えてみよう.

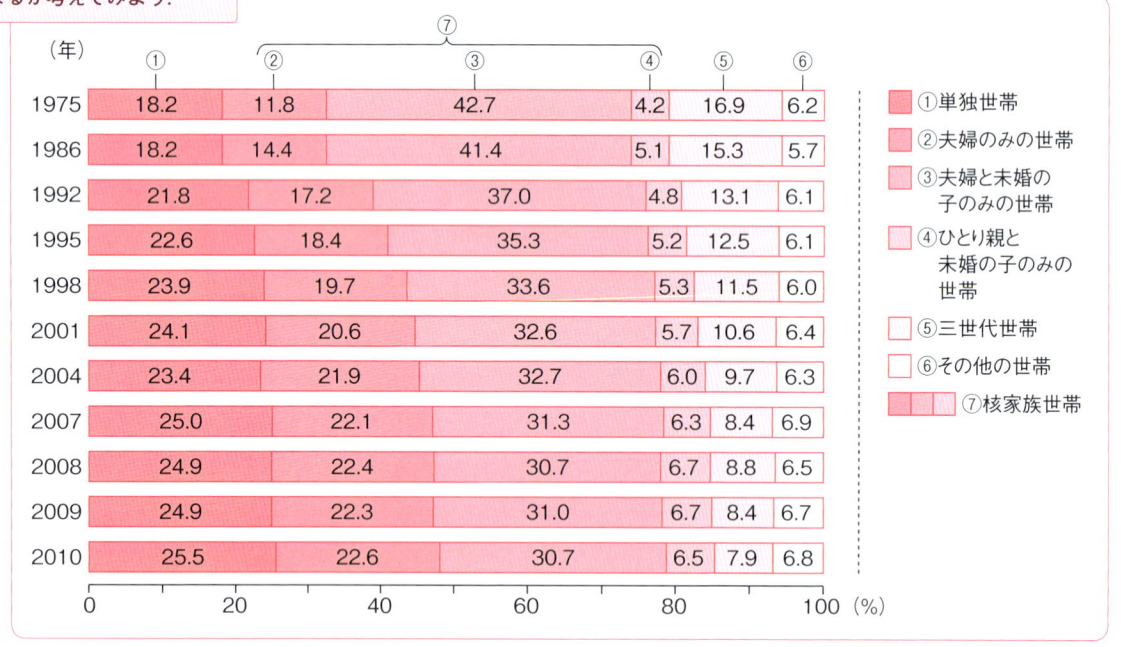

❺ 家族構成比の推移

(年)	①単独世帯	②夫婦のみの世帯	③夫婦と未婚の子のみの世帯	④ひとり親と未婚の子のみの世帯	⑤三世代世帯	⑥その他の世帯
1975	18.2	11.8	42.7	4.2	16.9	6.2
1986	18.2	14.4	41.4	5.1	15.3	5.7
1992	21.8	17.2	37.0	4.8	13.1	6.1
1995	22.6	18.4	35.3	5.2	12.5	6.1
1998	23.9	19.7	33.6	5.3	11.5	6.0
2001	24.1	20.6	32.6	5.7	10.6	6.4
2004	23.4	21.9	32.7	6.0	9.7	6.3
2007	25.0	22.1	31.3	6.3	8.4	6.9
2008	24.9	22.4	30.7	6.7	8.8	6.5
2009	24.9	22.3	31.0	6.7	8.4	6.7
2010	25.5	22.6	30.7	6.5	7.9	6.8

⑦核家族世帯

参考：厚生労働省. 2010 年国民生活基礎調査.

2 世帯数と平均世帯人員

- わが国の世帯人員は1955年では4.97人であったが，それ以降は減少に転じ，2010年には2.42人となった(❻)．その背景には，高度経済成長の工業化などにより都市圏へ人口が移動したことによる核家族化の急速な進展がある．**核家族化の進展により，「子どもとどうかかわっていいかわからない」，「近所付き合いが苦手」といった親が一般化してきている．**

❻ 世帯数と平均世帯人員の年次推移

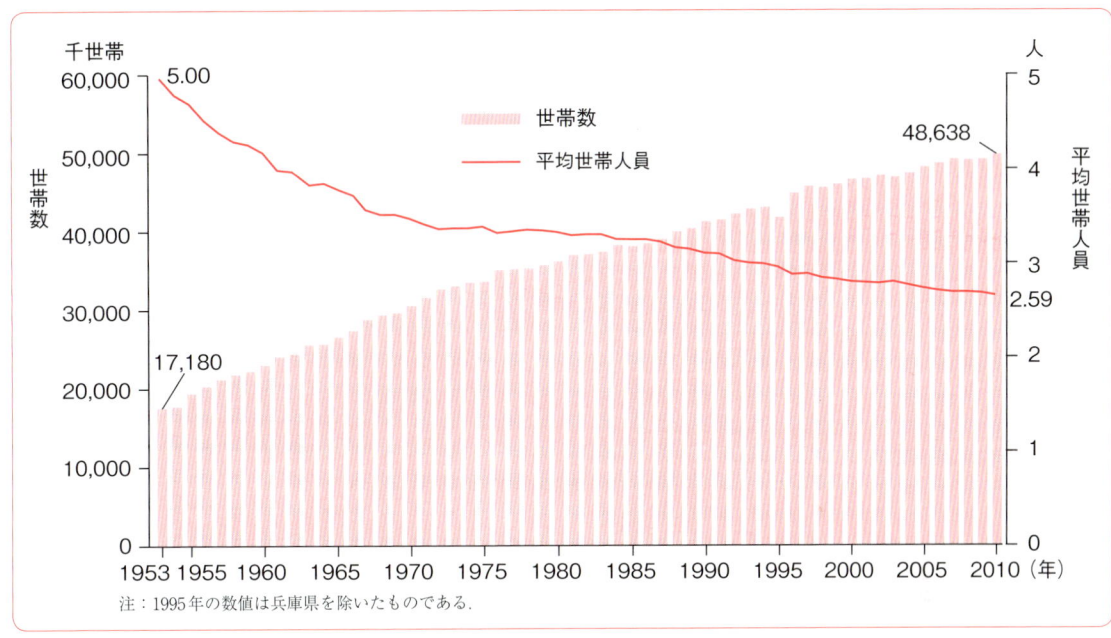

注：1995年の数値は兵庫県を除いたものである．

厚生労働省．2010年国民生活基礎調査．

3 ひとり親世帯の増加

- 離婚や未婚の母の増加に伴い，ひとり親世帯が増加している．2010年の「全国母子世帯調査」によると母子世帯は123.8万世帯，父子世帯は22.3万世帯と圧倒的に母子世帯が多い．ひとり親になった理由として生別では母子世帯が80.8%，父子世帯は74.3%でともに生別が多く，死別では母子世帯が7.5%で父子世帯が16.8%であった．

母子世帯の状況

- 母子世帯のうち，就労している母親は8割を超えている．就労していた母親の4割程度が正規雇用者で，残りは非正規雇用である．母子世帯の平均年収

離婚した父親からの養育費の受給状況

「現在も受けている」が19%で平均月額は42,008円となっていた．
（厚生労働省：2006）

は223万円（2010年）で，父子世帯は380万円であり，母子世帯は経済的な問題を抱えている世帯が多い．母子世帯の子どもに関する悩み事は「教育・進学」が多く，父子世帯では男の子に「教育・進学」の悩みが多く，次いで「食事・栄養」となっていた．

> **演習問題　考えてみよう**
> - ひとり親世帯（母子・父子）の現行の支援制度について調べてみよう．
> - 母子家庭における課題について話し合ってみよう（例：不安定雇用，低収入，子どもの進学問題，緊急時の子育て支援など）．

4 働く女性の増加

- 2010年の女性雇用者は2,329万人と前年より18万人増加（前年比0.8％増）し，過去最高となり，男性は3,133万人と16万人（前年比0.5％減）減少し，3年連続の減少となった（❼）．雇用者総数に占める女性の割合は過去最高の42.6％（前年差0.3ポイント上昇）となり，3年連続の上昇となっている．また，女性の有配偶者年齢別の労働力率は「25～29歳」と「30～34歳」の労働率が高くなっている．

❼ 雇用者数および雇用者総数に占める女性の割合と推移

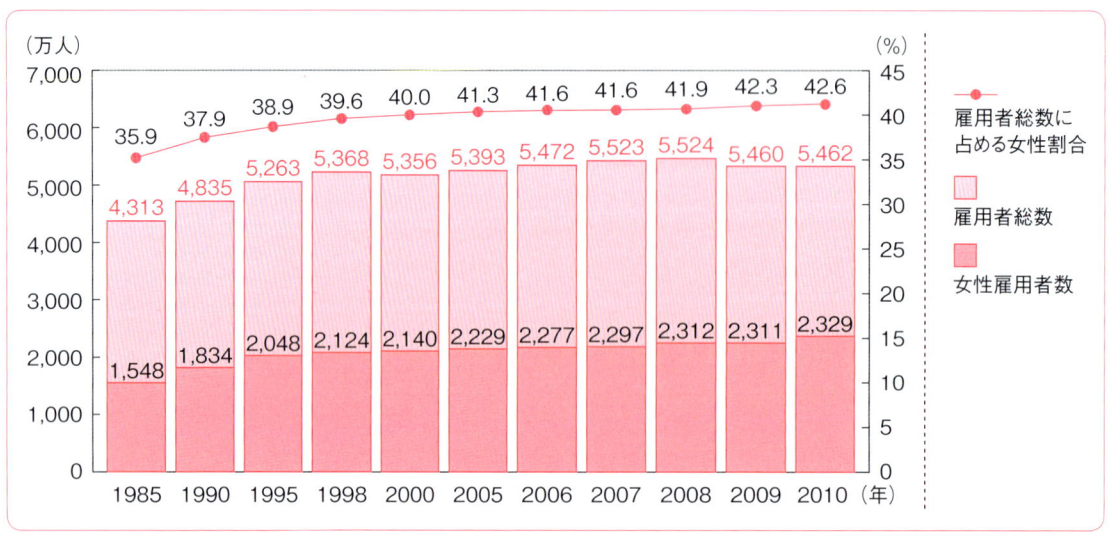

年	雇用者総数（万人）	女性雇用者数（万人）	雇用者総数に占める女性割合（％）
1985	4,313	1,548	35.9
1990	4,835	1,834	37.9
1995	5,263	2,048	38.9
1998	5,368	2,124	39.6
2000	5,356	2,140	40.0
2005	5,393	2,229	41.3
2006	5,472	2,277	41.6
2007	5,523	2,297	41.6
2008	5,524	2,312	41.9
2009	5,460	2,311	42.3
2010	5,462	2,329	42.6

総務省統計局．労働力調査2010．

5 共働き家庭の増加による要保育児童の増加

- 男女雇用機会均等法が浸透してきたことや，育児休業制度の普及により結婚や妊娠による離職は減少し，共働き世帯は増加してきている（❽）．

❽ 共働き世帯数の推移

（万世帯）
グラフ：男性雇用者と無業の妻からなる世帯：1980年 1,114 → 2007年 851
雇用者の共働き世帯：1980年 614 → 1991年 914 / 1992年 903 → 2007年 1,013

内閣府男女共同参画局．男女共同参画白書 2010．

- 2012年度国民生活基礎調査によると，児童のいる家庭で「仕事あり」は63.7％で，「仕事なし」の36.3％と比べると，働いている母親が多い現状である．この背景には，世界同時不況で，リストラ，ボーナスカット，昇給ストップなどが続出し，世帯収入を補うために，育児世代の「仕事あり」が急増していることが考えられる（❾）．
- 共稼ぎ世帯の増加は当然，保育所入所希望者の増加につながり，case1のように保育所に入れない待機児童が問題となっている．

---

case 1　保育所に入れない

　小学1年生と3歳の子を育てている専業主婦のケイコさんは，上の子のPTAの役員を引き受け，積極的に子育てを楽しみながら生活をしていた．また，下の子が小学生になったら，保育士の免許をいかして働きたいと思っていた．ところが，ここ1～2年前から，建設関係で働いていた夫のボーナスがカットされ，そのうえ給料も減額された．家のローンや子どもの習い事などの経済的負担があり，ケイコさんは下の3歳児を保育所に預け，上の子を学童保育に入れて職に就くことを決意した．

　保育所の入所申し込みをするために福祉事務所に行ったが，担当者に「保育所は，保護者がすでに就労していて保育に欠ける子どもが対象です」と言われ，ケイコさんはショックを受けた．

1章 保育相談支援とは

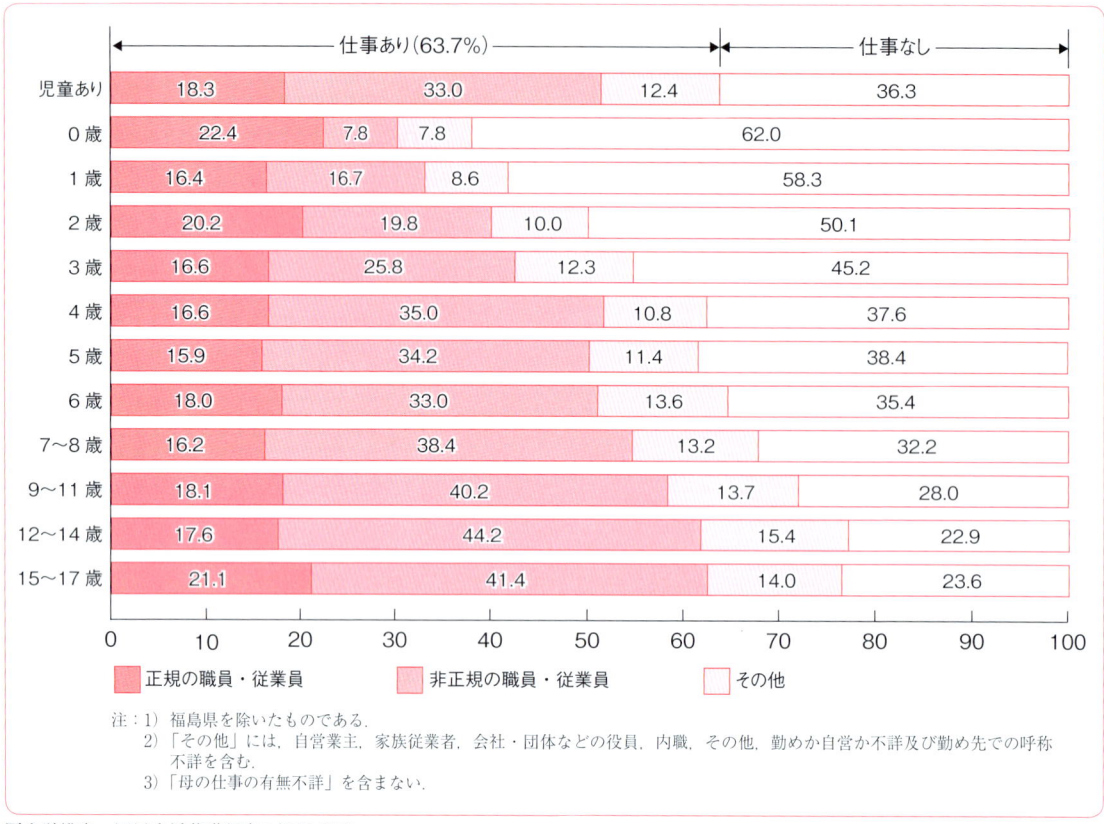

❾ 末子の年齢階級別にみた母の仕事の有無，正規・非正規等の構成割合

	正規の職員・従業員	非正規の職員・従業員	その他	仕事なし
児童あり	18.3	33.0	12.4	36.3
0歳	22.4	7.8	7.8	62.0
1歳	16.4	16.7	8.6	58.3
2歳	20.2	19.8	10.0	50.1
3歳	16.6	25.8	12.3	45.2
4歳	16.6	35.0	10.8	37.6
5歳	15.9	34.2	11.4	38.4
6歳	18.0	33.0	13.6	35.4
7〜8歳	16.2	38.4	13.2	32.2
9〜11歳	18.1	40.2	13.7	28.0
12〜14歳	17.6	44.2	15.4	22.9
15〜17歳	21.1	41.4	14.0	23.6

仕事あり（63.7％）

注：1）福島県を除いたものである．
2）「その他」には，自営業主，家族従業者，会社・団体などの役員，内職，その他，勤めか自営か不詳及び勤め先での呼称不詳を含む．
3）「母の仕事の有無不詳」を含まない．

厚生労働省．国民生活基礎調査の概況 2012．

> 自分自身の幼児期の子育て事情と，現在の事情と比較してみよう．

6 子どもの環境の変化と子育て事情

子ども仲間の減少

- 1960年頃までは，子どもはきょうだいや近隣の**子ども仲間**のなかで育ってきた．そこでは異年齢交流も自然に図られ，**年長者は年下の子の面倒をみたり，遊びを伝承したりして生活のスキルを獲得することができた．**
- また，子ども同士の間ではよくケンカや競争があり，子どもはそんなかかわりのなかから悔しい思いや我慢などの体験を積み，ケンカをする際の手加減や相手に対する思いやりなどを学ぶ機会となった．このことから子ども仲間の減少は，社会性を育む機会が得られないことになる．

生活様式の変化*4

- 最近，子どもは歩けるのに荷物のようにベビーカーに乗せられ，親は携帯電話を片手にメールを打ちながら歩く姿がみられるようになった．さらに，子どもが「疲れた」というと，親はすぐ「抱っこ」をするので，ますます子どもの体を動かす機会が少なくなってきている．
- さらに，都市化の進展や自動車の普及などにより，手軽なスポーツや外遊びの場であった空き地なども少なくなり，子どもが伸び伸びと**自由に遊べる空間が減少してきている**．
- 少子化の進展で子どもたちには，それぞれ個室やテレビ・ゲーム機などの電子機器が与えられ，室内での遊びが増えたことで，外遊びの機会が減少してきている．さらに，子どもに寄せる親の期待が高く，**就学前になると早期教育のため，ピアノや水泳などの習い事をする子が増えてきて，子どもの自由な時間が減少してきている**．

*4：三つの「間」の減少
仲間・空間・時間．

子育て事情

- 2003年に櫻谷が育児中の母親に対して実施したアンケート調査の結果，「子どもといるとイライラすることがあるか」，「育児の心配事はあるか」という質問に対して「よくある」，「時々ある」と答えた人は合わせて約7割であった．さらに「子どもが可愛くない，愛せない」と答えた人は「よくある」，「時々ある」と答えた人と合わせて約1割であった．子どもにとって運命的で絶対的である親から愛されないということは，基本的信頼関係を築くことを困難にさせ，また，親も愛することができない子どもに対する育児はストレスとなり，虐待の要因ともなる．
- 現在の親たちはきょうだいが少ないなかで育っており，❿のように2003年に調査された「兵庫レポート」では，自分の子どもを産むまでに小さな子どもの世話をしたことがないという母親が約半数であった．子どもを産んだからといって親の役割が果たせるわけではなく，親を育てる環境が必要となってくる．
- また，子育てに対する負担感は，⓫のように子どもが大きくなるに従って高い．
- 調査結果からみえてくるのは，**子育ての孤立化と困難感の増大**である．このことから，現代では誰もが虐待の罠にはまりこむ危険性をもっているといえる．

❿「自分の子どもの誕生前に，ほかの小さい子どもの食事の世話や，オムツ替え経験」の有無

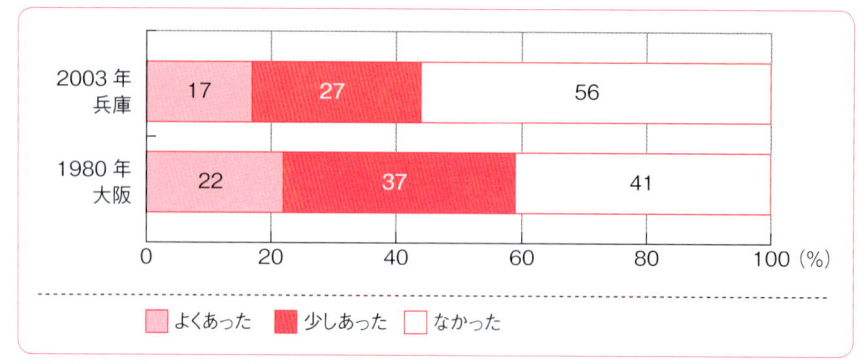

	よくあった	少しあった	なかった
2003年 兵庫	17	27	56
1980年 大阪	22	37	41

原田正文．兵庫レポート 2003．

⓫「子育てを大変と感じるか」について

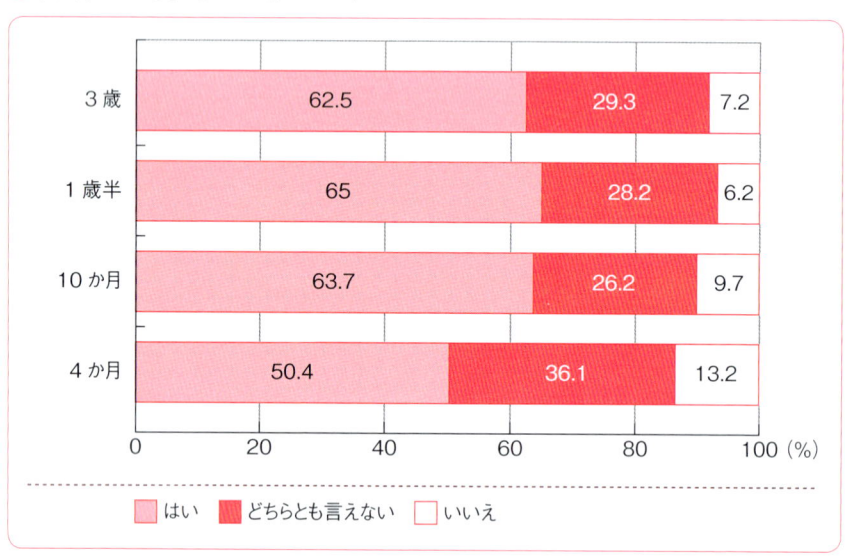

	はい	どちらとも言えない	いいえ
3歳	62.5	29.3	7.2
1歳半	65	28.2	6.2
10か月	63.7	26.2	9.7
4か月	50.4	36.1	13.2

原田正文．兵庫レポート 2003．

演習問題

グループで話し合ってみよう

・ここ1年間の間で，乳幼児の「食事の世話」や「オムツ替え」などの体験がある人はいるか話し合ってみよう．

家庭の保育力の低下

- 核家族化の進行により，親は祖父母や近隣から子育て経験を聞くことや手助けを得ることが少なくなってきている．一方では，育児書，テレビ，インターネットなどから過度な情報に迷わされ，親は子どもの発達を楽しむことより，他児との比較や育児書通りにいかないことを悩んだりしている．特に3歳未満の子どもは，言葉による明確な意思表示が少ないことから，大人は子どもの心を読む感性や，細かな観察力が必要となる．
- さらに，少子化によりきょうだいが少ないことから親が子どもの遊び相手をしなければならない環境となり，結局，子どもが起きている間中，親には自由な時間がないことになる．
- 共働き世帯の増加で地域の子どもが保育園や幼稚園に行き，日中，近隣の公園などで遊ぶ子どもが少なくなってきている．

地域の保育力の低下

- 子育ては決して家庭のみではなく，親族や近隣の助けが大切である．親が体調を崩したり，用事ができたときなど，代わりに育児をサポートする体制があることで親は安心して子育ての方法を習得し，親として成長する機会が与えられ，必要以上に悩むことや不安も減る．子どももそうした社会に囲まれて育つことにより，さまざまな認知的刺激を受け，その人たちを大人のモデルとして行動の仕方を学んでいく．
- 2008年に松田氏は，育児ネットワークが子育てをする家庭に対するサポート内容には，子どもの世話や子どもの遊び相手になるなどの「**手段的サポート**」と，子育ての心配ごとや悩みを聞いたり助言したりする「**情緒的サポート**」がある，と述べている．親が外出するときの子どもの世話は，戦後から高度経済成長時代にかけて，親族やきょうだいがサポート源となっていた．現在のサポート源となっているのは，祖父母および同年代の年頃をもつ子育て仲間である．**子育て仲間は，親族と違い自動的に関係ができるわけではないので，自ら関係を築かなければならない．このため，子育て仲間が支援者であるということは，関係を築けなければ孤立するリスクは高くなる．**
- 子育ての支え手の現状を把握するために実施した首都圏調査・愛知県調査では，「親が外出する際の子どもの世話（世話ネットワーク）」と「子育ての相談にのってもらう（相談ネットワーク）」に分けて調査した結果，0～3歳では世話ネットワークを親族面でみると，一番多いのが祖父母で，次いできょうだい，親戚の順であった．非親族面でみると保育所・幼稚園の友人が多く，次いで職場の友人，それ以外の友人であった．また，7人に1人の割合で親が外出する際に世話を頼める親族や非親族がいない状態であることがわかった．

> 育児に困ったとき母親は誰に相談しているか調べてみよう．

> **演習問題 調べてみよう**
>
> ・地域の子育て支援を調べよう（例：制度，機関など）．

> **演習問題 グループで考えてみよう**
>
> ・子育てが難しくなってきている理由を調べて話し合ってみよう．
> ・子育てにおける楽しさや大変さについて，自身の親が子育てしていた頃と，現在の子育て中の人との話を聞き，比較をしてみよう（例：女性の就労，性の役割分業，地域の子育てサービス，近隣との関係など）．

就学前の子どもの育つ場所

- ⑫のように0～2歳児の子どもたちは7～9割が家庭で育てられている．少子化の進展で子どもの世話をした経験のない親が約半数（兵庫レポートより）おり，育児の不安や辛さを相談する相手が必要であるが，地域のつながりがうすい現状では難しい．そこでますます地域の子育て支援が重要となってくる．

⑫ 就学前児童が育つ場所（家庭，保育所，幼稚園）

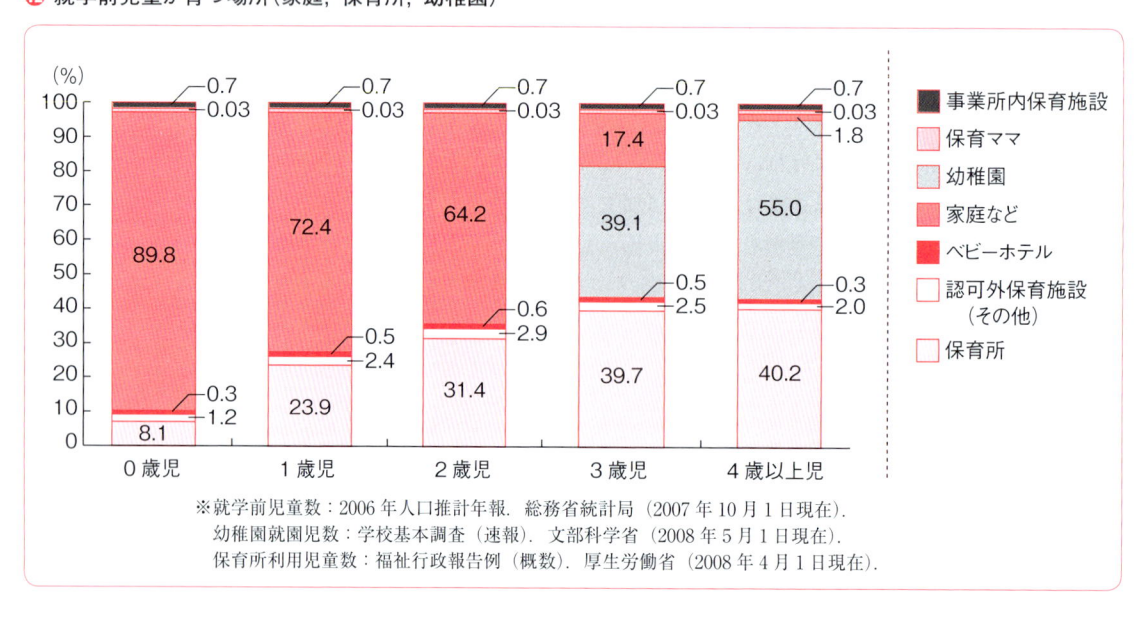

年齢	事業所内保育施設	保育ママ	幼稚園	家庭など	ベビーホテル	認可外保育施設（その他）	保育所
0歳児	0.7	0.03	—	89.8	0.3	1.2	8.1
1歳児	0.7	0.03	—	72.4	0.5	2.4	23.9
2歳児	0.7	0.03	—	64.2	0.6	2.9	31.4
3歳児	0.7	0.03	17.4	39.1	0.5	2.5	39.7
4歳以上児	0.7	0.03	55.0	1.8	0.3	2.0	40.2

※就学前児童数：2006年人口推計年報．総務省統計局（2007年10月1日現在）．
幼稚園就園児数：学校基本調査（速報）．文部科学省（2008年5月1日現在）．
保育所利用児童数：福祉行政報告例（概数）．厚生労働省（2008年4月1日現在）．

📕 子育て支援に関する推薦図書

- 無藤隆, 安藤智子. 子育て支援の心理学−家庭・園・地域で育てる. 東京：有斐閣；2008.
- 南里悦史. 子どもの生活体験と学・社連携−生活環境と発達環境の再構築. 東京：光生館；2001.

📗 参考文献

- 厚生労働省. 保育所保育指針解説書. 東京：フレーベル館；2008.
- 柏女霊峰, 橋本真紀. 保育者の保護者支援−保育相談支援の原理と技術. 東京：フレーベル館；2010.
- 小林育子. 演習 保育相談支援. 東京：萌文書林；2010.
- 西尾祐吾ほか. 社会福祉の動向と課題−社会福祉の新しい視座を求めて. 東京：中央法規出版；2002.
- 櫻谷眞理子. 今日の子育て不安・子育て支援を考える. 立命館人間科学研究 2004；7：75-86.
- 松田茂樹. 何が育児を支えるのか−中庸なネットワークの強さ. 東京：勁草書房；2008
- 服部祥子, 原田正文. 乳幼児の心身発達と環境−大阪レポートと精神医学的視点. 愛知：名古屋大学出版会；1991.
- 大日向雅美. 発達 第117号. 東京：ミネルヴァ書房；2009.

MEMO

保育相談支援

第2章

保育相談支援の基本

- 子どもは成長・発達し，未来を担う存在である．子どもが社会のなかで個としてその人権が尊重され，自己実現を果たすためには，子どもを取り巻く人的・物的環境は重要である．

- 虐待は子どもの権利侵害の大きな課題である．近年は少子化で子どもの数が少ないにもかかわらず，児童虐待件数は増加している．

- 本章では，虐待が及ぼす子どもへの影響や虐待発生要因について考える．また，発生要因ともなる親の育児の負担感や不安感の軽減に対してどんな支援があるかを考える．さらに，保護者の養育能力の向上のために保育士の専門性を生かした支援にはどんなものがあるかについても考える．

- 保護者支援で社会資源の活用は大変重要であり，地域にはどんな社会資源（関係機関・関係者）があるかを知り，その関係者との連携や調整のしかたについても学ぶ．

2-1 子どもの最善の利益と福祉

> **学習のポイント**
> 1. 子どもの権利とは何かについて学ぶ.
> 2. 子どもの権利侵害である虐待の問題や現状について知る.
> 3. 子育て支援事業にはどんなものがあるか.
> 4. 保護者との連携(子どもの成長の喜びの共有)はどのようにするのか.
> 5. 親同士のつながりの支援について考える.

1 子どもの権利擁護

- 1947年に制定された「児童福祉法」の第1条1項は,児童福祉の理念として「すべて国民は,児童が心身ともに健やかに生まれ,且つ,育成されるように努めなければならない」と規定している.これは,日本国憲法 第25条の規定を踏まえたものであり,子どもは基本的人権を有する主体として,平等にその福祉が保障される権利を有することを意味している.

- 1959年,国際連合によって「児童権利宣言」が採択された.この宣言は「児童の権利に関するジュネーヴ宣言」と「世界人権宣言」の流れをくみ「児童の最善の利益について,最高の考慮が払われなければならない」(第2条)と謳われ「児童の最善の利益」という文言がこのとき初めて登場した.その後,1989年に「子どもの権利条約」が国連総会において採択された(❶).わが国は,遅れて1994年にこの条約を批准した.条約が締結された背景に,戦争,貧困,人身売買,栄養不良,病気,不衛生などさまざまな理由よって子どものかけがえのない命や健康,発達保障の権利が脅かされ続けているからである.わが国でも子どもたちへの暴力,不十分な家庭教育,いじめなどが社会問題になっている.

アドボカシー

子どもの年齢,置かれている状況,また知的障害などの状況によって,子ども自身が自ら主張したり行動を起こしたりできないことがある.こうした場合に当事者である子どもの権利を守るために,代理で行動を起こすことをアドボカシー(権利擁護)という.

子どもの権利条約 第19条1

「締約国は,児童が父母,法定保護者または児童を監護する他の者による監護を受けている間において,あらゆる形態の身体的若しくは精神的な暴力,傷害若しくは虐待,放置若しくは怠慢な取扱い,不当な取扱い又は搾取(性的虐待を含む)から児童を保護するため,すべての適当な立法上,行政上,及び教育上の措置を取る」と明記された.

❶ 子どもの権利条約

子ども権利条約の最大の特徴は「保護される存在の子ども」から「権利主体者としての子ども」へと子ども観の転換である.

①「生きる権利」	②「守られる権利」	③「教育を受ける権利」	④「意見表明権」
病気やけがをしたら治療を受けられる.	あらゆる種類の差別,虐待,搾取から守られなければならない.	教育を受けたり,考えや信仰などの自由が守られる.	自由に意見を言い,その意見は年齢や発達に合わせて尊重される.

2 児童虐待

- 児童虐待は，子どもの心身の成長および人格の形成に重大な影響を与えるとともに，次の世代に引き継がれる恐れもあるものであり，子どもに対する最も重大な権利侵害である．児童虐待は，家庭内におけるしつけとは明確に異なり，**懲戒権**（懲らしめる権利）などの親権によって正当化されるものではない．
- 国は，増え続ける児童虐待に積極的に対応するため2000年に「児童虐待の防止等に関する法律」（以下，児童虐待防止法）を制定したが，児童虐待は，いっこうに減らず，2012年度の全国児童相談所 虐待相談対応件数は，6万6,000件を超える状況となっている（❷）．

❷ 児童虐待対応件数の推移

年度	2008	2009	2010	2011	2012	対前年度 増減数	増額率(%)
件数	42,664	44,211	56,384	59,919	66,701	6,782	11.3

参考：厚生労働省．福祉行政報告例の概況 2012．

児童虐待の定義

- 親または親の代わりに子どもを監護（監督し保護する）している者によって，子どもの心身を傷つけ，健やかな成長や発達を損なう行為をいう[*1]．

虐待の種類

①身体的虐待

- 打撲傷，あざ（内出血），骨折，頭蓋内出血などの頭部外傷，タバコなどによる火傷．
- 首を絞める，殴る，蹴る，投げ落とす，激しく揺さぶる，熱湯をかける，布団蒸しにする，溺れさせる，逆さ吊りにする，異物を飲ませる，食事を与えない，冬戸外に締め出す，縄などにより一室に拘束するなど，生命に危険のある暴行．
- 意図的に子どもを病気にする．

②性的虐待

- 子どもへの性交，性的暴行，性的行為の強要など．
- 性器を触るまたは触らせるなど．
- 性器や性交をみせる．
- 子どもをポルノグラフィーの被写体などに強要する．

懲戒権
民法822条において「子の利益のために，監護，教育において必要範囲内でその子を懲戒することができる」と記している．

条約
「○○宣言」や「○○憲章」は各国の努力目標となるが，それに対して「条約」は，条約締結国に遵守の義務が課せられている．条約の発効後は各国が条約に規定された権利と義務を負い，批准後2年以内に（それ以降は5年ごとに）その実施状況を国連の「子ども権利委員会」に報告しなければならない．わが国も1996年に第1回の報告を提出したが，その審査の結果，22項目におよぶ不備の指摘や勧告を受けた．

[*1]：児童虐待防止法第2条．保護者および監護する者
「保護者」とは，親権を行う者，未成年後見人その他の者で子どもを現に監護，保護している場合の者をいう．たとえば，子どもの母親と内縁関係にある者も現実に監督・保護している場合は保護者に該当する．また，児童入所施設の長は子どもを現に監護している者であり「保護者」に該当する．

③心理的虐待

- 言葉による脅し，脅迫など．
- 子どもを無視したり，拒否的な態度を示すことなど．
- 子どもの心を傷つけることを繰り返し言う．
- 子どもの自尊心を傷つけるような言動など．
- ほかのきょうだいとは著しく差別的な扱いをする．
- 子どもの目の前で配偶者やその他の家族などに暴力をふるう．

④ネグレクト

- 子どもの健康・安全への配慮を怠っている（家に閉じ込めて登校させない，重大な病気になっても病院に連れて行かない，乳幼児を家に残したまま外出する，乳幼児を車の中に放置するなど）．
- 子どもにとって必要な情緒的欲求に応えない（愛情遮断など）．
- 食事，住居，衣類などが極端に不適切で健康状態を損なうほど無関心・怠慢．
- 祖父母，兄弟，保護者の恋人などの同居人が①，②，または③の行為と同等の行為を行っているにもかかわらずそれを放置する．

ネグレクト
育児放棄，育児怠慢のこと．

児童相談所が対応した虐待の内容別件数について

- 2012年度に対応した児童虐待対応件数は66,701件で前年度に比べ6,782件の増加があった．これを相談別にみると**身体的虐待が23,579件（35.4%）と最も多く，ネグレクトは19,250件（28.9%）**となっている（❸）．内容別件数は都道府県によってもその割合が違っている．

被虐待者の年齢別対応件数の年次推移

- 年齢別（2012年度）でみると小学生が23,488件（35.2%）と多く，次いで3歳～学齢前が16,505件（24.7%）であった．0歳から学齢前を合わせると29,008件（43.5%）となっている（❹）．

児童虐待相談の主な虐待者別構成割合について

- 2012年度の主たる虐待者は，実母が57.3%を占めている．虐待者に実母が多いのは核家族化が進み，子どもと一緒にいる時間が最も多いのが母親であるために，長時間密着する状態のなかで不適切な養育に陥りやすいからだと考えられている．
- 近年，父親の社会環境も変化してきているので，実父の割合も2006年度の22.0%に比し，2012年度は29.0%と高くなってきている（❺）．

虐待が及ぼす子どもへの影響

身体的影響

- 十分な食事が与えられないために，低身長，低体重になったり，内出血，骨

❸ 児童虐待の内容別対応件数の年次推移

（件）	2008	2009	2010	2011	2012（年度）
総数	42,664	44,211	56,384	59,919	66,701
性的虐待	1,324	1,350	1,405	1,460	1,449
心理的虐待	9,092	10,305	15,068	17,670	22,423
ネグレクト	15,905	15,185	18,352	18,847	19,250
身体的虐待	16,343	17,371	21,559	21,942	23,579

注：2010年度は，東日本大震災の影響により，福島県を除いて集計した数値である．

参考：厚生労働省．福祉行政報告例の概況 2012．

❹ 児童虐待相談の年齢別対応件数の年次推移　　　　　　　　　　　　　（人）

年齢＼年度	2008	2009	2010	2011	2012
総数	42,664	44,211	56,384	59,919	66,701
0～3歳未満	7,728(18.1)	8,078(18.3)	11,033(19.6)	11,523(19.2)	12,503(18.7)
3～就学前	10,211(23.9)	10,477(23.7)	13,650(24.2)	14,377(24.0)	16,505(24.7)
小学生	15,814(37.1)	16,623(37.6)	20,584(36.5)	21,694(36.2)	23,488(35.2)
中学生	6,261(14.7)	6,501(14.7)	7,474(13.3)	8,158(13.6)	9,404(14.1)
高校生・その他	2,650(6.2)	2,532(5.7)	3,643(6.5)	4,167(7.0)	4,801(7.2)

注：2010年度は，東日本大震災の影響により，福島県を除いて集計した数値である．
参考：厚生労働省．福祉行政報告例の概況 2012．

❺ 児童虐待相談の主な虐待者別構成割合

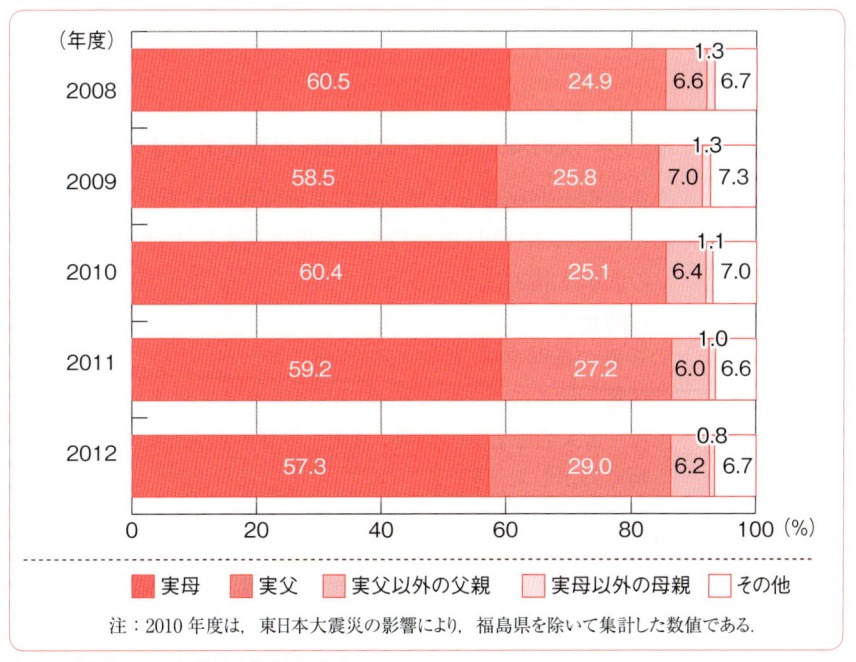

年度	実母	実父	実父以外の父親	実母以外の母親	その他
2008	60.5	24.9	6.6	1.3	6.7
2009	58.5	25.8	7.0	1.3	7.3
2010	60.4	25.1	6.4	1.1	7.0
2011	59.2	27.2	6.0	1.0	6.6
2012	57.3	29.0	6.2	0.8	6.7

注：2010年度は，東日本大震災の影響により，福島県を除いて集計した数値である．

参考：厚生労働省．福祉行政報告例の概況 2012．

折，火傷，その他の外傷，溺水などがあったり，睡眠障害や性感染症などが生じることがある．

知的発達への影響

- 虐待という脅威が続くことによって，子どものびのびとした主体的活動を妨げる．つまり，知的好奇心に満ちた環境の探索，周囲への働きかけが親によって禁止されることによって，周囲に対する関心や意欲の低下を招く．

精神・人格形成への影響

- 「人は信頼できない」などの信念を抱かせ，適切な人間関係が形成できない，「お前が悪いんだ」と繰り返し言われることによって，「自分が悪い」と自尊感情の低下を招き「生まれてこなければよかった」などと自己の存在を否定したりする．

行動への影響

- 逃れる術がない虐待は「どうしようもないことだ」という無力感やヒステリーを引き起こす．ほんの些細なことで不満や怒りを爆発させる衝動性や相手に対して優位にたつための攻撃性，パニックなどの混乱がみられる．

虐待としつけの区別

- 虐待する親に事情を聞くと，「しつけ」の一環だと答えることが往々にあるが，間違った育児(体罰，子どもの生理的欲求の拒否，人権を侵害する言葉など)は虐待となる．

> しつけとは子どもの気持ちや身体を尊重し，社会性を養ったり，発育・発達をうながすためにするものである．虐待であるかどうかは，親の事情とは一切関係なく，子どもの視点から判断することが大切である．

演習問題 次の4つのケースは虐待か考えてみよう

①急に現金が必要となり，おろす手続きをするため，車で近くのATMに出かけた．3歳の長女に1歳の長男の面倒を頼み，車にカギをかけて急いで銀行の手続きに向かう．

②6歳の長男を車で海水浴に連れてきたが，0歳（次男）は寝ているのでそのまま車の中に寝かせておく．

③夜，3人の子ども（7歳，4歳，2歳）が寝たので，夫婦で外出した．

④姉の恋人が，姉の弟（小学6年）の背中にタバコを押し付けて火傷をさせた．母親はこの光景をみても放置していた．

虐待の判断にあたっての留意点

- 虐待の定義はあくまでも子ども側の定義であり，親の意図とは無関係である．その子が嫌いだとか，憎いから，意図的にするから，虐待するというものではない．親がいくら一生懸命であっても，その子がかわいいと思っても，子どもの側にとって有害な行為であれば虐待なのである．

児童虐待の要因

- 虐待の背景には複合的な要因が絡んでいる場合が多く，虐待をする保護者はさまざまな葛藤や困難を抱えているため，自らの行為を虐待と気づいていない，あるいは認めないことがある（❻）．
- あるいは援助を求めないことも多い．また，**虐待環境が改善されたようにみえても虐待行為が繰り返されたり，子ども自身も訴えないこともあるため，潜在的なリスクを見逃してはならない．**
- 虐待を受けた子どもは，対人関係や感情体験に大きな問題を抱えるため，早期発見，早期対応が大切となる．

❻ 児童虐待の発生要因

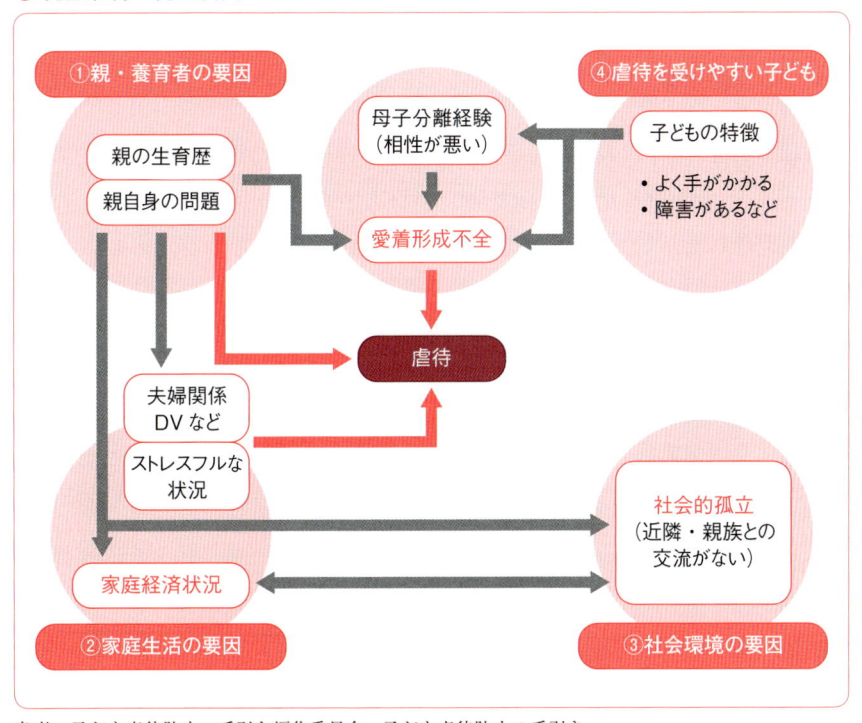

```
①親・養育者の要因                    ④虐待を受けやすい子ども

  親の生育歴      母子分離経験         子どもの特徴
  親自身の問題    （相性が悪い）       ・よく手がかかる
                                       ・障害があるなど
                  愛着形成不全

                     虐待

  夫婦関係
  DV など
  ストレスフルな
  状況
                                    社会的孤立
                                    （近隣・親族との
  家庭経済状況                        交流がない）

②家庭生活の要因                     ③社会環境の要因
```

参考：子ども虐待防止の手引き編集委員会．子ども虐待防止の手引き．東京：日本子ども家庭総合研究所；1997．

3　子どもの権利に関する法的制度などについて

- 児童福祉法：1947年制定．児童の定義は，同法第4条に「満18歳に満たない者」とされ，乳児とは「満1歳に満たない者」，幼児とは「満1歳から小学校就学の始期に達するまでの者」，少年とは「小学校就学の始期から，満18歳に達するまでの者」と記されている．
- 児童扶養手当法：1961年制定．児童扶養手当法は「父または母と生計を同じくしていない児童」が対象となる．**以前は母子家庭のみが対象であったが，2010年に父子家庭も対象となる．**
- 特別児童扶養手当等の支給に関する法律：1964年制定．この法律では，精神または身体に障害のある20歳未満の子どもを養育する者への手当(特別児童扶養手当)，精神または身体に重度の障害のある子ども本人への手当(障害児福祉手当)，精神または身体に著しく重度の障害のある20歳以上の者への手当(特別障害者手当)の3つに手当が区分されている．
- 母子および寡婦福祉法：1964年制定．母子家庭などおよび寡婦の福祉を図ることを目的としている．2002年の改正で父子家庭も対象となる．
- 母子保健法：1965年制定．国および地方公共団体は，母性ならび乳幼児に対する保健指導，健康診査，医療などを講じ，健康の保持，増進に努めなければならないと明記されている．
- 児童手当法：1971年制定．2009年の政権交代で民主党の選挙公約であった「子ども手当」が実現され，「2010年度における子ども手当の支給に関する法律」が制定されたが，2011年には「2011年度における子ども手当の支給に関する特別措置法」が制定され，2012年度以降の恒久的な子ども手当のための金銭給付の制度に関しては特別措置法が規定する子ども手当の額をもとに，児童手当法に所要の改正を行うことを基本にして法制上の措置を講ずることが，この法律で定められている．
- 育児・介護休業法：1991年制定．
- 就学前の子どもに関する教育・保育等の総合的な提供の推進に関する法律：2006年制定．

寡婦
夫と死別か離婚した女性のこと．

4　子育て支援施策の流れと子育て支援事業

子育て支援施策の流れ

- 1990年の1.57ショックによる本格的な少子化対策施策の後に「健やかに子どもを産み育てる環境づくりに関する会議」が開かれた．その後，❼のように「子育て支援計画」が打ち出された．

子育て支援事業

- 2008年，改正児童福祉法*2により，新たな子育て支援事業として①乳児家庭全戸訪問事業（❽），②地域子育て支援拠点事業，③一時預かり事業，養育支援事業が加えられる．

❽ 乳児家庭全戸訪問事業（こんにちは赤ちゃん事業）

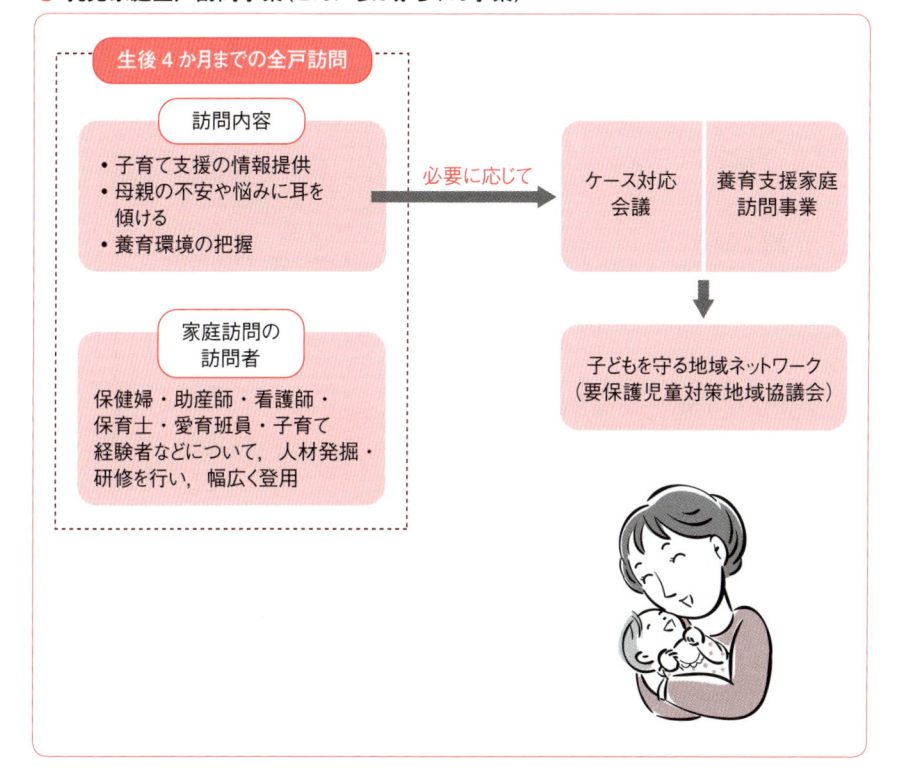

生後4か月までの全戸訪問

訪問内容
- 子育て支援の情報提供
- 母親の不安や悩みに耳を傾ける
- 養育環境の把握

必要に応じて → ケース対応会議／養育支援家庭訪問事業 → 子どもを守る地域ネットワーク（要保護児童対策地域協議会）

家庭訪問の訪問者
保健婦・助産師・看護師・保育士・愛育班員・子育て経験者などについて，人材発掘・研修を行い，幅広く登用

②地域子育て支援拠点事業

- この事業は形態によって3つの型があり，保育所などにおいて相談に応じたり，地域に出向く「センター型」や，公共施設や商店街の空き店舗，民家を活用して行う「ひろば型」や，学童が来館する前の時間を利用する「児童館型」がある（❾）．

1.57ショック
合計特殊出生率（1人の女性が生涯に産む子どもの平均数）が過去最低となる1.57を示したと厚生省（当時）から発表され，少子化が社会問題となった．

❼ 子育て支援計画

1994年	エンゼルプラン
1999年	新エンゼルプラン
2004年	子ども・子育て応援プラン
2010年	子ども・子育てビジョン

*2：2009年より施行（❽，❿）

要保護児童対策地域協議会
2004年，児童福祉法の改正で虐待を受けた児童に対する支援の連携・強化を図るために各自治体に要保護児童対策連絡協議会を設置する（p.226参照）．

❾ 地域子育て支援拠点

地域子育て支援拠点事業	2009年度実績	2010年度実績	2011年度実績	2012年度実績
①ひろば型	1,527か所	1,965か所	2,132か所	2,266か所
②センター型	3,477か所	3,201か所	3,219か所	3,302か所
③児童館型	195か所	355か所	371か所	400か所
計	5,199か所	5,521か所	5,722か所	5,968か所

厚生労働省資料.

- 2008年に施行された**地域子育て支援拠点事業**の背景や課題などは，❿のとおりである．

❿ 地域子育て支援拠点事業の背景や課題など

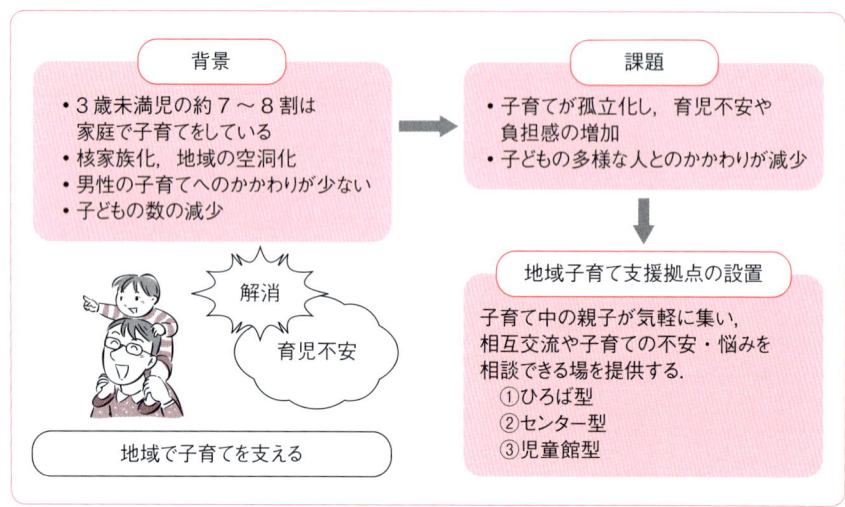

【背景】
- 3歳未満児の約7～8割は家庭で子育てをしている
- 核家族化，地域の空洞化
- 男性の子育てへのかかわりが少ない
- 子どもの数の減少

【課題】
- 子育てが孤立化し，育児不安や負担感の増加
- 子どもの多様な人とのかかわりが減少

解消　育児不安

地域で子育てを支える

【地域子育て支援拠点の設置】
子育て中の親子が気軽に集い，相互交流や子育ての不安・悩みを相談できる場を提供する．
①ひろば型
②センター型
③児童館型

③一時預かり事業（一時保育の推進）

- 就労体系の多様化に対応する一時的な保育や，専業主婦家庭などの緊急時の保育に対する需要に対応するため実施している．

その他の子育て支援事業

幼稚園における子育て支援活動

- 幼稚園は地域における幼児期の教育センターとして，相談・情報提供・保護者同士の交流など「親子の育ちの場」という役割が期待されている（幼稚園教育要領 第3章 第2の2）．

放課後児童健全育成事業

- 昼間，保護者のいない家庭の小学校低学年児童，その他の健全育成を必要とする児童を対象とし，放課後健全育成事業を実施する**「放課後児童クラブ」**がある．

2-2 子どもの成長の喜びの共有

> **学習のポイント**
> 1. 保護者を理解するためにどのような視点が必要かを考える．
> 2. 子どもの発達を保護者と共有することの大切さに気づく．

1 保護者の理解を深める

- 入所児の母親の年齢は，新人の保育士より多くの場合は年上で，保育士の母親より若い世代が多い．保護者理解を深める機会として，保育所や通園施設では日々の送迎時に保護者の様子や親子関係などをみる場があるので，その場を利用して理解を深めるよう意識する．毎日のちょっとした様子の親子関係，夫婦関係から問題点がみえてくることがある．そんな場合も親のやり方を非難せず，保護者とのよい関係づくりが重要となる．そのためには，**保護者の不安を受け止め，よくやれているところを認め，また，子どもの成長する姿を発見し，伝えることが大切である**．

case 1　やり場のない母親の気持ちを聴く

　夕方，お迎えのため保育園にきたタカシくん（1歳）の母親は，元気がない様子で帰りの支度をしていた手を休め，担当保育士に「ちょっと相談があるのですが…」と声をかけてきた．担当保育士は，重い問題を抱えているのではないかと感じ，「いいですよ．どんなご相談ですか」と優しく答えながら人の出入りの少ない静かな部屋に案内した．部屋に入ると母親は涙を浮かべながら語りはじめた．

　タカシくんは，生後6か月頃，名前をよんでも振り向かず，テレビの音や玄関チャイムの音にも反応が悪いので，専門医に診てもらうと「難聴があるので時期をみて補聴器を申請したほうがよい」と言われたとのことであった．

　父親とは，タカシくんが生まれて間もなく離婚したので，現在はタカシくんと母親と2人だけの生活である．母親は，離婚後にB町からA町へ2か月前に転居してきたばかりで，近所付き合いもなく，相談する相手もいない状態だった．「障害をもった子をどうやって育てていいかわからない．子どもの将来を考えると生きるハリもない」と体を震わせながら泣いた．

　保育士は母親が落ち着くのを待って，障害をもったタカシくんの養育を頑張っていることを認め，これからは一緒にタカシくんの育ちを支えていくことを伝えた．泣いている母親の様子に戸惑いを感じたのか，タカシくんが母親の膝の上にハイハイで上った．母親は泣いて気持ちが晴れたのか，タカシくんに頬ずりをして「頑張ります」と帰園していった．

> 障害のある子どもをもった親に対する共感的態度について考えよう．

2 子どもの成長や発達を喜ぶ

- 子育ては大変さが強調されがちであるが，子どもの成長はめざましく，伝い歩きから一人歩きへ，「アー」「ウー」といった喃語から「マンマ」など有意語を話せるようになると親にとって新しい発見や驚きの連続である．それと同時に，子どもの表情やしぐさなどが豊かになると，ますます可愛さが増すものである．しかし，反面，**子どもの自我が発達してくると親の思うようにはならないことも増えてストレスも増してくる**．子どもが年齢を重ねるごとに変化する親と子のかかわりには喜びと葛藤が伴うものである．

> **喃語**
> 乳児期に出てくる意味をもたない言葉のこと．

case 2　親子の育ちあいの場

　子育て支援センターの片隅ではテーブルを囲んで母親同士の話が弾んでいる．センターの開設日に顔を合わせて馴染みになった母親同士が数人集まって，トイレットトレーニングの時期や離乳食などの情報交換をしたり，初めて参加した母親に，先輩ママたちが育児のサービス情報を紹介したりしている様子がみられる．
　子どもたちはセンターに置かれた大型遊具や，手作り段ボールの乗り物，おままごとの道具など，家にはないおもちゃが沢山あるので，夢中なって遊んでいる．参加している子どもの多くは，まだ言葉の表現が十分にできていない０〜３歳児なので，物の取り合いからケンカも多い．泣いている子のそばに行って乱暴した子が頭をなでている場面をみて，母親同士の緊張もほぐれ笑いがおこる．一人の母親が「子どもはこうやって人と関係する力をつけていくのねぇ」と話し，子育て支援センターは，親も子も育ちあう場となっている．
　保育士は，母親同士のつながりがうまくいくようにファシリテーターの役を担っていた．

> **ファシリテーター**
> 話を広めたり進めたりメンバーとメンバーをつないだりする役割のこと．

3 子どもの理解の促進

- 児童福祉施設（保育所など）に通園している子どもは，家での生活や施設での生活と二重の生活を送っている．保護者と保育者の連携は子どもの育ちを支え，病気の予防や事故に対する安全を守るうえで欠かせないものである．

case 3　冒険心旺盛な幼児時期のヒヤリハットに驚く母

　2歳10か月のテツヤくんは，母親の仕事が休みなので休園し，買い物に出掛けた．テツヤくんは出掛けることが大好きだが，外出時に手をつなぐことは嫌がり，すぐ母親の手をはらいのけてしまう．

　母親が，テツヤくんの大好きなハンバーグの肉を買ってスーパーを出ようとしたとき，テツヤくんがいないことに気づいた．スーパー中を探しても見つからなかったため，店のずっと裏手にある電車の線路をみたところ，なんと線路の真ん中を歩いているテツヤくんを見つけた．母親は，慌てて抱きかかえるように線路から連れ戻して，「どうして，線路に行ったの」と顔をこわばらせて聞くと，テツヤくんは「電車に乗っておばあちゃんの家に行くの」と答えた．その言葉を聞き，テツヤくんの思いが理解できた．母親は「また，おばあちゃんのお家に遊びにいこうね．線路に入ったら絶対ダメだよ」とテツヤくんを抱き上げた．

　母親は今までみられなかった行動をテツヤくんが取ったことに対してとても驚いた．しかし，子どもは常に成長し，昨日できなかったことでも今日はできると考えたうえで，事故防止のアンテナを広げていかなければならないことを母親は学んだ．

　翌日，母親はこのことを担当保育士に話した．すると担当保育士は「幼児期の男の子は，突然，行動範囲を広げることもあるから目を離せないね」と，母親のヒヤリとした思いをくみ，テツヤくんの個別保育計画に事故防止について盛り込んだ．

2-3 保護者の養育能力の向上

> **学習のポイント**
> 1. 親の育児力を向上させるためにはどんな支援があるか考える．
> 2. 育児ストレスの発散方法について考える．
> 3. 支援する保育者自身の価値観が支援に大きくかかわることから自分の価値観について考える．
> 4. 他者を理解する「視点」を学ぶ．

1 親になるには

- 人は子どもを産めば親になるわけではなく，子どもを産み，育てる過程で親になっていく．親になる以前は自分の生活が中心であったが，子どもの誕生に伴って親としてのライフスタイルに変えていかなければならない．
- 「育てる者になる」ということは，子どもの世話を通して自己を成長させ，養育力を高めることになる．育てるものの資質や周りの状況によって育児は大きく影響される．現代の親は小さい子を世話した経験が少ない人が多いことから親育ての場が必要となってくる．

case 4　子どもとのかかわり方がわからない

妊娠5か月でユウコさんは胎動を感じたが，「虫がおなかの中で動いているようで気持ちが悪かった」と保健センターの母親教室で話した．その後，ユウコさんは娘の1歳半健診に来所し「いざ，子どもと遊ぼうと思っても，何をしてよいかわからない」と訴えた．娘は，他児に関心をみせず，一人遊びをしていた．保健師はユウコさんに普段どんな遊びをしているのか尋ねると，「言葉を覚えてほしいからテレビをつけっぱなしにして自由に遊ばせている」と答えた．さらにユウコさんは「名前をよんでも来ないから無視されたようでかわいいと思えない」と話し，母子関係の希薄さが感じられた．

そこで，保健師はユウコさんを親子で遊べる体験教室に誘った．教室では母親が子どもの体に触れる遊び（くすぐりっこ，手遊び，おんぶや抱っこ遊び）を音楽のリズムに合わせて行った．その後，何度か体験教室にユウコさんが娘を連れてくるようになった．

最近では娘のほうからユウコさんに抱っこの遊びを要求するなど甘える行為もみられるようになり，ユウコさんは「こんな簡単なふれあい遊びで子どもが喜んでいる．もっと子どもの気持ちが理解できるようなりたいし，子どもと一緒に自分も育ちたい」と，話すようになった．

2 親自身の「生きる力」を大切にする

- 子育てをすることによって自分が成長（視野が広がり，柔軟性や強さなど）した，と感じている親は多い．しかし，育児中の母親（就労の有無にかかわりなく）の大半が自分の時間がないという調査結果があり，**時には親も自分のやりたいことをし，満足を得て気持を安定させることも子育てにおいては大切である**（櫻谷 2004）．
- 以前は，子どもの小さいうちは多くの母親が就労を望みながらあきらめていたが，近年，育児休業制度の普及や女性の社会進出などが増えており，母親が自分にあった生き方の選択をするようになった．母親が自分のタイプにあった生き方の選択をして満足しているか否かが子育てにおいて重要である．

case 5　社会とのつながりが絶たれたように感じ，育児との葛藤に悩む母

　ハルカさんと夫は社内で知り合い結婚し，予定より早く子どもに恵まれた．ハルカさんは，子どもが生まれるまで電子機器の研究部門で男性と肩を並べてバリバリと仕事をしてきた．職場は残業が多く，おまけに出張も月に 3 回くらいあるので仕事と子育ては負担が大きいと考え，ハルカさんは出産を機に退職した．

　乳児期は，家事・育児と無我夢中で過ごし，子どもとだけ向き合う日々に，ハルカさんは世間から自分が取り残された状態でいると感じていた．子どもから遊びや抱っこの要求がでるたびに，「この子がいるから自分のしたいことができない」と不満がたまり憂鬱になった．

　ある日，ちょっとしたことから夫婦ゲンカになり，面白くない気持の矛先が子どもに向いた．子どものいたずらに，大声で叱ったり，叩くことが度々みられるようになった．これに気づいた近所の友人が「自分の子どもと一緒に遊ばせるからちょっと子どもを預かってもいい？」と声をかけてくれた．やっと自分の時間ができたハルカさんは，久しぶりに美容室で髪の手入れや買い物をするなどリフレッシュすることができた．

　子どもとちょっと離れた時間があることによって，ハルカさんは子どもに対するいとおしさが募った．この経験を通して，時には育児から離れて自分の時間をもち，自分自身の満足感を得て気持ちを安定させることが子育てには必要だとハルカさんは気づいた．

演習問題　グループで話し合ってみよう

- 保護者の育児ストレスの解消にどんなことが考えられるか，話し合ってみよう．

3 知識や気づきの提供（行動見本の提示，物理的環境構成）

- 保育士は，送迎時など保護者に保育知識を提供したり，子どもの園での様子を伝えたりする．さらに，施設で流行っている病気の知識，地域の行事や安全などについて保護者の意識や関心を向けていくことは大切である．また，保育所などは，保護者に対して子どもとのかかわり方や育児方法，遊びなど，行動見本として提供できる場でもある．

case 6　歯磨きを嫌がるタクくん

　タクくん（2歳6か月）は，自分で歯磨きをするようになったが，まだきれいに磨けない．母親が最後の点検をしようと思っても，口を固く閉じてしまう．先日，フッ素塗布をするために保健センターの歯科健診に行くと「前歯2本が虫歯になっている」言われ，母親は驚いた．歯磨きを嫌がるタクくんの両手を父親に抑えてもらい歯磨きをしたら，大泣きされてしまい母親は育児に自信がなくなってしまった．歯磨きの度に親子は険悪な状況となり，困り果てた母親は保育所の担当保育士に相談した．保育士はお迎えのとき，母親に園での歯磨き指導を実際にみせてくれた（行動見本）．保育園では，ある程度本人が歯磨きを終えたら保育士が童謡の音楽をかける．すると，タクくんは音楽に合わせて体を振りながら保育士の膝の上にゴロンと寝て，自分から口をあけて保育士にしっかりと磨いてもらっていた．

　それをみた母親は，力ずくで歯磨きしていたので子どもは恐怖心で嫌がったのだと悟った．タクくんは，保育園からの帰り道に自分で選んだ歯ブラシを買ってもらいご機嫌だった．タクくんが磨いた後，母親は担当保育士のように優しい態度や言葉がけをしながら子どもの好きな音楽をかけると，タクくんも大きく口を開けてくれた．母親は，しつけは楽しい雰囲気で本人のやる気を促す働きかけが大切なことを学んだ．

case 7　立ったまま排便するので困っている

　ケンタくん(3歳6か月)は，3歳2か月で排尿をトイレですることを覚えたが，排便のときはどうしても母親に教えてくれず，いつも隠れて部屋の隅っこで顔を真っ赤にしていきんでいる．母親があわててオマルやトイレに誘うが，ケンタくんはとても嫌がる．母親が目を離したすきに立ったまま排便してしまう．母親は「子どもになめられている」と育児に自信をなくするとともに，来春から幼稚園に入れようと思っていたのであせりを感じていた．

　母親は，子育て支援センターの保育士に相談をした．保育士はケンタくんの排便時の様子を母親に聞いた．すると，母親は「便はいつも固く肛門が切れて出血することもよくある」と言った．保育士は「排便のときに痛い思いをすると便意があっても我慢をしてしまうことが多く，我慢すると直腸に下りた便は水分を吸収するので，ますます便が硬くなる．いよいよ我慢できずに便が出るときには肛門が切れて痛い思いをするので立ってすることがある」と助言してくれた．早速，母親は，野菜や海藻類など，食物繊維が多い食事に切り替えた．すると，便はちょうどよい硬さになり，痛みを感じないで排便できるようになった．さらに，母親は，保育士から勧められた「みんなうんち」という絵本をケンタくんに読み聞かせた．

　すると，ケンタくんは，絵本のなかの動物を指しながら「動物はあっちこっちでうんちをするけど，ヒトはトイレでうんちをするんだね」と言った．

　ある日，ケンタくんは排便の後に「うんちは水と一緒にバイバイだね」と水洗トイレのレバーを引いた．

> トイレットトレーニングの一般的な指導だけではなく，排便時の観察や食事内容などの個別性を考慮した指導をする．

- **case 7** のように，保育所や子育て支援センターは子育てのモデルの体験ができたり，育児の相談ができるところである．今日の子どもは，ほかの子どもの模倣をする機会がなく，また，親も同年齢の子をもつ親同士で子育ての情報交換をする機会がないことから，保育所や子育て支援センターを社会資源の一つとして活用することが大切である．

4 保育士の専門的価値や倫理

- 私たちは，日々の暮らしのなかで自分にとって安心できることや心地よいと感じるものを自然に選び取って生活している．また，その反対に自分が嫌だと思うことや苦手なことからは距離をおいている．このようなことがなぜ，起きるのだろうか．一つには，人はそれぞれがもっている価値観に関係していることが考えられる．
- 自分と同じような考えをもっている人とは親近感を覚え親しくなれるが，自分とは考え方や価値観が違うと，なかなか親しくなれず一緒にいるとぎこちなかったり，疲れてしまうことはよく経験することである．
- しかし，専門職として感情や偏見が介入するのは職業上不適切である．**保育士は自らを振り返って自己分析を行い洞察し，自分の心理や行動を理解するように努め，専門職として対象者に必要な援助ができるように，自分自身を知る**（自己覚知）ことが大切である．

倫理観・価値観とは

- 「道徳」は，人間として望ましい考えや，良しとされる行動をその社会がもっている規範に照らし合わせて決定する．
- 「倫理」は，人間の良心に基づき，そのおかれている社会や特殊性を超えて普遍的に，**人としての正しい行為や正義の価値観**を意味している．
- 保育士は人とかかわる専門職であり，その行為が子どもや保護者の人権や人としての尊厳，生命，発達などに大きな影響を与えるので，専門職としての倫理を守るために自らの専門職団体をつくり，法定化された倫理以外の事項も含めた倫理綱領を定めている．こうした倫理綱領は，専門職がもっとも大切にしている価値を実現するための具体的指標であり規範である．
- 2003年に全国保育士会は，保育士資格の法定化を契機として「全国保育士会倫理綱領」を策定した（p.234参照）．

演習問題　グループで考えてみよう

- 次の言葉で最も大切だと思うものから順番に番号をつけてみよう．各自の考えを話し合おう．
  ▶「信頼関係」，「思いやり」，「経済力」，「客観性」，「健康」
- なぜ，その順番にしたのか理由も考えよう．

- この演習を通して人の価値観の共通点や違いを知る．価値観は，他者との関係で共通点もあるが違いもあるということを，対人援助職は知っておかなければならない．
- 自分を知るということは，自分の欠点を探すことではなく，自分の欠点，長所，能力，個性を含めて多面的に自分をみることである．

> **演習問題　グループで話し合ってみよう**
>
> ・話し合いが終わったら自分と他者との価値観の違いについて次の事例をもとに考えてみよう．
>
> 〈ある母子家庭のケース〉
> ・あなたは，ある福祉事務所の生活保護課の担当者である．35歳の安岡さんは2年前に夫と離婚し，2歳と5歳の2人の子を育てており，3か月前から生活保護を受給している．母親は，担当者に「これからは，仕事を見つけて働き，自分の手で2人の子どもを育てていく」と話す．しかし，いっこうに仕事に就こうとする様子がみられない．母親は就職面接に行っても「○○の仕事は合わない」「○○は時間が合わない」「○○は時給が安い」などと何かと理由をつけては断ってしまう．ある日，担当者が家庭訪問にいくと，安岡さんは子どもを家においたまま外出していた．台所にはカップラーメンの空の容器が山のように積み上げられ，居間のテレビはつけっぱなしで，缶ビールの空き缶が転がっていた．

- 相談業務は，自分の価値観やものの見方を透明にして，相手の状況を的確につかまなくてはならない．どのようにしたら「自分の価値観やものの見方を透明にできる」のだろうか．それには**相談者に出会うときに「自分はどのように感じているのか」と「どうしてそのように感じるか」を吟味しておくことが大切でもある**．また，保育士自身も発達課題を抱えている人間であり，成長過程であるので，自己覚知は援助者にとって継続していくプロセスであることを忘れてはならない．

倫理的ジレンマとは何か

- 全国保育士会倫理綱領に「利用者の代弁」とあるが，子どものニーズと保護者のニーズは必ずしも一致せず，葛藤や対立が生じる場合がある．倫理綱領のなかに「子どもの最善の利益の尊重」と「保護者との協力」「利用者の代弁」な

どの倫理指針がお互いぶつかりあい，葛藤状態になってしまうことがある．このような倫理観のコンフリクト（対立）を**倫理的ジレンマ**という．

ポイント
・子どもの最善の利益の優先．
・子どもの成長や発達を考慮した支援．
・「保護者との協力」⇒保護者の置かれた立場を理解し，子育てを支える．

case 8　多動で落ち着かない（ADHD）児を養育している母親の訴え

　サトシくんは4歳のとき，児童相談所で「注意欠陥多動障害」（ADHD）と診断され，1年間ほど療育センターで治療教育を受け，現在は近くの保育所に通っている．保育所でもほかの子どもとのトラブルや，集団生活に馴染めないなどの問題がある．また，近所から「花をむしる，散水栓をいたずらする」などの苦情があり母親は疲労困憊の状態である．

　ある日，母親は保育所にくるなり，担当の保育士に訴えた．「先生，私は限界です．最近はこの子を産んだことを後悔しています．結局，だれも私を助けてくれないし，私の辛さは誰もわかってくれない…」と泣きながら話した．

- 子どもの病気の特徴や個性から起こる逸脱行動や不安定な感情は，保護者の思いと対立することが多い．このような場合，保育士はジレンマを感じるが，育児に負担感を覚えている親の気持ちに寄り添い，ともに子どもの育ちを支えていく気持ちを伝え，どのような相談にも誠意をもって答えていくことが求められる．そして，上手に伝えられない子どもの気持ちの代弁者になり，その子のもっている能力が引き出せるように働きかけ，保護者と発達の喜びや思いを共有することが大切である．

- ADHDは，不注意，多動性，衝動性を特徴とする障害で，集団のなかで一人だけ別行動になりやすく，思い通りにならないとかんしゃくを起こしたりする．子ども自身は自分が多動である意識はなく，叱ったり，厳しくしつけることは逆効果である．親は子どもに振り回されて精神的に不安定になるので，親の気持ちを受容し，子どもの障害が受容できるように保育士は支援することが大切である．親も困難な状況から次第に「障害があっても人間の価値は変わらない」と受け止めるようになるまでに時間を要するものである．

5 援助を求めない保護者とのかかわり

- 問題がありながらそれに気づいていない人，あるいは気づいていても支援を求めない人に対してどのようにかかわるか．
- 問題を抱えていても援助を求めない選択権は誰にでもある．しかし，子どもの生命や心身の発達に影響を与える可能性がある場合などは，それを放置するわけにはいかない．その典型例として虐待がある．**虐待の場合は，ほとんど支援を求めてこない．それは，保護者が虐待を"しつけ"の一環として考えていたり，また，虐待と気づいても支援を求めたくない親もいるからで**ある．ニーズがないからといって様子をみているうちに，子どもの被害が深刻化することがある．

case 9　生活の乱れが気になる親への支援

　イクコちゃん（2歳）は母親の育児休業があけて，今年4月から保育園に入園してきた．父親は外国に単身赴任しており，年に1～2回帰宅する程度である．母は仕事に復帰したばかりで急に忙しくなり，就寝時間も午前2時と遅いので，イクコちゃんは朝食も食べてこないことが多い．登園時は，まだしっかりと目がさめていないイクコちゃんは，午前中，ぼーっとして遊びに入れず，他児の遊びをみている．衣類も何日か同じものを着て，髪も汗でツーンと匂っている．母親は送迎時忙しそうで，自分から話しかけてこない．ある日，お迎えにきた母親に担当保育士は「お疲れ様です．イクコちゃんが写っています」と笑顔で遊んでいるイクコちゃんの写真を渡した．すると母親は「もっとかわいい服を着せるとよかった」とイクコちゃんを抱き上げ微笑んだ．翌日，母親が「生活の寂しさから，仕事に生きがいを求めて子どもの世話は十分ではなかった」と担当保育士に本音を語るようになった．

6 親同士のつながりを支援する

- 子育てに最も必要な支援の一つは，ごく身近なところにいつでも相談できる人がいることであろう．そのためには，親が他の人とのネットワークをもつことが必要となる．同じ思いをもって子育てしている仲間をもつことは親にとって大きな支えであり，また，子どもにとっても友だちとの楽しい遊びの機会となる．
- 近年，親子の仲間づくりのために公園に行っても「公園デビュー」といわれるような緊張感を伴う状況もあるので，社会資源を上手に利用することも一つの方法である．

育児サークル

- 育児サークルは親たちが自主的に運営している場合がほとんどで，参加する子どもは，幼稚園就園前の0～3歳児が多い．保健師や保育士などがサークルづくりや運営の手伝いをしているところもある．近年，育児サークル活動で課題となっていることは，「リーダーのなり手がいない」「会員集めが大変」「活動のマンネリ化」「会場がない」ことなどがある．しかし，保護者がより主体的に活動しやすい面もあり，保育所や幼稚園，ボランティア，保健センターなどの協力を得ながら実施しているところが多い．気の合う仲間を見つけ，それが日常の子育てに反映するような支援になるとよい．

保育所

- 仕事と育児の両立を図りながら子育てをする親にとって，保育所は子育ての情報が得られたり，子育ての相談に乗ってもらえるなど，子育てのパートナー機関として大きな役割を担っている．
- 保育所などの保護者会は，同じ環境下で子育てをしているいわば当事者グループといえる．保育所の保護者会は，親が就労しているので夕方に開催することが多い．
- 保護者同士の関係づくりを促進するために，**保育士は保護者のなかから出た課題や気づきを引き出し，情報を交換できるように話題を広げていく必要がある**．その際には，他の参加者がいやな思いをしたりしないように会話の成り行きにも気配りをすることが大切である．保護者を取り巻く人間関係が増えていくことは保護者の養育能力の向上につながるだけではなく，かかわりを通して子育ての支え合いが生まれる．

2-3 保護者の養育能力の向上

case 10　保護者同士の話し合いで育児不安の解消

　ノリコ先生は，保護者会の席で母親から「10か月検診で，指しゃぶりを歯科衛生士さんからやめるように指導を受けたが，いくら子どもに注意してもやめないので困っている」と相談を受けた．その種の相談は時々受けるが，ノリコ先生は，ほかの保護者に「皆さんはどうしていらっしゃいますか」と問いかけてみた．

　すると，「指に辛子をつけた」という母親や，「指しゃぶりする都度，注意したので疲れて大変だったが，あきらめていたらいつか直っていた」などの体験談をしてくれた．最も多かったのは「自然に直る．小学生で指しゃぶりしている子はいないから大丈夫」という意見であった．ノリコ先生は，保護者に「指しゃぶりしているときはどんなときですか」と聞くと，ほとんどの親は，「退屈なときや，眠いときだ」と答えた．そこでノリコ先生は，「手を使う遊びに誘ったりするのも方法の一つですね」と話した．母親たちはさらに，断乳のしかたやトイレットトレーニングなど，子育てに関するいろいろな話題に移っていった．

演習問題　グループで考えてみよう

- はじめての「保護者会」が開かれることを想定して保育士の役割について考えてみよう．
- 観察者，保育士，保護者と役割を分けてロールプレイをしてみよう．

【初めての保護者会の自己紹介の例】
①保護者の名前，子どもの名前と年齢
②子どものよいところ（親は子どもの悪いところが目につきやすい）
③みんなに聞きたいこと

幼稚園

- 幼稚園の役割も保育所と同様に在籍児の保護者と地域の親子に対する支援の役割をもっている．幼稚園の保護者は専業主婦が多く，保護者会は日中に行われることが多い．

> **case 11** 保護者会の行事を地域と共催して
>
> 　ヒマワリ幼稚園では，保護者会によるバザーを年2回位開いている．ところが，衣類のリサイクルやクッキーの販売など，出し物がマンネリ化してきていた．役員の一人から「今年は何か新しい展開がほしい」という意見が出た．それを聞いた保育士は「町内会などの地域と一緒に開催するのはどうでしょうか」と提案した．
> 　そこで，保護者会で手分けして，地域の自治会や婦人会，福祉のまち推進委員，民生委員，主任児童委員などに声をかけた．その年の保護者会主催のバザーは，地域と連携したのでとても幅の広い年代が集まり，にぎやかに行われた．何よりの収穫は，園児や保護者が近隣の大人から声をかけられるようになり，地域の顔なじみの関係が増えたことであった．これを契機に，年の瀬には幼稚園と町内会など合同で餅つき大会をすることとなった．

地域子育て支援センター

- 1993年に保育所地域子育てモデル事業が開始された．その後の実績で2003年に児童福祉法の改正で市町村事業となり，急速に整備拡充が図られた．
- 多くの子育て支援センターは，保育士が中心的な役割を果たし，育児不安などの相談，親子の触れ合いの場づくりや育児情報などの提供をしている．

市町村保健センター

- ほとんどの市町村に設置され，ここでは保健師のほか歯科衛生士，栄養士などが中心になって，妊婦や乳幼児に対する健診や相談を実施している．
- 母親教室の交流会から育児サークルの育成など，親同士のつながりを支援している市町村もある．
- 最近は乳幼児健診や訪問指導を通じて，保健師が児童虐待やその兆候を察知し，支援することも多くなっている．

子育てサロン

- 居住する地域を拠点に，子育ての当事者などが子育てを楽しみ仲間づくりを行う支え合いの活動である．運営は，自治体によってそれぞれであるが，主任児童委員や母子推進員・ボランティア，福祉のまち推進委員などが担っているところがある．親にとっては，子育てを共感したり，子育ての不安や問題を解消したり，子育てから離れてリフレッシュしたりする場となってい

る．子どもにとっては，異年齢の子どもとの交流が図れ，多様な遊びが子どもの好奇心や主体性を育むことができる(⓫)．

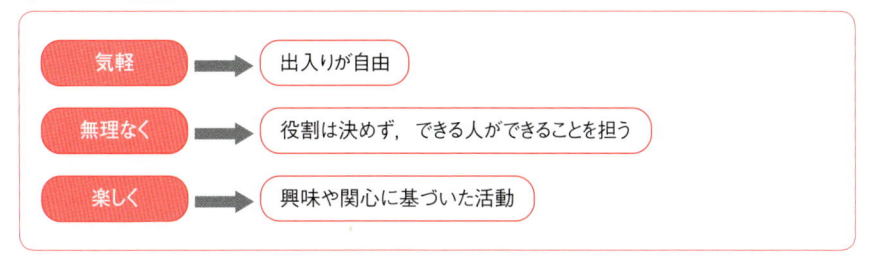

⓫ サロンの特徴

気軽	→	出入りが自由
無理なく	→	役割は決めず，できる人ができることを担う
楽しく	→	興味や関心に基づいた活動

親子遊びの広場

- 家庭ではできないダイナミックな遊びや集団で楽しめる遊び，季節感のある遊びなどを計画し，親同士，子ども同士のコミュニケーションが深められる活動をしている．

7 ひとり親家庭への支援

- ひとり親家庭になった理由に，母子，父子ともに生別が約8割(2010年度調査)となっており，近年はこの傾向が増加してきている．ときどき「子どもがいるのに離婚するなんて…」という声も聞くが，多くの親はよい家庭をつくろうとしているにもかかわらず，**離婚を考えるときは切羽詰まっての状態であることを理解すること**が，ひとり親家庭を理解する重要なキーワードである．
- 離婚を考えている両親の元での生活は，子どもにとっては心配と悲しみが心に満ちている状態である．親の争いもさることながら，子どもに心が向かない状態での生活は，子どもにとってよい環境とはいえないのである．

離婚後の課題：例として

- **親権設定**：離婚時に成立している場合が多いが，決めていない場合は家庭裁判所などの専門機関に相談する．
- **財産分与**：共同の財産は額としてもわかりにくい．前妻や子どものために考えられる夫であればそもそも離婚になることは少ないので，交渉は難航する可能性がある．
- **養育費**：母子家庭の生活で最も問題になるのは養育費である．養育費の支払いは支払い率が低く，父親の再婚，リストラなどで継続性が困難なことがある．
- **子どもの心理**(親から見捨てられるのではないか，二度と別れた親に会えないのではないか，誰が自分の面倒をみてくれるのかなど)を考えると，離婚については，子どもに不安をもたせないように説明したほうがよい．

2-4 地域資源の活用と関係機関との連携・協力

> **学習のポイント**
> 1. 子育てに関する社会資源について学ぶ．
> 2. 各機関の役割を知り地域ネットワークについて考える．

1 子育てに関係する資源

- 子育ては，家族や保育所，幼稚園のみではなく，地域や社会背景などの環境との相互作用が大きく関与する．子どもや保護者の生活課題を解決するために**フォーマル，インフォーマル**の社会資源との連携は重要である．

フォーマル（公的）な社会資源

- 制度化された専門職者や行政機関，法律や制度に基づいて提供される行政サービス，民間企業などのサービスが該当する．特徴は法律や制度の範囲内でサービスが提供され，**個々の利用者のニーズへの柔軟な対応は難しいが，財政的な基盤があるため比較的安価で，サービスの供給が安定している．**

インフォーマル（私的）な社会資源

- 親族，近隣，友人，知人，ボランティアなどの援助が該当する．インフォーマルなサービスの特徴は，**利用者のニーズに柔軟に対応しやすいが，専門性が低く安定性に欠ける面がある**（専門機関の種類と職種については p.95-97 を参照）．

2 連携や協力の対象となる社会資源や関係機関

- 保護者同士のつながりの機会となる，保育所，幼稚園，地域子育て支援センター，親子遊びの広場，育児サークル，子育てサロン，児童会館，保健センター，児童相談所，病院，学校などは社会資源の一つである．そのほかに地域の関係者として民生委員，主任児童委員，自治会などの委員は，子育て支援の大切な協力者である．

自治会との連携・協力

- 自治会は，地域住民の自主的な意思による総意に基づき，地域を住みよくするために結成された任意の団体であり，コミュニティづくりの中心的な担い手である．

> 自治会の活動例
> - 生活改善活動(食育・生活習慣など)
> - 青少年の育成,非行の防止(子供会のキャンプなど)
> - 季節の行事(お祭り,運動会,ラジオ体操,盆踊りなど)
> - 環境整備(外灯管理,公園の清掃など)
> - 交通安全・防火

民生委員・主任児童委員との連携協力

- 民生委員(p.181参照)は厚生労働大臣から委嘱された地域住民であり,児童委員と兼務しており全国すべての地域にいる.主任児童委員は1994年から地域に置かれ,児童の福祉に関する機関と児童委員のとの連絡・調整にあたる.

ファミリー・サポートセンター事業との連携・協力

- ファミリー・サポートセンター事業は住民同士の支え合いの活動で登録制である(⑫).同じように登録制の事業で緊急サポートネットワーク事業がある.

⑫ ファミリー・サポートセンターの仕組みと活動

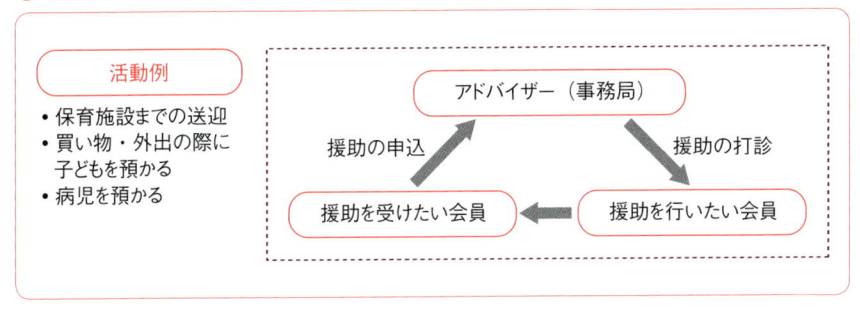

活動例
- 保育施設までの送迎
- 買い物・外出の際に子どもを預かる
- 病児を預かる

アドバイザー(事務局)
援助の申込 / 援助の打診
援助を受けたい会員 ← 援助を行いたい会員

地方自治体との連携・協力

- たとえば,経済的な相談は福祉事務所の生活保護課,虐待や子どもの発達などについて気になる場合は,各自治体の保健センターや児童相談所などと連携・協力する.

NPO法人との連携・協力

- NPO法人とは,1998年に施行された特定非営利活動促進法(NPO法)により法人格を与えられた団体である.近年では子育て支援活動をしてきたグループや母親クラブがNPO法人になる例がある.

家庭的保育事業との連携・協力

- 「保育ママ」という名称で実施してきた家庭的保育事業は，児童福祉法（第6条2）に規定され，2010年4月から国の制度となった．家庭的保育事業は，保育士や研修を受けた人が自宅で主に3歳未満児を保育する．家庭的保育事業は個人で保育するために保育者自身が病気のときや，通常保育以外の対応を要する場合は難しい．そのため保育所と連携をしていくことが求められている．

3 地域の関係者からの情報提供

- 民生委員や主任児童委員，町内会，ボランティアなど地域の住民が気軽に保育所などに顔を出せる関係があると，子育ての潜在的な情報が入手できる．また，保育所で実施している保育体験や園庭開放などの情報を広く地域に知らせる機会ともなる．

case 12　地域からの相談（DVで悩んでいた親子の発見）

　昨年，ヒヨコ保育園の保護者会が地域の住民と一緒に行ったイベントがきっかけとなり，近隣の民生委員や主任児童委員・ボランティアの人たちが，園児の遊ぶ様子をみながら，園長と話をするようになった．
　ある日，主任児童委員が「近くの公園で，乳児を抱いて顔色の悪い母親が，いつも夕方にぼーっと遠くをみている姿があり，悩み事があるようで気になっている」と園長に相談した．早速，園長は，保健センターの保健師にそのことを連絡した．保健師が家庭訪問すると，8か月になる男児はミルクだけで，離乳食もまだ始めていないとのことであった．母親は左目にアザがあり，保健師が尋ねると「柱にぶつけた」とのことであった．室内は雑然としており，夫は現在失業中で外出していた．3日後に保健師が訪問すると，今度は右まぶたが赤く腫れてアザになっていた．この日，初めて母親は夫から暴力を受けていることをあかし，今後のことについて相談に乗ってほしいと保健師に話した．保健師は，関係機関と連携を取りながら母親を支援した．その後，夫と離婚した母親は，子どもをヒヨコ保育園に預けて働いた．

2-4 地域資源の活用と関係機関との連携・協力

4 連携してネットワークをつくる

- 先の事例でもあるように，自分の施設だけで解決しようとしないで，他機関の協力を得ながら進める．また，保護者にDV（ドメスティック・バイオレンス）の相談機関（配偶者暴力相談支援センター・警察など）の情報提供，保健センターとの連携を図り，親子をサポートするネットワークをつくることが大切である．
- ネットワークとは，何らかの生活上の課題を抱えた個人や家族が，安心した生活を円滑に行うために，地域に網の目のようにはりめぐらされた人間関係を活用した支援組織のことをいう．ネットワークには，フォーマルネットワークとインフォーマルネットワークがある．前者は，行政や福祉関係機関などの制度として専門職者による援助で行われ，後者は既存の制度ではない，親族・近隣・知人・ボランティアなどの善意と経験に裏打ちされた非専門的な援助をいう．

case 13 ネットワーク会議の開催

　サヤカちゃん（2歳）は，母親（27歳）と二人暮らしでタンポポ保育園に通園中である．サヤカちゃんが生まれる前に両親は離婚しており，現在は生活保護を受給している．母の実母とは結婚に反対されて，以後交流はない．サヤカちゃんは，昼食をむさぼるように食べ，下着には便がつき，体にいくつかのアザがあり，頭髪も汗の匂いがして，担当保育士は虐待を疑った．担当保育士は園長に相談し，母親との話し合いを計画したが断られ，児童相談所に通告した．そして居住地の自治体の担当者ネットワーク会議が開かれた．この会議の出席者は保育所の園長，担当保育士，保健センターの保健師，生活保護課のワーカー，児童相談所の児童福祉司，地域の児童委員・主任児童委員であった⓭．それぞれこの母子にかかわる情報を持ちより情報交換が行われた．

⓭ ネットワーク会議に参加したメンバー

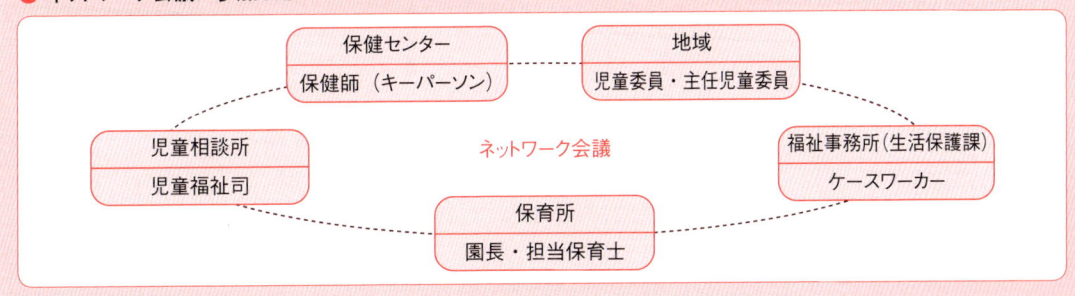

```
        保健センター              地域
      保健師（キーパーソン）    児童委員・主任児童委員

  児童相談所          ネットワーク会議          福祉事務所（生活保護課）
   児童福祉司                                      ケースワーカー

                      保育所
                  園長・担当保育士
```

179

会議で情報が共有できた点

①母親に対して

- 「母親は本質的にサヤカちゃんを生きがいに思っている」このことは母のストレングス（長所）である．しかし，「一人でする育児は疲れる」と訴えている．
- 子育てや発達の知識が不足し，育児能力が低い．
- 仕事を見つけてもすぐやめる．
- 人との付き合いは苦手で，友達はいない．

②サヤカちゃんについて

- 同年齢時に比べると発達がゆっくりしており，理解力が少し乏しい．
- 最近，母親の指示に従わず，母親をイライラさせている．
- 他児のおもちゃや食べ物を取ったり，思うようにならないと大泣きする．

③母親とサヤカちゃんの環境

- 親族や近隣からのサポートがない孤立した育児となっている．
- 経済的困難と仕事が定まらずストレスがある．
- 育児に対する知識が不足している．

　以上の情報を共有し，在宅でのサポート体制を確立するために各機関（者）の役割を確認し，援助計画を保健センターの保健師がキーパーソンとなって作成し継続支援した（⑭）．

⑭ 母子を守るネットワーク体制（各関係機関〈者〉の役割確認）

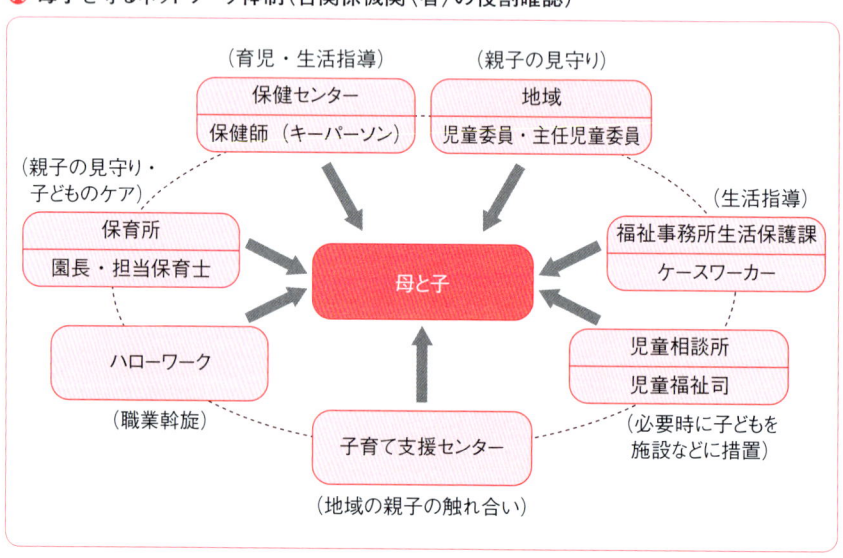

```
          (育児・生活指導)      (親子の見守り)
          保健センター          地域
          保健師(キーパーソン)  児童委員・主任児童委員

(親子の見守り・                              (生活指導)
 子どものケア)                               福祉事務所生活保護課
  保育所          →  母と子  ←              ケースワーカー
  園長・担当保育士

  ハローワーク                               児童相談所
                                             児童福祉司
  (職業斡旋)     子育て支援センター          (必要時に子どもを
                                              施設などに措置)
                 (地域の親子の触れ合い)
```

5 民生委員・主任児童委員とは

民生委員

- 民生委員法（1948年）に基づき，都道府県知事の推薦によって**厚生労働大臣により委嘱される無給の非常勤委員．任期は3年．**市町村，または特別区の区域ごとに置かれ，社会奉仕の精神をもって生活困窮者の保護指導にあたる．また，民生委員は児童福祉法（第16条第2項）に基づき児童委員を兼ねるとされている．児童委員は地域の児童および妊産婦の健康状態，生活状態を把握して，必要な援助を受けられるようにしたり，それらの者に対する福祉サービスを行う者との連絡調整を行うことを職務とする．

主任児童委員

- 主任児童委員は1994年に創設された制度で，地域担当の児童委員（民生委員が兼務）と一体になった活動をするが，特に**児童福祉関係機関や教育機関，地域の児童健全育成に関する団体との連絡調整を取るなどのパイプ役としての役割をもっている．**
- 増え続ける児童虐待に対応するため，厚生労働省では地域で児童福祉を専門に担当している「主任児童委員」の定数を増やすことに決めた．2001年，1万4,455人から2万人体制に増員．担当の地域ごとに児童が参加するボランティアや子育てなどの協力・支援を担当，虐待問題を抱えたり，不登校児童がいる家庭と学校や児童相談所への橋渡しを行う．

演習問題

次の場合どんな支援が考えられるか，グループで話し合ってみよう

① 親が病気になって，子どもの世話ができないとき
② 子どもを連れて遊びにいける場所や施設は？
③ 親が保育園や幼稚園に迎えに行けないときは？

参考文献

- 佐々木政人，澁谷昌史．子ども家庭福祉．東京：光生館；2011．
- 佐藤伸隆編．演習・保育と相談援助．岐阜：みらい；2012．

MEMO

保育相談支援

第3章

保育相談支援の実際

- 従前の母親は，多世代家族や地域社会など，まわりの人からの助けを借りて自然に育児を行ってきた．しかし，社会構造などの変化に伴って，働く母親の増加と核家族の進展により母親にかかる負担は，育児・家事・仕事と増してきている．さらに，近隣との関係が希薄ななか，孤立しながら育児している母親が増えてきている．

- 本章では，親が安心して子育てができるように，親が抱える生活課題を保育士も一緒に考えていく支援過程（アセスメント，プランニング，インタベーション，エバリュエーション）について学ぶ．

- 支援者の生活課題のとらえ方が違うと，その対応も大きく異なることから生活課題の捉え方についても考える．

3-1 | 保護者支援における保育者の役割

学習のポイント
1. 保護者支援における保育者の役割を考える.
2. 親の応答性や育児行動との関係を考える.
3. 生活課題について考える.
4. 相談援助の過程を学ぶ.
5. 支援計画の立て方, 記録の書き方について学ぶ.
6. 支援後の評価やカンファレンスのもち方について学ぶ.

- 1965年に保育所保育のガイドラインとして制定された保育所保育指針は, 1990年, 2000年の改定を経て, 2008年に厚生労働省から3度目の改定(❶)が出された(保育所保育指針解説書).

❶ 保育所保育指針 改定の要点

保育所の役割の明確化
保護者に対する支援(入所している児童の保護者, 地域の子育て家庭の保護者)と保育所の社会的責任(子どもの人権の尊重, 説明責任の発揮, 個人情報保護など)について規定している.

保育内容の改善
子どもの発達過程を理解したかかわり方や, 健康・安全のための体制整備, 子どもの育ちを支えるために小学校との積極的な連携を促し, 「保育所児童保育要録」を小学校へ送付することを義務づけている.

保護者支援
保育所に入所する子どもの保護者に対する支援, および地域の子育て支援について定めている. 子どもの成長の喜びの共有, 保護者の養育力の向上, 地域の社会資源の活用などが大切である.

保育の質を高める
保育計画を改め「保育過程」と規定し, 一貫性, 連続性のある保育実践をする. 保育所での体系的, 計画的な研修や職員の自己研鑽を通じて専門性の向上を図る.

1 親の応答性や育児行動の関係

- 生後2～3か月の子どもは, まだ十分に相手を特定できないので, 安全で安定的な環境に置かれていると順応的であることが多く, その後, 母親や周囲の人と親密な応答があることによって相互関係が築かれていく. 乳幼児期の人格の基礎を築く大切な時期に親子関係の不安定さや不調和があると, いろいろな意味で子どもの発達に影響がある(❷).

❷ 親の応答性が十分発揮されない可能性がある状況

環境の状況	災害，事件，事故，戦争や弾圧など親自身に身の危険がある場合
社会的状況	離婚，未婚のうえでの出産・育児，再婚における家族の再構成
家庭・夫婦の状況	経済的困窮，顕著な多忙，生活や仕事上のストレス，DVなど
親の身体的疾病	慢性疾患（膠原病や内分泌疾患など）産科合併症，急性疾患など
親の精神障害	うつ病，統合失調症の既往，再燃，発症
親の発達障害	精神遅滞，自閉症スペクトラム（高機能），ADHD
親の被虐待歴	精神症状を伴わない場合もある

＊DV：ドメスティック・バイオレンス，ADHD：注意欠陥多動障害
笠原麻里，齋藤万比古編．子どもの人格発達の障害．東京：中山書店；2011．

- 育児において環境の不備があれば環境への働きかけが必要となり，病気であればその管理が必要となり，家族の人間関係であればその調整が必要となる．
- 幼児の早期に発達の芽がでてくる自己制御力や自立性は，人間の行動や感情の制御にかかわってくる．**自己制御機能**は，人間関係のなかで「ゆずる」「我慢する」「やってみる」などの社会性を養う部分では大切な部分である．
- 森下（2003）は，幼児の自己制御機能の研究結果から「自己抑制の高い子どもの父母はともに受容的であったのに対して，自己抑制の低い子どもの父母は，ともに拒否的であった」と述べている．
- 子どもがたくましく生きていくためには，必要に応じて自己を抑制するとともに，積極的に自己を表現し，能動的に人とかかわっていくことが求められる．
- 気が短く待つことが嫌いな親は，子どもが行動を起こす前に手や口を出してしまう．また，常に子どものことが不安な親は，子どもが困らないように立ち回るため，子どもの自立心が育たないなど，育児は親の心理や性格に深いかかわりがある．

自己制御機能

自分の感情を抑制したり表現したりする機能のこと．

> **演習問題 グループで考えてみよう**
>
> ・夜泣きをする乳児の母親（A，B，C）3人の対応例から考えてみよう．
> ・A～Cの母親の心理を考えながらその対応について話し合ってみよう．
>
> 母親A：母親は自己中心的で子どもが夜泣きをすると「私を困らせている」「うるさい」などといって子どもを罵倒したりする．
> 母親B：オムツが濡れているのか，お腹がすいているのか，育児書をみながら必死になって対応するが泣き止まず，子育てに自信を失い，うつ的になり夜眠れない．
> 母親C：オムツが濡れていないか，空腹でないかを確かめ，泣き止まなくとも子どもが落ち着くまで優しく声をかけながら子どもに付き合う気持ちでいる．

2 保育相談支援の内容

連続性のある保育

- 保育所などの児童福祉施設における役割は，保護者に対して子どもの日々の様子や保育の意図，感染症の発生などの情報提供や説明をすることが求められる．それにより，子どもが家庭に帰ったとき，施設との連動性を保って親や子どもが安心して生活することができるからである．家庭と連携する場合の留意点は，児童福祉施設の方針や保育内容を押し付けるのではなく，保護者の意向も受け入れながら柔軟な対応を図ることが大切である．

仕事と育児の両立支援

- 近年の保育所は，保護者の仕事の関係で延長保育や夜間保育，休日保育，一時保育などに取り組んでいるところが多い．延長保育や夜間保育などで，保育士は子どもの様子を次の保育士に引き継ぐこととなるが，引き継ぎ内容は責任をもって連携を密にする．また，保育士は働いている保護者とゆっくり話し合う時間がとれないので，送迎時に「〇〇ちゃんが，昨日自分で手洗いするようになった」など，気軽に話し合える雰囲気づくりが保護者と**ラポール**を形成するうえで大切である．

ラポール
フランス語で「架け橋」という意味で，ここでは援助者と利用者の信頼関係をいう．

3 保育相談支援の方法と技術

- 子どもの保護者からの相談は，送迎時や行事，懇談会などで受けることが多い．相談内容によって個人的に受けた方がよいと考えられる場合は，落ち着ける場所を設けて話を聞く．また保育士は日常業務のなかで問題を発見することがある．ここでは保育士が援助の必要を感じた場を想定した展開過程を示す．
- 保護者支援の進め方としては①ケースの発見→②インテーク（受理面接）→③アセスメント（事前評価）→④支援計画（プランニング）→⑤支援の実施（インタベーション）→⑥支援の評価（エバリュエーション）という過程をたどる（p.45-49 参照）．緊急時などの場合は，必ずしもこの順ではない．
- 次に具体的な保護者支援の進め方を示す．

> **アセスメント**
> 利用者に関する情報収集のこと．

①ケースの発見（アウトリーチ〈p.45 参照〉）

> 日常の保育のかかわりからの気づき．

　タンポポ保育園に1週間前，1歳のハルカちゃんと3歳のジュンくんが入園してきた．入園して間もない2人は，朝泣いて母親からなかなか離れようとしない．担任の保育士が，ジュンくんを遊びに誘ったり，ハルカちゃんを抱っこしている間に，母親は急いで職場に向かっていった．
　2人の衣類には，2〜3日前からの食事の汚れがついたままになっており，ジュンくんのパンツに汚れがついていることに保育士は気づいた．
　①保育士は迎えにきた母親に「転居してきたばかりで仕事や家事，育児と大変ですね」と声をかけた．すると母親は「夫が前の職場をリストラされて求職中なので，私が働かなければ生活が大変なんです．見知らぬ土地で知人もなく，しかも新しい職場にもまだ慣れていないので，育児まで手がまわらなくて…」と語った．

家族の抱える訴えを聴く．バイスティックの原則に基づいた態度で接する（p.55-56参照）．

②インテーク面接

　保育士は迎えに来た母親に「ちょっとお茶を飲みませんか」と声をかけ，ハルカちゃんとジュンくんをほかの保育士に預けて面接室に案内した．母親は，出されたお茶に手もつけず不安な表情で保育士を見つめたままだった．保育士が「お母さんは仕事をしながら2人の子どもをみているので，大変ですね」と声をかけると，母親の眼から涙があふれた．

　母親は涙を拭き，気持ちを取り戻すとこれまでのことを話し始めた．「私は，結婚するまでヘルパーとして働き，結婚を機会に辞めて育児に専念していましたが，夫の仕事（建設業）が，ここ数年受注が減り，つい1か月前にリストラされ，職を探しているがなかなか見つかりません．幸い，私はヘルパーの資格があるのでこの町の介護施設にすぐ職（非常勤）が決まりました．今一番困っていることは経済的なことです．祖父母から借りたお金を生活費にあててきましたが，祖父母は持病があり年金生活なので，経済的にゆとりがなく，これ以上頼ることはできません．現在，家族が食べていくことがやっとで，子どもの世話や遊び相手をする余裕がないんです」と，声も途切れがちに話して目を伏せた．

　母親の訴えを，うなずきながら聞いていた保育士は「つらいことを私に話してくれてありがとう！これからのことを一緒に考えていきましょうか」と声をかけた．母親は「知らない土地で心細い思いをしていたけれど，話を聞いてくれて少し楽になった」と，涙を拭いた．

　保育士は「今日は，時間もなくなったので2回目の面接日を決めましょうか．そのときには園長も同席していいですか」と声をかけた．すると，母親は「お願いします」と答え，2人の子どもの帰り支度を始めた．

③アセスメント（事前評価）

　1週間後，2回目の面接日で母親は保育士のところにやってきた．ハルカちゃんとジュンくんの衣類は，洗濯されてこざっぱりした感じになってきている．保育士は，毎朝泣いていた2人が園に慣れてきて元気な最近の2人の様子を話した．すると，母親は「朝から子どもに泣かれると，職場に向かう足も重かったけれど，2日くらい前から2人とも保育園に慣れてくれたので気持ちも軽くなりました」と話す．続けて，母親は「夫の職が決まらず，途方に暮れている．しかし，子どもはそんな事情も知らないで，夫に抱っこや絵本の読み聞かせをせがんだりするので，夫は子どもを払いのけ"うるさい"と怒鳴ったりします．家事も手伝ってくれません．私は，家事と育児と仕事でもうクタクタです」と話し，肩を落とした．母親は，一口お茶を飲んで顔をあげると「でも，夫は私が土日勤務で育児ができないときには，子どもの世話を何とかしてくれています」と話す．

　保育士と園長は，母親の話をうなずきや相づちをうちながら聴いた．園長は母親に「ご両親は一生懸命に頑張っていますね．お父さんは職についてハローワークに相談しているんですね」と聞いた．すると，母親は「ハローワークって何ですか」と尋ねてきた．さらに，母親は「私が土日勤務のときに，今は夫が何とか子どもの面倒をみてくれていますが，仕事が決まると難しくなるので，そんなときに子どもをみてくれるところはあるのでしょうか」と不安そうに聞いてきた．そこで，園長は「今，一番お困りのことはお父さんの仕事と，お母さんの土日勤務時の保育のことでしょうか」と確認した．すると，母親は「夫が職につき経済が安定することが優先です．そして，早く子どもに向き合う余裕をもちたい」と答えた．

- 話し合いを通して母親と最後の方向性を以下のように確認した．
    - ①父親の職を決めて生活の安定を図る
    - ②土曜日，日曜日の保育体制について
    - ③地域の子育て支援について
    - ④父親の育児参加について
    - ⑤母親の健康管理について

> 保育者と保護者が一緒に考え，解決に向けて行動するよう方向づけをする．アセスメントは「個人」と「環境」の交互作用の視点をもつことが大切である．

3章 保育相談支援の実際

演習問題

考えてみよう

設問1　①ケースの発見（p.187参照）で担当保育士が母親に声をかける場面があるが，どのような声がけをすべきか考えてみよう．

設問2　この事例を保護者の問題と子どもの問題に分けて考えてみよう．どんな生活課題があるだろうか（考える視点として身体，心理・社会，経済・制度状況などの情報収集についてはp.195参照）．

父親の問題	母親の問題	子どもの問題

生活課題

↓

経済・制度的状況	心理・社会的状況	身体的状況

設問3　社会資源の情報でどんなことが考えられるか（例：ハローワーク，保健センター，福祉事務所，社会福祉協議会，主任児童委員，子育て支援センターなど）．

岡村重雄の全人的視点（基本的欲求）

①経済安定，②職業的安定，③家庭的安定，④保健・医療の保障，⑤教育の保障，⑥社会参加の機会，⑦文化・娯楽の機会．

④プランニング（援助計画）

- 保護者と保育者は，長期目標，短期目標を決め，その達成のために誰が，どこで，どのくらいの期間，どのような援助を必要とするのか保護者と協働で考える．立てた計画は固定したものではなく状況変化に合わせて柔軟性をもたせる（❸）．

❸ 援助計画のキーワード ……… 次の点を確認しながら作業を進める．

- 保護者がどんな解決を望んでいるのか．
- 保護者にできそうなことは何か．
- 情報を提供すれば自分で子育てしていけるか．
- これまでどのような情報を得ているか．

長期目標	共働きと育児の両立支援
短期目標	父親の就労と土日の保育，経済の安定，子育て不安の軽減 　①父親の求職でハローワークを活用．保育士からハローワークの住所や場所の情報提供を受ける 　②母親の土日勤務時の保育は，休日保育の相談を福祉事務所にする 　③職が決まるまでの間，父親が地域の子育て支援センターを利用し，子育てに関心をもつ機会をつくる． 　④母親の心身の疲労について保健センターの保健師の助言を受ける 　　地域の児童委員・主任児童委員や育児ボランティアとの連携 　⑤父親の職が決まるまでの生活費などの不足分については福祉事務所に相談する 　　（経済状況：母親の月給13万円，家賃 4万円，光熱費2.5万円） 　　援助計画の作成にあたっては，保護者，園長，担当保育士，保健師，福祉事務所職員らが話し合いに参加した

演習問題

援助計画表を作成してみよう

- 生活課題／ニーズ，援助目標，援助内容・方法，実施者について下記の「援助計画表」を作成してみよう．

　年　月　日

生活課題／ニーズ	援助目標	援助内容	実施者

> **演習問題 考えてみよう**
>
> ・本項の事例の保護者がもっているストレングス（p.11-12, p.205参照）について考えてみよう．

⑤インターベンション（援助計画の実施）

- 援助計画に基づいて実行に移すことを**インターベンション**という．保護者の抱える課題を解決するためには個々のサービスの「連携」が重要である．
- 保育者（援助者）は，サービスの連携を促すために調整を行い，ケース会議における課題の共有や目標の共有が重要となる．

以下は母親からの話である．

夫はやみくもに職探しをしていたが，ハローワークに相談に行った．そして，私が土曜勤務のとき，夫は保育士から教えてもらっていた子育て支援センターに2人の子どもを連れて行った．

子どもたちは，保育園とも家庭とも違う雰囲気に最初は戸惑いを感じていたが，センターの保育士の声がけでほかの子どもたちのなかに入って遊んだ．初めて子育て支援センターに行ったとき，ほかに3人ばかり子連れの父親がきていた．保育士が「今日，初めてこられた方ですね．よくいらっしゃいました」と夫に声をかけてくれ，ほかの保護者にも紹介してくれた．

ほかの父親から「私は，妻が働いているので，土曜日はこうしてセンターにきてほかの親の話を聞いたり，保育士さんから子どもの遊ばせ方やしつけなどの話を聞くのが楽しみなんですよ」と話しかけられたとのこと．夫は子育て支援センターに行くようになってから，洗濯やゴミ出しなど，家事を手伝うようになり，最近は以前より協力的になってきた，と母親は笑顔で話す．土日の休日保育については，福祉事務所に相談に行って申請の手続きをすませている．さらに，夫の職が決まるまでの生活費の不足分についても相談に乗ってもらっている．先日も保健センターの保健師が家に訪問にきてくれ，子どもの発育状況の確認や家族の健康管理の話をしてくれ，地域の主任児童委員や育児ボランティアを紹介してくれた．主任児童委員や育児ボランティアの方が，時々声をかけてくれるので心強いと話した．

⑥エバリュエーション(事後評価)

- 課題解決に向けて，援助計画は保護者の変化に応じて定期的に観察評価を行う必要がある．
- この観察評価を「**中間評価**(モニタリング)」という．これによって援助計画の見直しを図ることがある．援助期間の終わりで計画や実施を評価することを「**事後評価**(エバリュエーション)」という．

終結時のキーワード

- 目標が達成できた．
- 課題は残っているが保護者が自らの力(対処能力)でクリアできると保護者も援助者も考えが一致している．
- 転居などで支援が難しくなったとき(ただし継続援助を要する場合は移転先の関係機関に連絡し援助が途切れないようにする)．

　援助計画を立ててから1か月後，母親は登園時に顔を紅潮させて担当保育士に「嬉しいことがありました」と声をかけてきた．ハローワークから連絡が来て，夫の職(建設現場)が決まり，3年雇用契約の条件で来週から働く予定となった．さらに，休日保育については1か月後に近くのヒカリ保育園に決まり，その間の休日対応は，近隣のボランティアが子育て支援センターに連れて行ってくれることになっている．
　「子育て支援センターに行ったおかげで，ハルカとジュンは近所の親や子どもとも顔なじみになれました．生活費の不足分は生活保護課が，夫の給料が出る月まで支給してくれることになり，ありがたいです！ あとは夫と2人で働くので家計は何とかやりくりができ，育児を楽しむ余裕が出てきました」と話す母親の表情からは自信と安堵感がみえた．
　保育士は，保護者と援助計画の短期目標が達成できたことを確認しあった．さらに，保育士は「いろいろな機関や地域の人に助けられて前に進むことができてよかったね．今後，長期目標に向けて新たな課題が出たときに声をかけてくださいね」と話した．
　ハルカちゃんは，1歳3か月になり一人歩きを始めた．3歳3か月のジュンくんは友だちと電車ごっこを楽しんでいる．それをみていた母親は笑みを浮かべ，保育士に手を振りながら急いで職場へ向かっていった．

- 本項の事例の生活課題は、父親が失業し、家庭の収入が不安定であることや、母親が収入をえるために働き始めたばかりなので、仕事に慣れず気持ちにゆとりがなかった。さらに転居してきたばかりで、地域に育児の相談や支援してくれる人がいない状態であった。そのうえ、父親は職探しで疲れ、育児・家事などに非協力的であることから母親の育児負担が大きくなり、育児放棄に近い状態がみられた。祖父母は持病があり、年金暮らしで身体的・経済的に厳しい状態で事例への援助には限界があった。生活課題は、誰もが抱える可能性があり、保育士には子どもや家族の頑張りに気づき、認めながら一緒に課題を解決していく姿勢が求められている。
- 児童福祉施設で働く保育士は、日々の子どもや保護者の様子から生活課題を把握できる可能性があることを認識しておくことが大切である。

4 アセスメント, プランニング, エバリュエーションの視点

アセスメントの視点

- 訴えや状況が同じで表面上同じような問題を抱えている相談者であっても、背景などによって課題が異なることがある。たとえば、同じく「育児が大変」と訴え、抑うつ的である3人の母親がいる場合、個々の母親の背景を分析しなければ、課題やその対応は違ってくる（❹）。
- さらに、アセスメントをする際は、保護者のもっているストレングスに着目する援助者の視点が重要である。

❹ 3人の母親の共通する訴え「育児が大変」でうつ的になっている

	背景
母親A	マンションの最上階に居住。子どもは室内遊びが多く、最近は夜中に起きて遊びだす。母親は寝不足で「子どもが可愛いと思えない」と話す。
母親B	育児に非協力的な夫から帰宅後「食事の支度が遅い」「掃除が行き届いていない」などの暴言や暴力を受け、疲労困ぱいの状況である。
母親C	同居の祖父母が、抱き方やオムツのしかたなど、育児に口を出してくるのでストレスになっている。

> **演習問題 考えてみよう**
> - 3人の母親（A, B, C）の背景から、それぞれの課題を考えてみよう（例：育児の知識不足、人間関係の調整、専門機関の助言・指導など）。

主訴の確認

- 主訴は相談者が最も解決を望んでいる訴えである．単に「夜泣き」をするという現象だけではなく，夜泣きの背景について考えながら聞くことが大切である．昼間の運動不足を解消するために夜泣きをするのか，就眠時に，暖房をつけっぱなしでいるために部屋が暑過ぎて泣くのかなど，訴えから**課題を確認しながら聞くこと**[*1]が大切である．

*1：ニーズの確定が重要．

情報収集について

- アセスメントを行うとき，相手の言語情報のみではなく，表情，態度などの**非言語コミュニケーション**にも注目する．さらに，保護者の主訴のみではなく，家族の生活全体を把握するために身体・精神的状況，心理・社会的状況，経済・制度利用状況などに関する情報も収集する（❺）．
- 身体・精神的状況：家族の病気（心身）や障害の有無の状況のこと．
- 心理・社会的状況：日常生活の状況，地域・近隣交流などの社会参加の状況，家族の人間関係などの状況のこと．
- 経済・制度利用状況：保護者の就労状況，住居環境や経済状態や子育て支援センターなどの事業を利用しているかといった情報も収集する．

❺ アセスメント時のポイント

- 解決しなければならない問題は何か
- いつごろから始まっていて，これまでどんな対応をしてきたか
- 保護者の問題に対する対処能力はあるか
- 解決するための社会資源は必要か
- 課題の緊急度を判断する

> **演習問題 考えてみよう**
>
> - 子育て中の保護者が抱える生活課題にはどんなことがあるか考えてみよう．
> - 身近な子育て経験者（親，兄弟，知人，友人など）から子育て中に生活で大変だったことを聞いてみよう．もし，聞ける人がいない場合は，自分で思いつくことを考えてみる．それぞれ書き出してみて，数人のグループで書き出した内容について話してみよう．
>
> 「子育て中の生活課題について」というテーマを模造紙の上に書く．
> ①類似した生活課題を書いた付箋を重ね小グループに分ける．
> ②さらに似たような生活課題の付箋を小グループに分ける．
> ③いくつかの小グループができたらそれぞれにタイトルをつける．
> ④小グループの関係性について考える．
> ⑤持ち寄った，生活課題の背景を考えてみよう．
> ⑥課題を解決するための対策を考える．

プランニングの視点

- 援助計画を作成する点で大切なことは，子どもや保護者の真のニーズを反映することである．ニーズといっても，子どもの視点に立ったニーズもあれば，保護者の立場からのニーズなど，それぞれが違っていることがある．どのニーズを優先させるかは個々の事例によって違ってくる．また，ニーズに対する援助には緊急的な援助や，短期的な援助，長期的な展望に立ったものまであり，援助の目的・目標を明確にして，計画の作成は保護者との話し合いで進められる．

- 計画の実施にあたって自己決定を支援するときは，考えられる選択肢について説明し，保護者と一緒に考える必要がある．保育士は，よりよい援助を実施するために一人で問題を抱え込まず，同僚や上司やほかの専門職からスーパービジョンやコンサルテーションを受けるようにする．

スーパービジョン
上司や先輩から助言や指導を受けること．

コンサルテーション
医師や保健師などの他の専門職から助言を受けること．

エバリュエーションの視点

- 評価は，援助目標が達成されたかどうか，保育士だけではなく保護者と一緒にする．援助の終結は目標の達成のみではなく，ほかの専門機関やフォーマ

ルやインフォーマルの社会資源に引き継ぐことで援助を終了する場合もある．
- 終了した後も必要なときは，また相談に来られることを保障することが大切である．

5 カンファレンス

- 援助は，子どもの担任が単独で行うのではなく保育機関全体の職務である．たとえば，**異なる意見をもった保育士が保護者に対してそれぞれ自分の意見を伝えると，保護者は混乱し問題が解決されず，園に対して不信感をもつことにつながりかねない**．従ってカンファレンスは，子どもと保護者の支援を効果的に計画，実施，継続するために欠かせない作業である．

カンファレンスの視点

- 情報の共有．
- 支援方針の共有．
- 守秘義務（事例検討資料の取り扱い）など．

カンファレンスの形態

- 保育機関内のメンバーだけで構成される場合と，援助にかかわる関係機関（者）や専門職などのメンバーで構成される場合があるが，必要に応じて適宜開催する．

6 保護者支援の記録

記録の意味

- 記録することは相談支援の内容の質を高め，子どもや保護者の生活の質を高めることにつながる．また，**記録することで援助者の支援の振り返りの資料となる**．さらに，**保護者との間で問題が起きたときや業務内容を確認する際の判断材料となる**．また，保育相談支援は組織としてかかわるので，**情報を共有し検討**したり，担当者が不在時でも記録があると関係者間の食い違いを防ぐことができる．

> **演習問題**
> **書いてみよう**
> ・本項の事例のフェイスシートを書いてみよう．

フェイスシート(1号紙)(例)

1 住所　　　　　　　　　　　　　　　　　　　電話
　　　　　　　　　　　　　　　　　　　　　　連絡先

2 家族構成

氏名	続柄	年齢	性別	職業	備考

3 ジェノグラム[*2]とエコマップ[*3]

4 主訴

5 現状

6 その他(家族の生育歴, 病歴, 地域の状況, 関係機関など)

(2号紙)(例)

年月日	種別	相談内容	対応内容・課題
． ．	送迎時, 来所, 電話, 文書など, 会議	【相談者：氏名】	【援助者：氏名】
． ．	送迎時, 来所, 電話, 文書など, 会議	【相談者：氏名】	【援助者：氏名】
． ．	送迎時, 来所, 電話, 文書など, 会議	【相談者：氏名】	【援助者：氏名】

＊2, 3：(p.69-71参照).

- 記録は，事実だけではなく，印象や感じ取れたことも書くことが大切である．
- **客観的事実**（住所，家族構成など）と**主観的事実**（保護者が苦痛に思っていることや，気分がよいと言った本人が感じていることなど）は，語った言葉をそのまま記載することは重要である．記録の管理は，守秘義務の視点を忘れず，パソコンなどでの記録の保管も管理に留意することは大切である．

> **演習問題　考えてみよう**
> - パソコンにケース記録を入れた場合の管理について考えてみよう．

引用・参考文献

- 笠原麻里，齋藤万比古編．子どもの人格発達の障害．東京：中山書店；2011．
- 森下正康．幼児の自己制御機能の発達研究．和歌山大学教育学部教育実践総合センター紀要 2003；13：47-56．
- 西尾祐吾ほか．ソーシャルワークの固有性を問う-その日本的展開をめざして．京都：晃洋書房；2005．
- 佐藤伸隆編．演習・保育と相談援助．岐阜：みらい；2012．
- 吉田眞理．保育相談支援．東京：青踏社；2011．
- 古川繁子，汐見和恵．社会福祉援助技術Ⅲ 第2版．東京：学文社；2009．

MEMO

保育相談支援

第4章

児童福祉施設の保育相談支援

- 児童福祉施設は，大別して入所型と通所型に分けられる．通所型の一つである児童発達支援センターは，療育の必要な子どもや親の中核的な機関である．そこでは，医師，看護師，ソーシャルワーカー，保育士，理学療法士，作業療法士，言語聴覚士，臨床心理士などの多様な専門職が相談や指導などの支援をしている．

- 地域の保育所においても，保育所保育指針解説書で述べられているように，障害のある子どもの保育所での受け入れが一般化してきている．

- 入所型の一つである児童養護施設は，何らかの事情により家族と暮らすことが困難な子どもが入所している．施設を利用する保護者のなかには知的障害や精神疾患などを抱えている人もいる．

- 保護者と施設との関係，保護者と子どもとの関係など通所型とは異なる点があり，本章では児童福祉施設の保護者支援の視点について考える．

4-1 児童福祉施設における種別

> **学習のポイント**
> 1. 児童福祉施設の施設種別ごとの役割を知る.

1 入所型と通所型

- 児童福祉施設には, 助産施設, 乳児院, 母子生活支援施設, 保育所, 児童厚生施設, 児童養護施設, 障害児入所施設, 児童発達支援センター, 情緒障害児短期治療施設, 児童自立支援施設および児童家庭支援センターがある (p.235 参照).
- 入所型施設は, 何らかの理由により, 家庭と暮らすことが困難な場合に, 生活の基盤(家族の代理機能)を提供し, 必要に応じて専門的な援助を実施している. 施設職員は, 施設の特徴によってもたらされる個別の問題(虐待, 障害など)にも目を向けなければならない.
- 通所型施設は, 子どもたちの生活基盤は家庭にあり, 保育, 療育, 自立支援などのサービスを提供している.

4-2 児童福祉施設(保育所以外)における保育相談支援の視点

> **学習のポイント**
> 1. 施設種別ごとの保護者支援を考える.
> 2. 児童養護施設の子どもへの支援を考える.

1 親育ちの支援

- **社会的養護**に子どもの養育を託している親は，親自身も子ども時代に苦難な状況下で過ごした人が多い．親自身がつらい体験をもっていて子どもに対して適切にかかわれないことがあり，親を理解し，支えていくことは重要である．子どもの家庭復帰を考える際は，子どもの最善の利益を考え，親の養育能力の査定をし，長期的な支援の枠組みで考え，極めて慎重な判断が求められる．

社会的養護
家庭での適切な養育が困難な子どもを公的責任で社会的に養育，保護するしくみ．

> **演習問題 調べてみよう**
> ・現在居住している市町村に，どんな児童福祉施設があるか調べてみよう．

2 家族との交流

- 児童福祉施設（里親委託児，養護施設児，情緒障害児，自立施設児，乳児院児）で暮らす子どもと家族との交流をみると，家族との「交流なし」の割合は，里親委託児で71.9％，養護施設児で16.1％，情緒障害児9.0％，自立施設児で7.3％，乳児院児で20.2％となっており，特に里親委託で「交流なし」が高くなっている（❶）．

❶ 家族との交流関係別割合

	総数	交流あり 人（％） 帰省	面会	電話・手紙	交流なし（％）	不詳（％）
里親委託児	3,611	327 (9.1)	461 (12.8)	193 (5.3)	2,598 (71.9)	32 (0.9)
養護施設児	31,593	16,657 (52.7)	5,947 (18.8)	3,020 (9.6)	5,071 (16.1)	898 (2.8)
情緒障害児	1,104	762 (69.0)	180 (16.3)	55 (5.0)	99 (9.0)	8 (0.7)
自立施設児	1,995	904 (45.3)	309 (15.5)	147 (7.4)	146 (7.3)	489 (24.5)
乳児院児	3,299	652 (19.8)	1,693 (51.3)	237 (7.2)	667 (20.2)	50 (1.5)

厚生労働省雇用均等・児童家庭局．児童養護施設入所児童調査結果の概要 2008.

case 1　虐待を受けて児童養護施設に入所したマコトくん

　マコトくん（4歳）の父親は水産業の会社で働いていたが，凍結による水道管破裂で階下の居住者（6階から1階）の部屋が水浸しになり，その弁償のため退職金や貯金を使い果たした．父親は，再就職先を探したが見つからず，生活保護を受け，日中からアルコールを飲み，妻子に暴力をふるうようになった．冬のある日，マコトくんは裸で外に放置され，近隣の通報から児童相談所に一時保護され，その後，児童養護施設の入所となった．半年後，母親は離婚し，3人の子ども（3歳，2歳，0歳）を連れて実家に帰って行った．現在，父親は別の女性と行方不明である．

- 子どもが施設に入所している間に，家族の状況の変化により家庭への復帰がより一層難しくなることがある．また，親の離婚や再婚によって子どもに異父のあるいは異母のきょうだいができることもある．なかには急に親と連絡が取れなくなったり，行方がわからなくなる場合もある．施設職員は，入所している子どもにとって家族状況の変化は子どもの心が不安定になりやすいことを考えて支援することが大切である．

3 子どもや保護者の置かれている状況を理解する

- 現実に起こった問題だけではなく，そこに至った経過を把握したうえで支援にかかわることが大切である．親子が分離に至った経過には，望まない妊娠や出産，家庭内外の人間関係，経済状態，保護者自身の心身の問題など多岐にわたり，その背景は非常に個別性が高いことからそれぞれに合わせた支援が重要となる．

4 保護者と子どもの新たな関係づくりの構築を図る

- 児童養護施設などにおいてかかわる保護者は，保護者自身の生活が不安定なことが多い．援助者は否定的な見方で保護者を捉えず，**保護者を信頼して本人のもつ「強さ（ストレングス）」や「力（パワー）」といった肯定的な部分に着目して対応する**ことが，保護者自身が自分の課題に前向きに臨む姿勢を促しやすい．

> ▶ ストレングスとレジリエンス
> - サリービーは，ストレングスは「人々が逆境のなかで学んできたこと，教育や生活経験のなかで獲得してきた知識や知恵，人々のもつ特性，徳，才能，プライド，スピリチュアリティ，コミュニティのもつ福祉力，文化的・個人的なストーリーと伝承」がある，と述べている．
> - レジリエンスは「はね返す力」や「回復力」ともいわれる．近年，児童や家族を対象に発展してきたソーシャルワークや発達精神病理学の分野で発展してきた概念である．ウォルシュはこの概念を「過酷な人生の困難に耐えたり，そこから立ち直ったりする能力」と定義している．

5 児童養護施設の子どもへの支援

大人への信頼感の形成

- 入所している子どもは，親との交流やほかの親との違い[*1]を通して，徐々に家庭状況を知っていく．親の生活の様子や自分がなぜ施設で暮らしているのか，なぜ親は自分を育ててくれないのかという事実を，年齢に合わせた理解のできる範囲で知っていくことは大切なことである．ただし，職員はどんな親であれ子どもにとっては世界で二人といない親であるから，親を非難する言動は慎むべきである．連絡が滞りがちな親への職員側からの働きかけは，実を結ぶかどうかは別にしても，親に対する職員の誠意をもった行動は，子どもの大人に対する信頼感を培うために大切なものである．

*1：いつもお酒のにおいがして部屋が散らかっているなど．

社会的自立に向けて

- 子どもたちは中学を卒業して職に就いたり，高校を卒業したりすれば施設を出なければならない．そのとき，子ども自身の人生の選択が決まっていなければ社会的自立は困難となる．したがって，入所中に職員との人間関係で大人に対する信頼感を形成し，**困ったときに他者と相談できる関係づくりができるように**ソーシャルスキルを高め，将来の見通しをもつことができるように社会に対する関心を広げることは大切である．

- 児童養護施設の年長児の将来の希望調査結果から，早く元の家に帰りたいと答えた子どもは，全体で37.7％であるが，❷のように年齢が高くなるとともにその希望者数は減少している．さらに，18歳以上になると31.3％の子どもが施設を出て自活する自信がある，と答えている．

ソーシャルスキル
人と上手くかかわる方法．

❷ 児童養護施設の年長児童の将来の希望（家庭復帰，結婚，自立）

	家庭復帰	結婚したい	生活していく自信
総数	37.7%	42.0%	31.3%
14歳	45.2%	34.7%	28.6%
15歳	45.8%	38.8%	32.4%
16歳	37.1%	40.4%	29.6%
17歳	32.9%	44.3%	31.5%
18歳以上	28.2%	48.7%	31.3%

＊表の作成にあたり男女別は除外．
厚生労働省雇用均等・児童家庭局．児童養護施設入所児童調査結果の概要 2008．

6 苦情への対応

- 児童福祉施設の苦情への適切な対応は，福祉サービスを利用している保護者の満足感や信頼感を高めるものである．苦情を密室化せず，社会性や客観性を確保し，一定のルールに沿った方法で解決を進めることにより，円滑円満な解決の促進を図ることとなる[*2, *3]．

苦情解決体制

- 苦情解決責任者を置く：苦情解決の責任主体を明確にするため，施設長・理事などを責任者とする．
- 苦情受付担当者を決める：職員のなかから任命．内容は苦情受付，利用者の意向の確認，記録，苦情解決責任者，第三委員への報告，匿名や投書などの苦情は第三委員に相談する．
- 第三委員を決める：苦情の客観性や社会性を確保し，利用者の立場や特性に配慮した適切な対応を推進するため，第三委員を設置する．

苦情解決への手順

- ❸のような手順で話し合いの際の対応に注意して進めていく．

❸ 苦情解決の流れ

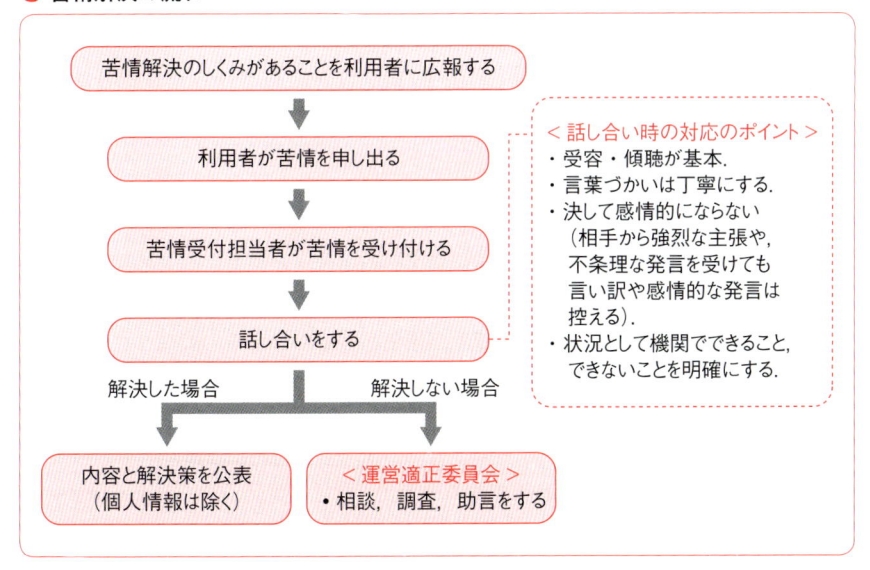

苦情解決のしくみがあることを利用者に広報する
↓
利用者が苦情を申し出る
↓
苦情受付担当者が苦情を受け付ける
↓
話し合いをする
↓
- 解決した場合 → 内容と解決策を公表（個人情報は除く）
- 解決しない場合 → ＜運営適正委員会＞ 相談，調査，助言をする

＜話し合い時の対応のポイント＞
- 受容・傾聴が基本．
- 言葉づかいは丁寧にする．
- 決して感情的にならない（相手から強烈な主張や，不条理な発言を受けても言い訳や感情的な発言は控える）．
- 状況として機関でできること，できないことを明確にする．

- 福祉サービスにおける苦情は，苦情を表面的に不満・不平と捉えるのではなく利用者のサービスに対する意思表示としてとらえ，改善のもとになると考え，支援をふりかえる機会とすることが大切である．

---

*2：社会福祉法（2000年）
- 苦情解決の明確化（第82条）．
- 都道府県における運営適正委員会の設置（第83条）．

*3：児童福祉施設最低基準
- 保護者からの苦情に適切に対応するために窓口を設置するなどの必要な措置を講じなければならない（第14条の3）．

4-3 障害児施設などにおける保育相談支援

学習のポイント
1. 障害者自立支援法の改正点を知る.
2. 障害児をもつ保護者の心情を考える.

1 法律による障害の定義

- 児童福祉法(1947年):「障害児とは,身体に障害のある児童又は知的障害のある児童をいう」第4条2項.
  ▶ 2012年4月の改正で上記の定義に加えて「精神に障害のある児童(発達障害者支援法第2第2項に規定する発達障害児を含む)を追加する.
- 発達障害者支援法(2004年):「発達障害を有するために日常生活又は社会生活に制限を受ける者をいい『発達障害児』とは18歳未満の者をいう」第2条2項.
- 障害者自立支援法(2005年):「障害児とは児童福祉法第4条2項に規定する障害児及び精神障害者のうち18歳未満である者をいう」第4条2項.
- 2010年12月10日に,「障害者制度改革推進本部における検討を踏まえて障害保健福祉施策を見直すまでの間において,障害者などの地域生活を支援するための関係法律の整備に関する法律」第7号が公布され,児童福祉法および障害者自立支援法の一部が改正され,2012年4月から施行された(❹).

> ▶ 改正の要点
> - 障害者自立支援法の福祉サービスの利用料は,利用者に対して公平に負担を求める**応益負担**である.応益負担は,**応能負担**と違い障害の重い者や低所得者には自己負担額が増えることから今後の課題となっていたが,**改正により応能負担が原則となった.**
> - **発達障害者**が障害者の範囲に含まれることを法律上明示する.
> - 相談支援の充実(総合的な相談支援センターを市町村に設置)
> - 障害児支援の強化(**障害児施設の一元化**,放課後等デイサービス・保育所訪問支援の創設)
> - 障害者自立支援法の課題を見直し,2013年4月から「**障害者総合支援法**」に改正され施行された.この法律の特徴は,制度の谷間を埋めるために障害者の対象範囲に**難病**などが加えられ,2014年から重度訪問介護の対象者の拡大,ケアホームのグループホームへの一元化が実施される.

応益負担
利用したサービスに応じて自己負担額が決まる.これに対して応能負担は,所得に応じて負担額が決まる.

❹ 障害児福祉サービスの再編

【2012年3月31日まで】

障害者自立支援法［市町村］
- 児童デイサービス

児童福祉法［市町村］
- 知的障害児通園施設
- 難聴幼児通園施設児
- 肢体不自由通園施設
- 重症心身障害児通園事業

通所 →

【2012年4月1日から】

児童福祉法［市町村］

障害児通所支援
- ★児童発達支援
- ★医療型児童発達支援
- ★放課後等デイサービス*
- ★保育所等訪問支援**

- 知的障害児施設
- 盲児施設 ろう児施設
- 肢体不自由児施設 肢体不自由療護施設
- 重症心身障害児施設

入所 →

児童福祉法［都道府県］

障害児入所支援
- ★福祉型障害児入所施設
- ★医療型障害児入所施設

厚生労働省
「児童福祉法の一部改正の概要について」一部加筆

---

* 学校（幼稚園および大学は除く）に就学している障害児に対して，授業の終了後または休日に児童発達医療支援センターなどの施設に通わせ，生活能力の向上のために必要な訓練，社会との交流の促進その他の便宜を供与すること（児童福祉法　第6条4項）．

** 保育所などの施設に通う障害児に対して，健常児との集団生活に適応するために養育の専門家による相談や支援を行う（児童福祉法　第6条5項）2012年4月から，これまでの障害者自立支援法に基づく児童デイサービスが，児童福祉法に基づく障害児通所支援事業の保育所等訪問支援へ移行となる．

2　障害児保育の保護者支援の視点

障害受容（事実を受け止め，ともに生きていく）

- 母親は，受胎したときから生まれてくる子どもにさまざまな思いを巡らせているものである．健康な子どもの誕生をイメージしている親にとって，障害のある子どもの誕生は，大きな変化と影響が家族に及ぶものである．

- また，生まれたときには障害があるとわからなくても，ほかの子と様子が違うことに気づき専門機関を受診し，障害を告げられることもある．中田（2005）は，母親が子どもの障害を受容する過程において「ショック，混乱と否認，負の感情の持続，適応，価値観の変化」の5段階を経験する，としている．

親の思いを受け止める

- 子どもの障害受容ができているか：障害受容ができていなければ，親は子どもに対して非現実的な期待や要求をもち，それによって不安が増したり，過度の要求を子どもに求めたりする．援助者は，親の葛藤を受け止め共感し，あるがままの子どもを保護者が受け止めることができるように支援する．
- 父親・親族の子育て参加の促進：田中(1996)は「障害をもった子どもを抱えた母親は，健常児の母親に比べストレスが高い」と述べている．また，父親や祖父母が障害に対して否定的であるとさらに母親のストレスは高くなる．従って，保育者は日頃接する機会の少ない父親や祖父母に対する支援も視野に入れることが大切である．

学生に薦める参考図書
- 主婦の友社．発達障害の子どもの心がわかる本．東京：主婦の友社；2010．
- 乳幼児保育研究会．発達がわかれば子どもが見える―0歳から就学までの目からウロコの保育実践．東京：ぎょうせい；2009．

4-4 | 保育所における保育相談支援

> **学習のポイント**
> 1. 保育所における保育相談支援の役割を知る.

1 保育所に入所している保護者に対する支援の特徴

- 保護者と送迎時, 遠足・保護者会の行事などさまざまな機会を通じてコミュニケーションが取れやすく, 継続した支援を行うことができる.
- 保護者の仕事と育児の両立を支援できる.
- 障害や発達上の課題をほかの関係機関と連携や調整を図りながら支援することができる.
- 保護者に不適切な養育などが行われている場合は, 市町村や関係機関と連携し, 適切な対応を図ることができる.
- 保護者間の自主的な活動を支援することができる.

case 2　マイちゃんと父親の登園

　いつもは母親と保育園に来るマイちゃん(3歳)が, 今日は父親と登園した. 担当の保育士は「おはようございます」と明るく父親に声をかけた. コクンと頭を下げて答えた父親は, マイちゃんの下着やタオルをどこに置いてよいのかわからないようで, あたりをキョロキョロしている様子がみられた.

　保育士が声をかけようと思っていた矢先に, マイちゃんが, 緊張している父親の手をひっぱり自分の部屋へ走った. マイちゃんが自分の棚を指さし, 「ここだよ」と教えているのがみえた. その様子が微笑ましく, 保育士は「マイちゃん, えらいね」と声をかけると, 父親はほっとした表情で「今日は, 妻が熱を出したので代わりに私が保育園にきたのですが, 家にいるときのマイよりしっかりしているので安心しました」と笑顔をみせた.

　マイちゃんは, 父親が持っていた紙袋を覗き込んで, 得意そうな顔で「お父さん, ビニール袋が入っていない」と持ち物をチェックする様子に, 思わず父親と保育士は顔を見合わせて笑いながら, 成長した姿を喜びあった.

　そして, マイちゃんと保育士は「行ってらっしゃい」とお父さんを一緒に見送った.

- **case2**では，初めての保育園の登園で，朝の支度に戸惑っている父親に対し，子どもと保育士の対応により父親の緊張がほぐれた．父親にとって，家庭とは違う子どもの成長の姿に喜びを感じ，「来てよかった」「また来ようかな」と思えるような保育者や職員の温かい対応は大切である．
- ここでの保育士の対応ポイントは，明るく声がけをして，父親と子どもの関係を「観察」し，適切な場面で「声がけ」をして子どもが頑張っていることに対する「承認」や，子どもが成長している姿を保護者と「喜びの共有」をするなど，母親とだけの関係にとどまらず，めったに顔を合わせない父親に対する関係づくりも重要である．

4-5 地域で子育てしている保護者の保育相談支援

> **学習のポイント**
> 1. 地域における保育相談支援について考える.

- 保育所が有している子育ての知識や技術は，地域で子育てしている保護者に対しても支援が期待されている．特に3歳未満児の7～8割は家庭で子育てをしていることから，地域子育て支援の役割は大きい(p.159-160参照).

1 地域における子育て支援の例

- 保育所機能の開放(園庭開放，体験保育，保育相談，保育参観など).
- 地域子育て支援センター(出会いの場の提供と子育て仲間づくりなど).
- 子育てに関する情報の提供.
- 地域の町内会や婦人部，民生委員などの世代や立場の違う人との交流が図られ，地域全体の育児力を向上させる契機となる.
- 専業主婦，あるいは短時間勤務などで働く親に対して一時的に保育を行う一時保育という制度もある.

2 子育て支援者の役割

- 温かく地域の親子を迎え入れ相談相手になる(親子の居場所づくり).
- 保護者同士をつなぐ(育児体験談，育児情報など共通する話題の提供).
- 保護者と地域をつなぐ(主任児童委員，民生委員，町内会，ボランティア，福祉のまち推進委員などとネットワークの育成).
- 援助者が積極的に地域に出向く(孤立している親子への働きかけ).
- 親の養育力を高める.

3 園庭開放

- 保育所がもっている子どもが遊べる環境や，保育士などの知識や技術の人的資源を地域の子育て家庭に対しても支援するように，児童福祉法第48条の3において努力義務として規定している．保育士は，地域のさまざまな人や機関と連携を取りながら地域に開かれた保育所として地域の子育て力の向上に貢献することが求められている.

- 保育所の園庭開放は，屋外の大型遊具（すべり台，ブランコなど）や清潔な砂場といった遊び場を提供することができるうえ，在園児との交流が図れるため，子どもの発達を伸ばすよい機会となる．一方，保護者に対しては保護者同士の交流の機会となり，また，同じ月齢の在園児たちの様子をみることによって親の安心や気づき，発見を促すことができる．

case 3-1　保育園の園庭開放に参加して

　アイコさんは，娘のナナちゃん（2歳6か月）を連れて，初めて近所のヒヨドリ保育園の園庭開放事業に参加した．ナナちゃんは，たくさんの子どもたちが遊んでいる様子に驚いて，アイコさんの後ろに隠れてしまった．そこへ砂場からバケツを持った男の子（3歳）がナナちゃんの前で砂をまいた．ナナちゃんは，さっそく砂を手に取って遊びはじめ，指の間から落ちていく砂の様子がとても気に入ったようだった．そして，走り去る男の子を追いかけて砂場へ走って行った．

　ナナちゃんは，砂場でほかの子どもの真似をして穴を掘ったり，小山をつくったりと何度も繰り返して，服や頭は砂だらけである．アイコさんは，家では危ない物や不潔な物は一切触らせないで育ててきたので，砂だらけのナナちゃんの姿をみて表情がだんだんとこわばってきていた．それに気づいた保育士は，アイコさんに優しく「よくいらっしゃいましたね．砂場がとても気に入ったみたいですね．生き生きとして好奇心があり楽しみですね」と声をかけた．すると，ほかの母親が「保育園の砂場は清潔に管理されているけど，公園の砂場は，犬や猫のふんやジュースの空き缶で汚れているから，子どもを安心して遊ばせられないよね」と声をかけてきた．それを聞いたアイコさんは，服や頭の汚れなど小さなことで不快な顔をした自分が恥ずかしいと感じた．

　その日，参加した保護者から「子どもが安心して遊べる公園があるか，探してみようか」と話がまとまった．アイコさんは，保育士に相談すると，「園庭開放は，常時ではなく月4回で，しかも雨の日は中止となるので安心して遊べる公園について園長にも話してみます」と語った．

　この日，ナナちゃんは思いっきり砂場で遊んだので，いつもより早く眠りについた．アイコさんは子育て仲間ができて，世界が広がったように感じた．

アクションリサーチの働きかけ

> **case 3-2**　「地域の公園で遊ぼう」をテーマに話し合う
>
> 　園庭開放事業で出合った母親たちは「安心して遊べる公園がほしい」と集まるたびにその話題に触れた．園長は「子育て広場や育児サロンに来ているお母さん方からも"公園で遊ばせたい"と同様の声が出ている」と声をかけてきた．そこでアイコさんは「公園で遊ばせるためには，砂場などがきれいでないと困るので公園の実態を調べてみませんか」と提案した．ほかの母親から「手分けして調査しましょう」と声があがった．園長は，「調べた結果を地域にも働きかけてこの活動の参加者を増やしましょう！」と話した．
>
> 　アイコさんは，早速，家から一番近いサクラ公園にナナちゃんを連れて行った．そこには小さな滑り台とブランコと砂場があった．滑り台は手すりが壊れかけていて，砂場は空き缶やガラス瓶のかけら，ポリ袋などが散乱し，ナナちゃんを遊ばせられる状態ではなかった．ほかの母親たちからも「公園に紙屑や空き缶，壊れたプラスチックのスコップなどが落ちていたので写真を撮ってきた」という声があった．
>
> 　公園の調査を一緒にしたいという母親たちが増え，たくさんの公園実態が明らかとなり，ヤマダ町内会や地区の児童委員と一緒に，アオゾラ市役所に公園の調査結果をもって相談に行くことになった．
>
> 　その結果，ヤマダ町内会がアオゾラ市役所の支援を受けて公園の管理を行うことになった．さらに，近くの中学校の生徒が月一度，公園清掃日を決めてボランティア活動をするようになり，公園は安心して遊べる状態になった．
>
> 　アイコさんは保育園の園庭開放や，子育て支援センターが休みのときに，知り合った母親たちと公園に出かけ，弁当を食べながら談笑するなど，これまでの活動を通して得た経験が，子育ての仲間づくりへと拡大し，育児の自信へとつながっていった．

> **アクションリサーチ**
> 直面している問題の解決に向けて共同で取り組む実践活動のこと．

4　子育て支援センター

- 保育所に設置されるセンター型子育て支援拠点事業は，週5日，1日5時間以上開設し，地域の親子が気軽に集まれる場で，保育士など2名以上の配置

が国から定められている．事業内容は，育児相談，育児情報の提供，子育てに関する講話，親子の交流の場となっている．保育者が支援する際に心がけることは，親子と地域がつながるうえで大切な関係機関や団体と積極的に連携・協力することである．

> **case 4** 保育所に併設している地域子育て支援センターを見学して
>
> 　ユウコさんは，妊娠7か月で胎児は双子であると医師から告げられ，出産後の子育てに不安をもっていた．ある日，保育園の前の提示版に「地域子育て支援センターに遊びに来ませんか」と書いてあるポスターを見つけた．
> 　ユウコさんは出産前の身軽なうちに，先輩の母親から子育ての情報を得たいと考え，参加した．そこには0歳から3歳までの親子が30組ほど集まっていた．そして参加者のなかに双子の親子が2組参加していた．保育士は，ユウコさんをほかの母親に紹介した．すると，ほかの母親から「出産はどこの病院なの？」「私も双子を出産して，双子をもつ親の会（ふたご座の会）にも顔を出しているから，今度一緒に行ってみない？」などとユウコさんは声をかけられた．保育士は，ユウコさんに自主グループ"ふたご座の会"のパンフレットを渡し，そこにも保育士や地域のボランティアがいることなどの情報を提供した．
> 　ユウコさんは，「転居してきたばかりで心細かったけど，思いきって地域子育て支援センターに来てよかった」と保育士に話した．
>
> ❺ 地域子育てセンターの参加を通して広がったネットワーク
>
> ```
> 地域子育て        地域の母親
> 支援センター
>       ↘  ↙
>       ユウコさん
>       ↗  ↖
> 保育所            自主グループ
>                   「ふたご座の会」
> ```
>
> ・case 4のユウコさんは，子育て支援センターに行って関係機関や関係者とのつながりが広がった．

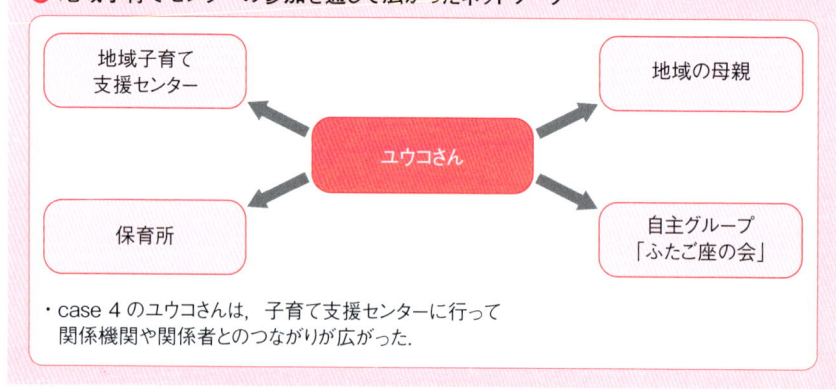

グループワークやコミュニティワークへの発展

- case3のように，保育園の園庭開放事業に参加した保護者から「安心して遊

- べる公園」の課題を提起され，共感した保護者同士がグループを結成し，公園の実態を調査し，地域が力を合わせて，その課題を解決した例がある．
- 問題の背景が地域や社会構造などであれば，その解決にあたってはグループワークやコミュニティワークが重要となる．そのときの保護者支援の保育士の役割は，**事務的なサポートや場の提供，各関係機関(者)の橋渡しをするなど側面的な援助に徹する**ことが保護者の<u>エンパワーメント</u>を促進するために大切である．なぜ，保護者のエンパワーメントを引き出す必要性があるのかというと，子育ては乳幼児期に限ったことではなく，学童期や思春期など，その年齢ごとに発達課題を抱えるものである．親が子どもの年齢の発達課題に対応するためには，**親同士の交流のなかで支え合いや，情報の交換，子どもの発達や社会的な事象など，幅広い視野で学ぶことが大切である．**
- 近年は「少なく産んで上手に育てる」という風潮があり，そのために何でも親が先回りしてやってしまう「先どり育児」が横行している．
- しかし，育児には子どもの気持ちを理解して寄り添う姿勢や，子どもの発達を温かく見守る心のゆとりが求められる．それには親も自分の心をコントロールしたり，人とのかかわりから情報をもらったり，提供したりする体験のなかで親も成長していく過程が必要である．柏木・若松(1994)の研究で，幼児を育てている親たちに「自分が子どもをもつ前と比べて変わった点」を調査した結果，考え方の柔軟性，自己制御，視野の広がりなど人間的な成長があった，と答えている(❻)．

> **エンパワーメント**
> 自らの内なる力に自ら気づいてそれを引き出していくこと．

❻ 親になることによる成長

柔軟性	考え方が柔軟になった． 他人に対して寛大になった． いろいろな角度から物事をみるようになった．
自己制御	自分のほしい物など我慢できるようになった． 他人の立場や気持ちをくみ取るようになった． 人の和を大事にするようになった．
視野の広がり	日本や世界の将来について関心が増した． 環境問題(大気汚染，食品公害など)に関心が増した． 児童福祉や教育問題に関心をもつようになった．
運命の信仰と受容	物事を運命だと受け入れるようになった． 運や巡りあわせを考えるようになった． 人間の力を超えたものがあることを信じるようになった．
生きがい	生きている張りが増した． 長生きしなければならないと思うようになった． 自分がなくてはならない存在だと思うようになった．
自己の強さ	多少他の人と摩擦があっても自分の主張は通すようになった． 自分の立場や考えはちゃんと主張しなければと思うようになった．

柏木惠子，若松素子．「親となる」ことによる人格発達―生涯発達的視点から親を研究する試み．発達心理学研究 1994；5(1)：72-83．

> **演習問題 考えてみよう**
>
> ・自分が親になったら，どんな親になりたいか考えてみよう．

case 5　地域交流会を企画して

　地域子育て支援センターの保護者会は，毎年，町内会，小学校のPTAなど地域の人と一緒に地域交流会を行っている．

　今年は，「地域で子育てを考えよう」というテーマの講演会とリサイクルのバザーやゲーム，手作りおもちゃなどのイベントを開くことにした．開催にあたっては，内容が多岐にわたっていることや考え方の違いなど，メンバー間の意見の違いもあったが「未来を担う子どもをどう育てたいか」という目標で，ある程度の意見の一致がみられた．

　イベントに向けてパンフレットやチラシを保護者会やPTAが担当し，町内会はリサイクルの衣類やおもちゃなどの収集の役を受けもった．当日は，育児ボランティアとかかわりのある社会福祉協議会や，民生委員，地域子育て支援センター，保育所，行政の担当者も加わった．

　地域交流会を企画した保護者会のメンバーは「町内会や関係機関（者）の人たちと知り合ういい機会となった．今後も地域で孤立しながら育児する親が，地域子育て支援センターをよりどころにしてほしいと思うから，この事業は続けたい」と話した．

← 人形をおんぶする2歳児

イチゴが大好きな1歳児 ↓

地域子育て支援センターでの一場面（札幌大谷大学子育て支援センター）

4-6 | 特別な対応を要する家庭への支援

> **学習のポイント**
> 1. 虐待対応と虐待の早期発見のポイントについて考える.

1 虐待予防の基本的なかかわり方

子どもの権利擁護

- 子どもの年齢が低いほど自らの意志を主張することはできず，周囲の大人の態度や意向の影響は大きい．したがって，できるだけ早期に虐待に気づき，早期対応につなげることは重要である．

子どもの発達支援，自立支援

- 一人ひとりの子どもが個性豊かで思いやりのある人間として成長するために「自主性，自発性，自ら判断し決定する力」が必要となるので，子どもが選択し，そのことに責任をもつ体験が大切となる．

パーマネンシーへの配慮

- 子どものパーマネンシーとは，永続的な人間関係や生活の場を保障すること．このことは在宅支援でも施設支援でも同様である．

2 虐待に至るリスク要因

- 児童虐待はさまざまなリスク要因が絡み合って起こるため，リスク要因を有する家庭を早期に把握することが重要である（❼）．

❼ 虐待に至るおそれのある要因

保護者	・望まぬ妊娠，若年の妊娠 ・子どもへの愛着形成が不十分（妊娠中に早産など何らかの問題が発生） ・マタニティブルーや産後うつ病など精神的に不安定な状況 ・元来の性格が攻撃的・衝動的 ・医療に繋がっていない精神障害，薬物依存，アルコール依存など ・被虐待経験 ・育児に対する不安やストレス ・体罰容認などの暴力に対して親和性がある
子ども	・乳児期の子ども ・未熟児 ・障害児 ・何らかの育てにくさをもっている子ども
養育環境	・未婚を含む単身家庭 ・内縁者や同居人がいる家庭 ・夫婦不和，配偶者からの暴力（DV）のある家庭 ・転居を繰り返す家庭 ・親族や地域社会から孤立した家庭 ・失業や転職などで経済的に不安のある家庭

参考：厚生労働省雇用均等・児童家庭局．子ども虐待対応の手引き 2009．

- ❼のように虐待要因のある（ハイリスク）家庭の把握と援助は，虐待予防を考えるうえで非常に重要である．児童虐待の進行と予防を松井らは❽のように図式化している．

❽ 幼児虐待の進行と予防

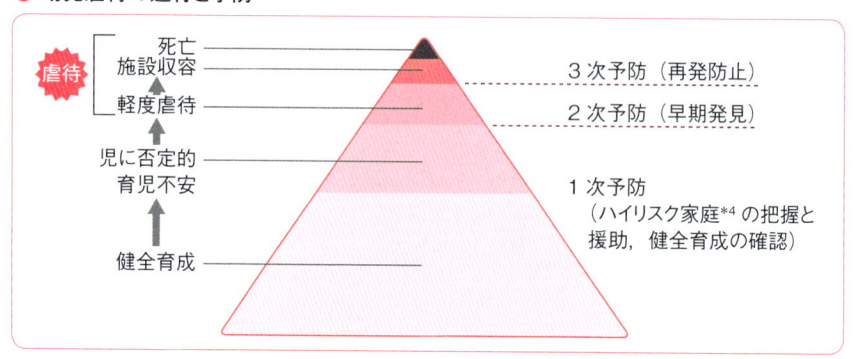

虐待
- 死亡
- 施設収容 ─── 3次予防（再発防止）
- 軽度虐待 ─── 2次予防（早期発見）
- 児に否定的
- 育児不安
- 健全育成 ─── 1次予防（ハイリスク家庭[*4]の把握と援助，健全育成の確認）

*4：ハイリスク家庭の把握は，リスク要因（❼）を参考とする．

松井一郎．1999年度厚生科学研究費助成金（子ども家庭総合研究事業）．虐待の予防：早期発見及び再発防止に向けた地域における連携体制の構築に関する研究．

3 虐待の早期発見のチェックポイント −保育所，幼稚園，学校など−

- それぞれの施設において虐待を早期発見するために，❾のような所見を見逃してはいけない．

❾ 虐待を疑う所見

乳児	・特別な病気もないのに身長や体重の伸びが悪い ・不自然な打撲やあざ，火傷などがみられる ・表情や反応が乏しく，語りかけやあやしても無表情である ・いつも不潔な状態にある ・おびえた泣き方をする ・予防接種や健診を受けていない
幼児	・不自然な傷や火傷，打撲の跡がある ・おびえた泣き方やかんしゃくが激しい ・親が来ても帰りたがらない，親の前ではおびえた態度になる ・転んでけがをしても助けを呼ばない ・おやつや給食をむさぼるように食べる ・衣類や身体が常に不潔である，季節や気温にそぐわない服装 ・理由のはっきりしない遅刻，欠席がある．お弁当の準備が必要な遠足などは休む ・言葉の発達が遅れている ・身長，体重の増加が悪い ・衣類を脱ぐことに異常な不安をみせる，年齢不相応な性的な言葉や性的な行為がみられる ・些細なことでカーッとなり他児に乱暴する ・手をかざすと身をかがめる．帰宅を嫌がる ・予防接種や健診を受けていない
学童 ※幼児にみられる特徴を含む	・万引きなどの非行がみられる ・落ち着きがない ・虚言が多い ・授業に集中できない ・家出を繰り返す ・理由がはっきりしない欠席や遅刻が多い
親の様子	・子どもの扱いが乱暴である，子どもに能力以上のことを要求する ・子どもの要求をくみ取ることができない，兄弟と差別する ・孤立している ・被害者意識が強い ・保育士や教員との面談をこばむ ・言葉が威圧的，攻撃的，かっとなってキレやすい ・子どもを笑顔であやしたりせず，家族の不満を訴える ・不自然な転居歴がある ・子どもの養育に無反応

齋藤万比呂．子ども虐待と関連する精神障害．東京：中山書店；2008．

4 虐待の通告義務

- 児童虐待を受けていると思われる子どもを発見した際に，その通告は義務化されている(❿)．
- 虐待を疑っても，「実の親がそんなことをするはずがない」「そんなことをする人にはみえない」など，否認したい気持ちは誰にでもあるので，通告をためらう気持ち(否認)をもちやすい．しかし，虐待は否認があるために発見が難しくなることがある．否認を解くにはまず，①虐待について学習する，②見分ける目を研ぎ澄ます(アンテナを高くする)，③言葉だけではなく，態度やかかわりに焦点を当てて，親子関係をよく観察する，④虐待かもしれないと思ったときは，上司や同僚に相談し，チームで対応を取るようにする．

> **通告者の保護**
> 児童虐待防止法第7条：通告を受けた福祉事務所や児童相談所などが，通告した者が特定される情報を漏らすことはない．

❿ 児童虐待の通告はすべての国民に課せられた義務

児童福祉法第25条（要保護児童の通告義務）

児童虐待を受けたと思われる子どもを発見した場合は，児童相談所もしくは市町村，都道府県の福祉事務所に通告しなければならない．

児童虐待防止法第6条（児童虐待に係る通告）

2004年の改正で「虐待を受けた児童」から「虐待を受けたと思われる児童」に改められた．この法律の3項において，刑法の秘密漏示罪の規定，その他の守秘義務の規定は例外措置がとられており，通告義務が妨げられるものではなく，関係機関が連携して情報を共有しなければならない，とある．

さらに，児童虐待を発見しやすい立場にある人や団体には，より積極的な児童虐待の発見・通告が義務づけられている．第5条では具体的に学校，児童福祉施設の職員らは児童虐待を発見しやすい立場にあることを自覚し，早期発見に努め，虐待予防ならびに虐待を受けた児童の保護および自立支援に関する国や自治体の施策に協力なければならない，とある．さらに，児童虐待の防止のための教育および啓発に努めなければならない，とある．

児童相談所は，2007年1月の改正で通告を受理してから48時間以内に安全確認などの具体的対応をすることが望ましいとなっている．

---

5 緊急時の対応

> 緊急性が高い場合は早急に児童相談所へ通告する．

緊急性が高い場合の例

- 子どもの生命に危険が及ぶ(冬季に外に出す，食事を与えない，外傷，高温の車中などに放置，衰弱，捨て子など)．
- 子どもや保護者が救済を求め，訴える内容が切迫している．
- 頭部や顔面，腹部などのアザが繰り返されている．
- 慢性的にあざや火傷(タバコや線香など)が繰り返されている．
- 確認には至らなくとも，性的虐待が強く疑われる．

- 親が子どもに必要な医療処置をとらない．

> ▶ 自治会の活動例子どもの自立を援助するために
> - 子どもの自立の考え方として大事な点は，何でも一人でやらなければならないということではなく，できることは自分でやり，できないことは人に頼れることが大切である．親も子も生活するうえで，自分で解決できないことがある．困ったときには助けてもらえる体験を重ねることが大切であるが，そのためには人との間に愛情と信頼の結びつきがあることが重要である．これまでわが国は，子どもの問題は保護者が決める風潮が強かったが，子どもの自立をうながすには，子どもの考えを聞き，意向（どうしたいか）を確認する作業が大切であり，子どもが選択し，そのことの責任をもつという体験が大切となる．
> - 「子どもの権利条約」からも子どもを単に保護，養育の対象として捉えるのではなく，子どもの人格と主体性を尊重しつつ，調和のとれた発達を援助していくべきという認識が高まっている．
>
> ▶ 子どもの主体性を引き出すポイント
> - 子どもの考えをよく聞く．
> - 子どもが選択し，判断し，決定するためには，大人が子どもにわかるように説明することが必要である．

6 児童虐待対応における児童相談所の主な権限

立ち入り調査

- 児童福祉法第29条，児童虐待防止法 第9条：保護者の同意がなくとも居所に立ち入ることができる．

児童相談所長による一時保護

- 児童福祉法第33条：児童相談所長が一時保護が必要と認める場合は，保護者の意に反しても一時保護をすることができる．

家庭裁判所の承認による施設入所，里親委託 など

- 児童福祉法第28条：虐待により，保護者に子どもを監護させることが著しく児童の福祉を害する状態にもかかわらず，保護者が施設入所に同意しない場合，家庭裁判所に承認を得たうえで施設措置を行うことができる．

7　初めて親からの相談を受けたときの考え方

- どんな親であってもはじめから親の育児を変えることをしてはいけない．そうすることによってかえって虐待が悪化し，援助機関からの援助を中断するようになる．親がカッとなって子どもを叩く行為などを減らすには，子どもからちょっと離れて距離を取る（知人や友人などの協力を得る）ことも一つの方法である．また，地域子育て支援センターや子育てサロン，子育て広場などの社会資源を利用することも一つである．なお，経済的に困窮していたり，子どもに発達障害が疑われるようであれば，市町村や関係機関と連携および協力を図りながら支援する．

case 6　虐待に悩む保護者を支援して

エミちゃん（3歳）は，両親とミホちゃん（1歳）の4人暮らしだった．エミちゃん家族はアパートの2階に住んでおり，階下の住人から足音がうるさいといつも苦情を言われていた．母親はエミちゃんとミホちゃんを近くの保育園に預け，スーパー（パート）で働いていた．父は長距離トラックの運転手で，ほとんど家に居なかった．

ある日，担当保育士は午睡前の着替えの際に，エミちゃんの腕や肩に腫れやあざを見つけた．エミちゃんに聞くと「転んだの」という．保育士は数日前，送迎時に母親が険しい顔でエミちゃんを叱っているところをみた．また，ミホちゃんは，異臭がする下着に食事の汚れがついていることが多かった．そこで，担当保育士は送迎時，母親に明るくあいさつし，エミちゃんやミホちゃんが楽しく遊んでいる様子などを伝えるように心がけた．さらに，エミちゃんやミホちゃんに個別にかかわる時間を設け，ほかの子どもたちとの遊びの橋渡しをするなど密なかかわりを大切にした．そうした取り組みでエミちゃんやミホちゃんの表情が少しずつ明るく変わっていった．

ある日，担当保育士は母親に「最近お仕事のほうはいかがですか．少し疲れていらっしゃるようですが」と問いかけた．すると母親はこれまでの生活についてポツリポツリと話しだした．

「夫は，最近，給料を減額され残業が増えて家にいないことが多く，育児や家事を一人でやっている．おまけに階下の人からは"子どもの声がうるさい，家の中で走らせるな"などと苦情を言われ，いくら子どもに注意しても聞きわけがないので，つい叩いたり，声を荒げて叱ることが多くなってきている．叩いてしまってから，これは虐待ではないかと思い，自分を責めて情けなくなる」と涙を流しながら語った[*5]．

保育士は母親の話を受け止め（**受容**）批判的なことを言わずに（**非審判的態度**），母親の立場に立って生活の大変さを理解しようと務めた．そして，母親の感情を受け止め（**共感的理解**）今後，ともにエミちゃんとミホちゃんの育ちを支えていくことを確認しあった．

*5：面接時はバイスティックの7原則（p.55）を参考にする．

- 保育者は，保護者が自由に自分の感情を表現（**意図的な感情の表出**）できるように受容的な態度で接し，保護者の感情に巻き込まれたり，流されることがないように対処すること（**統制された情緒的な関与**）が大切である．

> **演習問題**
> 児童相談所への「通告」に対して，次のケースを考えてみよう
> ・担当している子どもの背中とお尻に，タバコの火傷痕を確認した保育士は同僚の保育士に相談した．すると「私たちには守秘義務があるから通告はしなくていい」と言われた．担任保育士としてはどうすべきだろうか．

8 保育所・幼稚園などにおける対応の流れ（例）

- まず記録に残すことからはじまり⓫のような流れの対応を取る．

⓫ 虐待の疑いを発見した場合の流れ

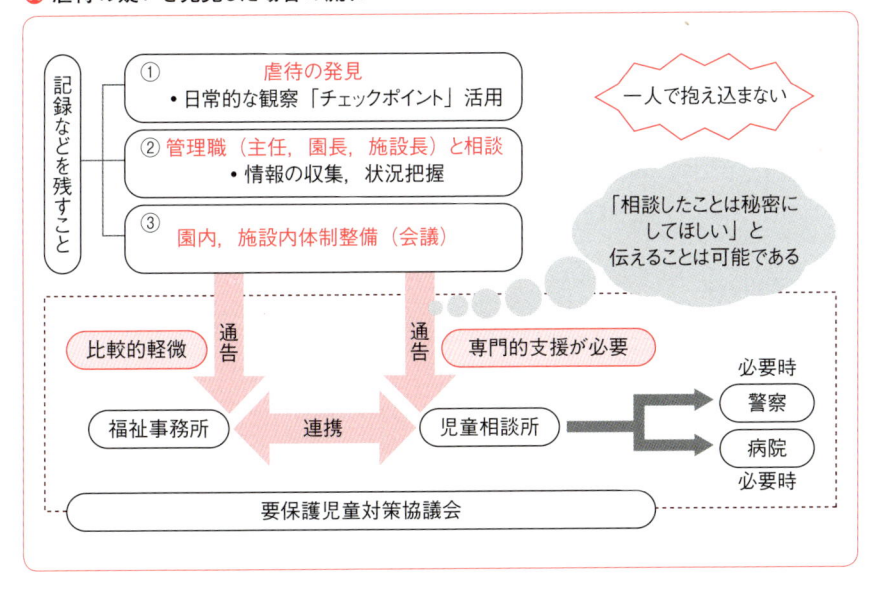

記録などを残すこと
① **虐待の発見**
・日常的な観察「チェックポイント」活用
② **管理職（主任，園長，施設長）と相談**
・情報の収集，状況把握
③ **園内，施設内体制整備（会議）**

一人で抱え込まない

「相談したことは秘密にしてほしい」と伝えることは可能である

比較的軽微 → 通告 → 福祉事務所
専門的支援が必要 → 通告 → 児童相談所 → 必要時 警察／病院
福祉事務所 ⇔ 連携 ⇔ 児童相談所
要保護児童対策協議会

9 要保護児童対策地域協議会について

- 虐待の発生予防と早期発見，適切な対応，見守り，ケアを図り，さらに親子の関係修復，家族再統合までを視野に入れた取り組みをするためには，**関係機関が子どもに関する情報や考えを共有し，連携による支援をする必要がある**．
- そこで，2004年，児童福祉法の改正において，要保護児童対策地域協議会を市町村に置くこととなった．協議の対象は，**要保護児童**（保護者のいない児童または保護者に監護させることが不適当な児童）に加えて，**要支援児童**（保護者の養育を支援することが特に必要な児童）および**特定妊婦**（出産後の養育について出産前において支援が特に必要と認められる妊婦）である．
- 要保護児童対策地域協議会の調整機関は，多くの場合市町村が担っている（p.232参照）．

要保護児童対策地域協議会の特徴

- 民間団体も参加した幅の広い関係機関の情報の共有化を図ることができる（協議会参加者の守秘義務が児童福祉法第25条5に位置づけられる）．
- 調整機関（多くは市町村）に情報が集約されるため，的確な援助方針の策定や役割分担，援助の支援管理ができる．
- 要保護児童対策地域協議会で各機関の児童虐待へ対応する温度差を修正していくことができる．
- 各関係機関がそれぞれの特徴を生かしながら要保護児童とその家族を援助できる．各機関の役割分担を確認することが大切である．
- 要保護児童対策地域協議会は，「代表者会議」「実務者会議」「個別ケース検討会議」の3層の会議で構成されている（⑫，⑬）．

⑫ 3層会議の例

- 代表者会議 — 支援に関するシステム全体のこと
- 実務者会議 — 協議会の年間活動方針の策定，啓発活動
- 個別ケース検討会議 適時開催 — 個別の要保護児童の具体的な支援内容の検討

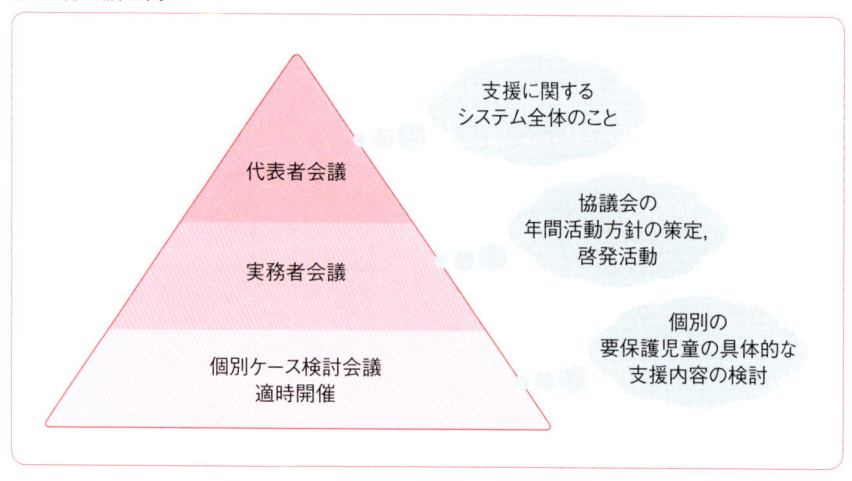

⓭ 要保護児童対策地域協議会（例）

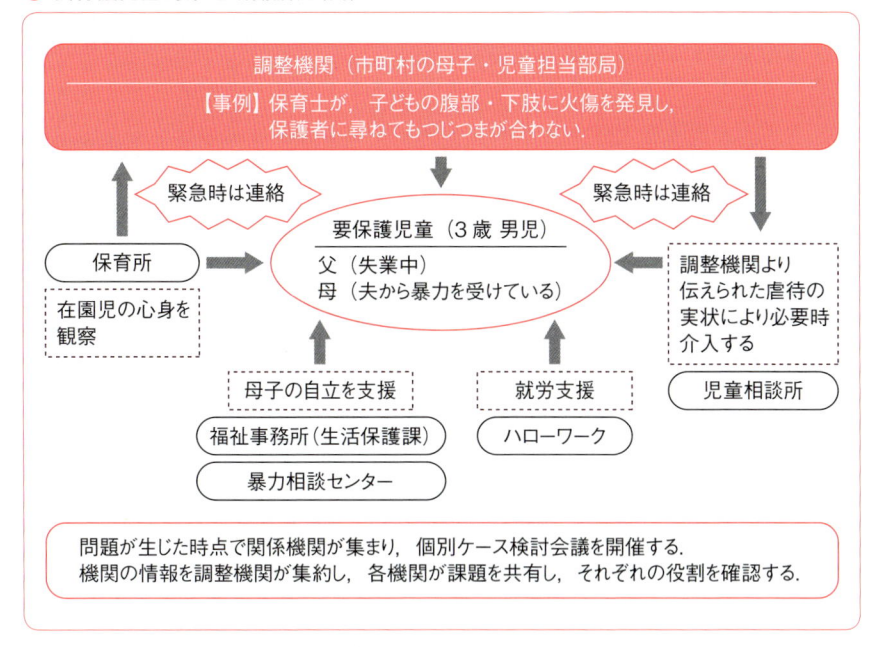

```
┌─────────────────────────────────────────────────────────┐
│         調整機関（市町村の母子・児童担当部局）              │
│  【事例】保育士が，子どもの腹部・下肢に火傷を発見し，       │
│         保護者に尋ねてもつじつまが合わない．               │
└─────────────────────────────────────────────────────────┘
        ↑         ↓                         ↓
    緊急時は連絡                        緊急時は連絡

  ┌──────┐          要保護児童（3歳 男児）        ┌──────────┐
  │ 保育所 │  →   父（失業中）               ←   │調整機関より│
  └──────┘       母（夫から暴力を受けている）      │伝えられた虐待│
  ┌──────────┐                                  │の実状により必要時│
  │在園児の心身を│                                │介入する    │
  │観察       │                                  └──────────┘
  └──────────┘         ↑            ↑           ┌──────┐
                                                  │児童相談所│
              ┌──────────┐  ┌──────────┐       └──────┘
              │母子の自立を支援│  │就労支援  │
              └──────────┘  └──────────┘
              ┌──────────────┐  ┌──────────┐
              │福祉事務所(生活保護課)│  │ハローワーク│
              └──────────────┘  └──────────┘
              ┌──────────────┐
              │暴力相談センター    │
              └──────────────┘

  問題が生じた時点で関係機関が集まり，個別ケース検討会議を開催する．
  機関の情報を調整機関が集約し，各機関が課題を共有し，それぞれの役割を確認する．
```

演習問題　調べてみよう

- これまでも多くの市町村に「虐待防止ネットワーク会議」はあったが，「要保護児童対策地域協議会」（略「地域協議会」）との違いは何か，調べてみよう．
（例：支援対象者の範囲，各機関の守秘義務，調整機関など）

4-7 保育所以外の児童福祉施設の保育相談支援

> **学習のポイント**
> 1. 乳児院や母子生活支援施設などにおける支援のあり方を考える．

1 乳児院や児童養護施設などの入所施設

- 乳児院や児童養護施設では，虐待などさまざまな理由で養護を必要としている子どもが生活している．乳児院は原則として，1歳未満児を対象とするが，必要に応じて小学校就学前までの幼児も養育することができる．これに対して，児童養護施設では原則として満1歳以上18歳未満を対象にしている．いずれにしても児童相談所の判断によって入所する措置制度である．
- 児童養護施設入所児童などの保護者に対して，養護問題が発生した理由を尋ねた調査結果があった．子どもと保護者との分離に至った理由は，里親委託児では「養育拒否」16.0％，「父または母の行方不明」14.3％が多く，養護施設児では「父または母の放任・怠惰」13.8％が多く，乳児院児は「父または母の精神疾患など」19.1％，「父または母の虐待・酷使」9.2％となっていた．

保護者支援のポイント

- 措置に至る背景については児童相談所との連携により情報を共有する．たとえば，虐待で親子関係が難しくなっていて，子どもの保護の目的で保護者に子どもの居場所を教えない，といったこともある．
- 離れていても保護者がともに子育てにかかわっていると捉えられるように，保育者は保護者と定期的に連絡を取ったり，子どもの行事に誘ったり，子どもの成長を伝えたりすることは大切である．
- 保護者の多くは，子どもに対して離れている代償としてプレゼントなどでその場だけのかかわりをもつ傾向がある．しかし，将来に向けて子どもと保護者が信頼関係を築けるように，保育者も子どもの思いを代弁し，子どもが安心できる親子関係が築けるように支援する．たとえば，虐待などで自分の思いを言えないできた子どもが，施設で自己主張ができるようになると，保護者が子どもが施設に入って生意気になったなどと捉えることがあるので，保育者は「〇〇ちゃんも自分の考えを言葉で表現できるようになったんですよ」などと助言をする．
- 保育者は，保護者の親としての成長にも目を向けながら，適切な親子関係や生活環境を整えていけるように支援する．

措置制度
福祉サービスを受ける要件を満たしているか判断し，そのサービスの開始・廃止を法令に基づいた行政権限として措置により提供する制度．

2 母子生活支援施設

- **母子生活支援施設**は，かつては母子寮という名称であったが，1997年の児童福祉法の改正で「母子生活支援施設」という名称に変更するとともに，母子の「保護」から「自立の促進のため生活を支援する」という施設目的が追加された．
- 入所の対象者は，18歳未満の児童を養育している母子家庭(それに準ずる家庭も含む)である．職員は，入所者が抱えているDV，経済問題，母親自身の障害などの問題から，自立に向けた生活が営めるように支援している．
- 2007年の入所理由をみると48.7%が「夫などの暴力」と答えている(⓮)．2004年に改正された「DV防止法」によって，母子生活支援施設は一時保護施設として位置づけられた．

⓮ 母子生活支援施設の入所理由

夫などの暴力	児童虐待	家庭環境の不適切	母の心身不安定	職業上の理由	住宅事情	経済事情	その他
48.7%	2.2%	7.3%	2.0%	0.2%	22.0%	10.8%	6.8%

厚生労働省．社会福祉施設等調査結果の概況 2007．

母子生活支援施設の特徴

- DV被害，児童虐待，経済困窮などさまざまな家庭環境のなかで「生活」を守れなかった母子に安全で安心できる場の提供．
- 保育所，学校，医療機関などと連携し，子どもの育つ権利や学ぶ権利が保障されている．
- 信頼できる大人(職員)との出会いで年齢に応じた発達が保障される．
- 子どもの発達段階に応じた子育ての技術を母親に伝え，子育て支援を行っていく．

保護者支援のポイント

- 母子ともに，入所前の厳しい生活環境のなかで自己肯定感が低められたり，他人への信頼感を失っている場合が多い．そのために母親と子どもが，ともに自己肯定感を回復し高められる支援が重要である．職員は，母子が「自分は自分のままでよい」「人を信じてもよい」という安心感が得られるようなかかわりが大切である．
- 母親のストレングスの視点(強さや長所)に基づいた支援を行い，エンパワーメントへとつなげることが大切である．
- 母親と子どもへの支援はチームで行い，経験や勘で支援することがないように，スーパービジョンの体制構築が大切である．

4章 児童福祉施設の保育相談支援

> **学生に薦める参考図書**
> - 吉崎達郎ほか．子育てハッピーアドバイス 小児科の巻．東京：1万年堂出版；2009．
> - 山崎洋実．子どもの心が見えなくなったら読むマンガ―育児がグイッとラクになる！ ハッピーママ・コーチング．東京：主婦の友社；2011．

引用・参考文献

- Saleebey, D. (ed), op. cit., pp.84-87.
- Walsh, F., op. cit., p.l.
- 厚生労働省．地域子育て支援拠点事業とは（概要）．
- 中田洋二郎．子どもの障害をどう受容するか―家族支援と援助者の役割．東京：大月書店；2005．
- 柏木惠子，若松素子．「親となる」ことによる人格発達―生涯発達的視点から親を研究する試み．発達心理学研究 1994；5(1)：72-83．
- 齋藤万比古．子ども虐待と関連する精神障害．東京：中山書店；2009．
- 日本子ども家庭総合研究所．子ども虐待対応の手引き―平成21年3月31日厚生労働省の改正通知．東京：有斐閣；2009
- 厚生労働省雇用均等・児童家庭局．児童養護施設入所児童等調査結果の概況 2008．
- 全母協―社会福祉法人 全国社会福祉協議会・全国母子生活支援施設協議会．http://zenbokyou.jp/
- 厚生労働省．厚生労働白書 2012．
- 松井一郎．1999年度厚生科学研究費助成金（子ども家庭総合研究事業）．虐待の予防，早期発見及び再発防止に向けた地域における連携体制の構築に関する研究．
- 田中正博．障害児を育てる母親のストレスと家族機能．特殊教育学研究；34(3)：23-32．1996．

資料

資料

資料1　要保護児童対策地域協議会に参加する代表的な関係機関

[児童福祉関係]
- 市町村の児童福祉・母子保健担当部局
- 児童相談所
- 福祉事務所（家庭児童相談室）
- 保育所（地域子育て支援センター）
- 児童養護施設等の児童福祉施設
- 児童家庭支援センター
- 里親
- 児童館
- 民生・児童委員協議会
  主任児童委員，民生・児童委員
- 社会福祉士
- 社会福祉協議会

[保健医療関係]
- 市町村保健センター
- 保健所
- 地区医師会，地区歯科医師会，地区看護協会
- 医療機関
- 医師，歯科医師，保健師，助産師，看護師，精神保健福祉士
- カウンセラー

[警察・司法関係]
- 警察署
- 弁護士会，弁護士
- 法務局
- 人権擁護委員
- 配偶者等暴力相談センター

[教育関係]
- 教育委員会
- 幼稚園，小学校，中学校
- 高等学校，盲学校・聾学校，養護学校等

[その他]
- NPO法人，ボランティア，民間団体

参考：厚生労働省雇用均等児童家庭局．要保護児童対策地域協議会 運営指針．2010．

資料2　児童手当制度

目的	父母その他の保護者が子育てについての第一義的責任を有するという基本的認識の下に，児童を養育しているものに児童手当を支給することにより，家庭等における生活の安定に寄与するとともに，次代の社会を担う児童の健やかな成長に資することを目的とする．	
支給対象となる児童	0歳〜中学校修了（15歳に達する日以後の3月31日）までの児童	
所得制限	あり（例：夫婦，児童二人世帯の場合は年収960万円未満）	
支給額	①所得制限額未満 　3歳未満 　3歳以上小学校修了前（第1子，第2子） 　3歳以上小学校修了前（第3子以降） 　中学生	月額15,000円 月額10,000円 月額15,000円 月額10,000円
	②所得制限額以上（当分の間の特例給付）	月額　5,000円
費用負担	（3歳未満）	（3歳〜中学校修了前）
	被用者分　　事業主7/15　国16/45　地方8/45	国2/3　地方1/3
	非被用者分　国2/3　地方1/3	国2/3　地方1/3
	特例給付分　国2/3　地方1/3	国2/3　地方1/3
	公務員分　　所属庁10/10	所属庁10/10
給付額	24年予算	
	給付総額　　2兆2,857億円 　国　　1兆3,283億円 　地方　　　7,831億円 　事業主　　1,742億円	

厚生労働省雇用均等児童家庭局．厚生労働白書．2014．

資料3　母子保健対策

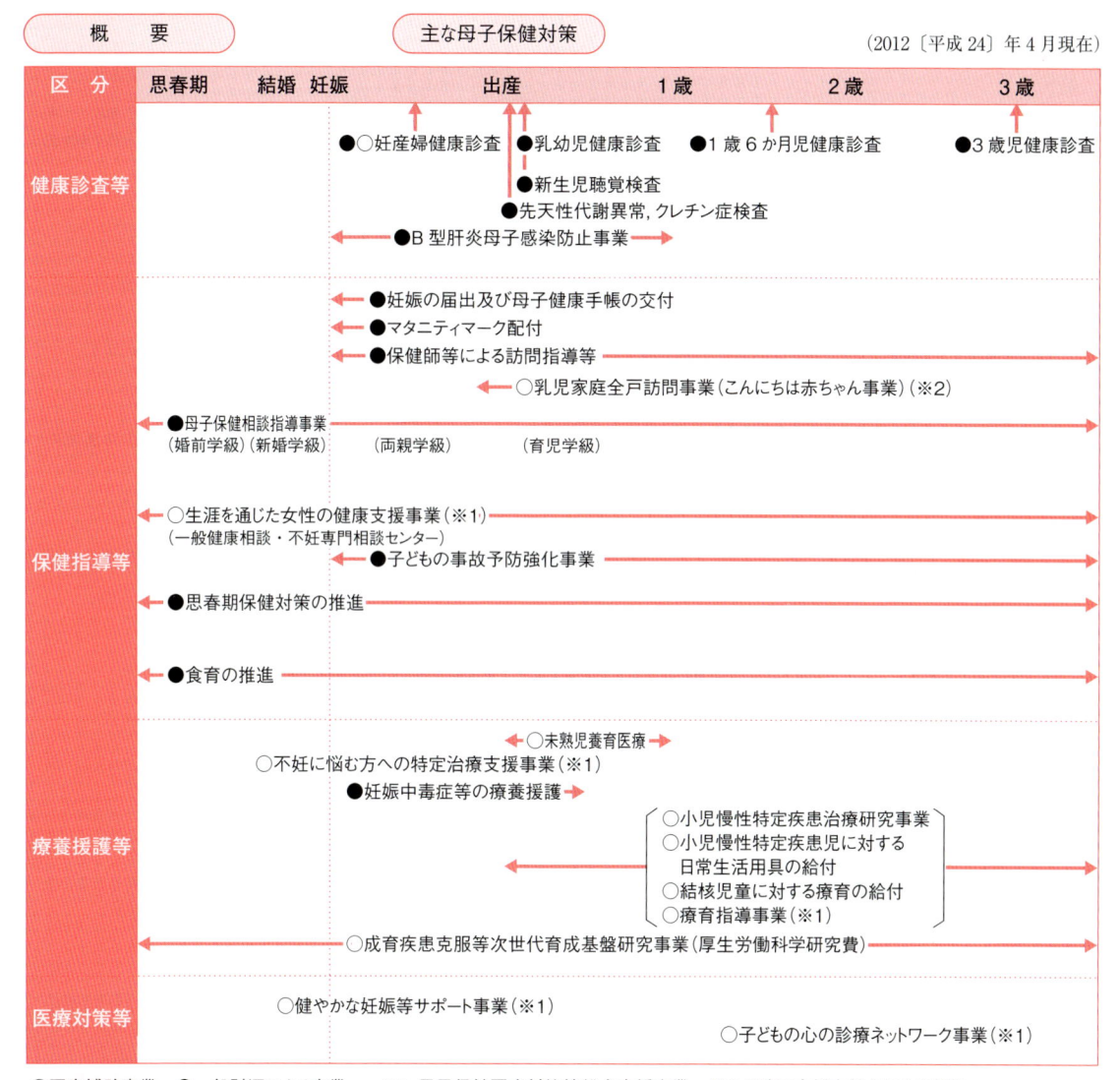

（概　　要）　　　　　（主な母子保健対策）

(2012〔平成24〕年4月現在)

区　分	思春期	結婚	妊娠	出産	1歳	2歳	3歳

健康診査等
- ●○妊産婦健康診査
- ●乳幼児健康診査
- ●1歳6か月児健康診査
- ●3歳児健康診査
- ●新生児聴覚検査
- ●先天性代謝異常，クレチン症検査
- ●B型肝炎母子感染防止事業

保健指導等
- ●妊娠の届出及び母子健康手帳の交付
- ●マタニティマーク配付
- ●保健師等による訪問指導等
- ○乳児家庭全戸訪問事業（こんにちは赤ちゃん事業）（※2）
- ●母子保健相談指導事業（婚前学級）（新婚学級）（両親学級）（育児学級）
- ○生涯を通じた女性の健康支援事業（※1）（一般健康相談・不妊専門相談センター）
- ●子どもの事故予防強化事業
- ●思春期保健対策の推進
- ●食育の推進

療養援護等
- ○未熟児養育医療
- ○不妊に悩む方への特定治療支援事業（※1）
- ●妊娠中毒症等の療養援護
- ○小児慢性特定疾患治療研究事業
- ○小児慢性特定疾患児に対する日常生活用具の給付
- ○結核児童に対する療育の給付
- ○療育指導事業（※1）
- ○成育疾患克服等次世代育成基盤研究事業（厚生労働科学研究費）

医療対策等
- ○健やかな妊娠等サポート事業（※1）
- ○子どもの心の診療ネットワーク事業（※1）

○国庫補助事業　●一般財源による事業　※1 母子保健医療対策等総合支援事業　※2 子育て支援交付金による事業

（注）妊婦健康診査については，必要な回数（14回程度）のうち，5回分は地方財政措置，残りの9回分は，妊婦健康診査支援基金（平成24年度まで）により，国庫補助（1/2）と地方財政措置（1/2）．

厚生労働省雇用均等児童家庭局．厚生労働白書．2014.

資料4　全国保育士会倫理綱領

全国保育士会倫理綱領

前文
　すべての子どもは、豊かな愛情の中で心身ともに健やかに育てられ、自ら伸びていく無限の可能性を持っています。私たちは、子どもが現在（いま）を幸せに生活し、未来（あす）を生きる力を育てる保育の仕事に誇りと責任をもって、自らの人間性と専門性の向上に努め、一人ひとりの子どもをこころから尊重し、次のことを行います。

　　私たちは、子どもの育ちを支えます。
　　私たちは、保護者の子育てを支えます。
　　私たちは、子どもと子育てにやさしい社会をつくります。

（子どもの最善の利益の尊重）
1. 私たちは、一人ひとりの子どもの最善の利益を第一に考え、保育を通してその福祉を積極的に増進するように努めます。

（子どもの発達保障）
2. 私たちは、養護と教育が一体となった保育を通して、一人ひとりの子どもが心身ともに健康、安全で情緒の安定した生活ができる環境を用意し、生きる喜びと力を育むことを基本としてその健やかな育ちを支えます。

（保護者との協力）
3. 私たちは、子どもと保護者のおかれた状況や意向を受け止め、保護者とより良い協力関係を築きながら、子どもの育ちや子育てを支えます。

（プライバシーの保護）
4. 私たちは、一人ひとりのプライバシーを保護するため、保育を通して知り得た個人の情報や秘密を守ります。

（チームワークと自己評価）
5. 私たちは、職場におけるチームワークや、関係する他の専門職との連携を大切にします。また、自らの行う保育について、常に子どもの視点に立って自己評価を行い、保育の質の向上を図ります。

（利用者の代弁）
6. 私たちは、日々の保育や子育て支援の活動を通して子どものニーズを受け止め、子どもの立場に立ってそれを代弁します。また、子育てをしているすべての保護者のニーズを受け止め、それを代弁していくことも重要な役割と考え、行動します。

（地域の子育て支援）
7. 私たちは、地域の人々や関係機関とともに子育てを支援し、そのネットワークにより、地域で子どもを育てる環境づくりに努めます。

（専門職としての責務）
8. 私たちは、研修や自己研鑽を通して、常に自らの人間性と専門性の向上に努め、専門職としての責務を果たします。

厚生労働省雇用均等児童家庭局．要保護児童対策地域協議会 運営指針．2010．

資料5　児童福祉施設の種類と内容

種別	児童福祉施設名		施設の目的・内容
第2種	助産施設		経済的理由により入院助産を受けることができない妊産婦を入所させ，助産を受けさせる．
第1種	乳児院		安定した生活環境が確保できない乳児を入院させて養育し，退院したものについては相談等の援助をする（必要のある場合は幼児も含む）．
第1種	母子生活支援施設		配偶者のいない女子またはこれに準ずる者の監護すべき児童を入所させて保護するとともに，自立の促進のためにその生活を支援し，退所した者についてその相談援助を行う．
第2種	保育所		保護者の委託を受けて，保育に欠けるその乳児または幼児を保育する．
第1種	児童養護施設		保護者のいない児童，被虐待児，その他環境上養護を要する児童を入所させて養護し，退所した者については相談その他の援助を行う．
第1種	障害児入所施設	福祉型障害児入所施設	障害児を入所させて，保護・日常生活の指導及び独立自活に必要な知識技能の付与を行う．
		医療型障害児入所施設	障害児を入所させて，保護・日常生活の指導・独立自活に必要な知識技能の付与及び治療を行う．
第2種	児童発達支援センター	福祉型児童発達支援センター	障害児を通所させて，日常生活における基本的動作の指導，独立自立に必要な知識技能の付与または集団生活への適応のための訓練を行う．
		医療型児童発達支援センター	障害児を通所させて，日常生活における基本的動作の指導，独立自立に必要な知識技能の付与または集団生活への適応のための訓練及び治療を行う．
第1種	情緒障害児短期治療施設		軽度の情緒障害を有する児童を短期入所させ，または通所させ，その情緒障害を治し，あわせて退所した者については相談その他の援助を行う．
第1種	児童自立支援施設		不良な行為をなし，またなすおそれのある児童及び家庭環境その他の環境上の理由により生活指導等を要する児童を入所させ，または通所させて，個々の児童の状況に応じて必要な相談を行い，その自立を支援し，退所については相談その他の援助を行う．
第2種	児童家庭支援センター		保護を要する児童又は保護者に対する指導を行い児童相談所，児童福祉施設等との連絡調整・援助等を総合的に行う．
第2種	児童厚生施設	児童館	児童に健全な遊びを与え，情操を豊かにする室内型施設．
		児童遊園	児童に健全な遊びを与え，情操を豊かにする室外型施設．

索引

太字は図表中の項目を含む

あ

アウトリーチ……………………**45**, 46, 106, 187
アクションリサーチ…………………………215
アセスメント…………**45**, **47**, 48, 51, 68, 70, 86, 88, 135, 187, 189, 194, **195**
　──シート………………………………66
　──ツール……………47, 68, 69, 70, 71
アドボカシー……………16, 17, 24, 88, 152, 219

い

言い換え………………………………67, 68, 75
医学モデル……………………………………24
育児サークル…………………………172, 174, 176
一時保育…………………**138**, 160, 186, 213
インターベンション………………………48, 192
インテーク…………………**45**, 46, 187, 188
インフォーマル…**19**, **22**, 101, 102, 176, 179, 197

う

ウェルフォームド・ゴール……75, 76, 77, 78, 79, 80

え

エコシステム………………9, 12, 24, 34, 70
エコマップ………………47, **70**, 71, 88, **198**
エコロジカル・アプローチ……………………9, 10
エバリュエーション………187, 193, 194, 196
園庭開放…………**138**, 178, 213, 214, 215, 216
エンパワーメント………………20, 217, 229
　──理論………………………………12, 24

お

応益負担………………………………………208
応能負担………………………………………208
オープン・クエスチョン…………………66, 67

か

親子遊びの広場………………………175, 176
オレンジリボン運動…………………………112

解決志向アプローチ……………………75, 79
カウンセリング………………………………22
家族システムズ・アプローチ……72, 73, 80
感情労働………………………………………82
間接援助技術……………………………21, 22
カンファレンス……………………184, 197
関連専門援助技術………………………21, 22

き

基本的人権……………………………14, 152
基本的欲求………………………………36, **38**
　岡村重雄の全人的視点……………………190
虐待ソーシャルワークの7原則……………112
記録開示………………………………………91

く

クライエント………**19**, 20, 21, 55, 56, 88
グループダイナミクス……………………21, **22**
クローズド・クエスチョン…………………66, 67

け

ケアマネジメント……………………………22
継続的相談援助活動……………………29, 30
継続的福祉サービス……………………29, 30
傾聴………………………46, 63, **65**, 76, 207
ケースワーカー……………23, 97, **179**, 180
言語的コミュニケーション…………………66
権利擁護………………16, 17, 24, 88, 152, 219

237

索引

こ

交互作用 ……………… 9, 10, **11**, 12, 34, 40, 70, 189
人と環境とその交互作用（あるいはその接点）
　　　　　　　　　　　　　　　　　　　 11, 34, 70
コーディネーター ………………………… 94, 95, 97
個人情報 ………………………… 90, 91, **184**, 207
　　──の保護に関する法律（個人情報保護法）
　　　　　　　　　　　　　　　　　　　　　 90, 91
子育てサロン ………………… 138, 174, 176, 224
子育て支援計画 ……………………………… 159
子ども虐待対応の手引き …………………… 26
子どもの権利条約 ……………… 14, **152**, 223
コミュニティワーク …… 21, 22, 23, 24, 216, 217
コンサルテーション …………………… 22, 196
コンプリメント …………………… 77, 78, 79

さ

里親委託 …………………………… 204, 223, 228
三世代世帯 …………………………………… 140

し

ジェネラリスト・ソーシャルワーク …… 13, 24
ジェノグラム ……………… 47, 69, 71, 88, **198**
自己覚知 ………………………… 57, 81, 168, 169
自己決定 ……………………… 26, 27, 56, **137**, 196
自己肯定感 …………………………………… 49, 229
自己制御機能 ………………………………… 185
システム理論 …………………………… 9, 10, 24
事後評価 …………………… 187, 193, 194, 196
慈善組織協会（COS）………………………… 23
市町村保健センター ……………… 96, 174, 232
しつけ ……………… 153, 156, 166, 170, 171, 192
実践知 ……………………………………………… 41
児童委員 … 96, 97, 177, **179**, 180, 181, **191**, 215, 232
　　主任児童委員 …… 174, 176, 177, 178, **179**, 180, 181, 190, **191**, 192, 213
児童家庭支援センター …… 95, **96**, 202, **232**, 235
児童虐待の防止等に関する法律（児童虐待防止法）
　　　　　　　　　　 91, 136, 153, **222**, 223
　　通告の義務 ……………………………………… 91
児童権利宣言 ………………………………… 152
児童厚生施設 ………………………… 202, 235
児童自立支援施設 …………………… 202, 235
児童相談所 …… **96**, 112, 154, **179**, 180, 222, 223, **225**, **227**, **232**, 235
児童手当法 …………………………………… 158
児童の最善の利益 ……………………… 14, 152
児童発達支援センター …… 95, **96**, 202, 235
児童福祉司 ……………………………… **179**, 180
児童福祉施設最低基準 …………………… 207
児童福祉法 …… 14, 15, **96**, **135**, 152, 158, 159, 208, **209**, 222
児童扶養手当法 ……………………………… 158
児童養護施設 …… 95, **96**, 202, 203, 204, 205, **206**, 228, **232**, 235
社会活動法 …………………………………… 22
社会資源 …… 21, 28, **47**, 70, 87, 101, 102, 136, 176
社会正義 ………………………………… 20, 26
社会的排除 ……………………………………… 12
社会的養護 …………………………………… 203
社会福祉管理運営 …………………………… 22
社会福祉計画法 ……………………………… 22
社会福祉士 …………… 25, 29, 97, 136, **232**
社会福祉調査法 ……………………………… 22
社会福祉法 …………………………………… 207
手段的サポート ……………………………… 147
障害児入所施設 ………………… 202, **209**, 235
障害者自立支援法 …………………… 208, 209
情緒障害児短期治療施設 ………… 202, 235
情緒的サポート ……………………………… 147
助産施設 …………………………… 202, 235
知らないという技法 …………………… 76, 79

す

スーパーバイザー ………………… 22, 81, 82
スーパーバイジー ………………… 22, 81, 82
スーパービジョン ……… 22, 81, 82, 83, 196
　　グループ・スーパービジョン …………… 82
　　個人スーパービジョン ……………………… 82
スケーリング・クエスチョン ……………… 80
ストレングス ……………… 11, 12, 192, 205
　　──視点 ……………………………… 11, 12, 24
　　──モデル ……………………………………… 24

せ

生活課題 34, 35, 36, 37, **38**, 42, 136, 190, 191, 194, 196
生活場面面接 58
生活モデル 24
精神保健福祉士 25, 29, 97, **232**
生存権 14
生態学 9, 10, 24
説明責任 88, 92, **184**
説明体 88, 89
セツルメント運動 23
全国保育士会倫理綱領 8, 90, 168, 169, **234**

そ

相互援助システム 21, 50, 51
相互作用 10, **11**, 61
ソーシャル・グループワーク 21, **22**, 23
ソーシャル・ケースワーク 21, **22**, 23
ソーシャルサポート・ネットワーク 22
ソーシャルスキル 206
ソーシャルワーカー 18, **19**, 20, 25, 29, 82, 92
　　　——の機能 19
措置制度 228
ソリューション・フォーカスト・アプローチ 75, 79

た

対処能力 18, 44, 48, 137, 193, **195**

ち

地域子育て支援拠点事業 159, **160**
注意欠陥多動障害 170, 185
懲戒権 153
直接援助技術 21, **22**

つ

通所型施設 202

て

展開過程 43, 44, **45**, 47, 49, 51, 98, 106, 187
　　ケースワークの展開過程 45
　　グループワークの展開過程 49

と

統合的にとらえる視点 35, 41
特定妊婦 226
特別児童扶養手当等の支給に関する法律 158
閉ざされた質問 66, 67
ドメスティック・バイオレンス **30**, 31, 51, 136, 157, 178, 179, **185**, **220**, 229
　　配偶者暴力相談支援センター 95, **96**, 179
　　DV防止法(配偶者暴力防止法) 30, 136, 229

な

喃語 162

に

ニーズ 20, 35, 36, 38, 39, 40, 176, 191, 196, **234**
　　社会福祉ニーズ 39, 40
　　潜在的ニーズ 40
　　——の種類 40
　　マズロー(Maslow, A.H.) 36
日本国憲法25条 14
乳児院 95, **96**, 202, 204, 228, **235**
入所型施設 202

ね

ネグレクト 26, 154, **155**

の

ノーマライゼーション 26, 27

は

パーマネンシー 219
バーンアウト 82
バイスティックの7原則 55, 56, 76, 109, 112, 224
ハイリスク家庭 **220**
発達障害者支援法 208

ひ

非言語コミュニケーション 59, 60, 62, 63, 195
ひとり親家庭 175
ひとり親世帯 140, 141, 142
開かれた質問 66, 67

索引

ふ
- ファシリテーター　162
- ファミリー・サポートセンター　177
- フェイスシート　197, **198**
- フォーマル　**19, 22,** 101, 102, 176, 179, 196

ほ
- 保育所児童保育要録　88, **184**
- 保育所保育指針　8, 88, 92, 93, 134, **184**
  - 保育所保育指針解説書　15, 134, 136, **184**
- 母子および寡婦福祉法　158
- 母子生活支援施設　96, 202, **229,** 235
- 母子保健法　158

ま
- マクロ　12, **13,** 27, 30, 34

み
- ミクロ　12, **13,** 27, 30, 34
- ミラクルクエスチョン　80
- ミルフォード会議　24
- 民生委員　96, 97, 174, 176, 177, 178, 181, 213, 218

め
- メゾ　12, **13,** 27
- メディエーター　**19,** 94

も
- モニタリング　**45,** 48, 193

よ
- 要支援児童　226

や
- 要保護児童　222, 226, 227
  - ——対策地域協議会　**96, 159,** 226, **227, 232, 234**
- 要約体　**88,** 89

ら
- ライフヒストリー　**70,** 71
- ラポール　**46,** 186

り
- リッチモンド（Richmond, M.）　**23,** 25
- リフレーミング　74
- リラベリング　74
- 利用者本位　27
- 倫理的ジレンマ　**169,** 170

れ
- レジリエンス　205

ろ
- ロールプレイ　**122,** 173

欧文
- ADHD　**170,** 185
- coping ability　18, 44, 48, 137, 193, **195**
- DV　30, 31, 51, 136, **157,** 178, 179, **185, 220,** 229
- NPO法人　**96,** 112, 177, **232**

数字
- 1.57ショック　159

中山書店の出版物に関する情報は，小社サポートページを御覧ください．
http://www.nakayamashoten.co.jp/bookss/define/support/support.html

---

相談援助 保育相談支援

2014年 5月20日　初版第1刷発行 ©　　〔検印省略〕

著　者────笠師　千恵，小橋　明子

発行者────平田　直

発行所────株式会社 中山書店
　　　　　　〒113-8666　東京都文京区白山1-25-14
　　　　　　TEL 03-3813-1100(代表)　　振替 00130-5-196565
　　　　　　http://www.nakayamashoten.co.jp/

本文デザイン──ビーコム
装丁──────ビーコム
イラスト────市村玲子
印刷・製本───三報社印刷株式会社

Published by Nakayama Shoten Co., Ltd.　　Printed in Japan
ISBN 978-4-521-73956-4
落丁・乱丁の場合はお取り替え致します

本書の複製権・上映権・譲渡権・公衆送信権(送信可能化権を含む)
は株式会社中山書店が保有します．

JCOPY 〈(社)出版者著作権管理機構　委託出版物〉
本書の無断複写は著作権法上での例外を除き禁じられています．
複写される場合は，そのつど事前に，(社)出版者著作権管理機構
(電話 03-3513-6969，FAX 03-3513-6979，info@jcopy.or.jp)の許諾を
得てください．

本書をスキャン・デジタルデータ化するなどの複製を無許諾で行う行為は，著作権法上での限られた例外(「私的使用のための複製」など)を除き著作権法違反となります．なお，大学・病院・企業などにおいて，内部的に業務上使用する目的で上記の行為を行うことは，私的使用には該当せず違法です．また私的使用のためであっても，代行業者等の第三者に依頼して使用する本人以外の者が上記の行為を行うことは違法です．